MERIAN *momente*

CÔTE D'AZUR
NIZZA MONACO CANNES SAINT-TROPEZ

GISELA BUDDÉE

Zeichenerklärung

 barrierefreie Unterkünfte

familienfreundlich

Der ideale Zeitpunkt

Neu entdeckt

Ziele in der Umgebung

Faltkarte

Preisklassen

Preise für ein Doppelzimmer ohne Frühstück:

€€€€ ab 360 €   €€€ ab 240 €
€€ ab 160 €   € bis 160 €

Preise für ein dreigängiges Menü:

€€€€ ab 70 €   €€€ ab 50 €
€€ ab 36 €   € bis 36 €

DIE CÔTE D'AZUR ENTDECKEN   4

Meine Côte d'Azur 6
MERIAN TopTen 10
MERIAN Momente 12
Neu entdeckt 16

DIE CÔTE D'AZUR ERLEBEN   20

Übernachten 22
Essen und Trinken 26
Grüner reisen 30
Einkaufen 34
Sport und Strände 38
Feste feiern 46
Mit allen Sinnen 50
Im Fokus – Der Duft oder Chanel No. 5 54

DIE CÔTE D'AZUR ERKUNDEN 58

Nizza 60
Im Fokus – Picasso, Sonnenkönig
der Côte d'Azur 84
Cannes und Umgebung 88
Im Fokus – Hôtel du Cap-Eden-Roc 114
Monaco 118
Saint-Tropez und Umgebung 134
Im Fokus – Zuflucht im Süden 152

Monaco
Nizza
Cannes und
Umgebung
Saint-Tropez und
Umgebung

TOUREN AN DER CÔTE D'AZUR 156

Ins Bergdorf Coaraze 158
Auf die Île de Porquerolles 160
Richtung Alpen nach Tende 162
Zur Domaine du Rayol 164

DIE CÔTE D'AZUR ERFASSEN 166

Auf einen Blick 168
Geschichte 170
Kulinarisches Lexikon 176
Service 178
Orts- und Sachregister 186
Impressum 191
Die Côte d'Azur gestern & heute 192

KARTEN UND PLÄNE

Côte d'Azur .... Klappe vorne
Nizza .... Klappe hinten
Nizza Altstadt .... 62 – 63
Cannes 91
Monaco .... 122 – 123
Saint-Tropez 137

Beliebter Treffpunkt zum Sonnenuntergang:
der Quai Rauba Capeu in Nizza (▶ S. 60).

DIE CÔTE D'AZUR ENTDECKEN

MEINE CÔTE D'AZUR

*Schneebedeckte Gipfel hinter Palmen und Zypressen
vor tiefblauem Meer machen die französische Riviera zur
Traumlandschaft. Und ihre Märkte duften immer noch
»jeden Morgen nach Meer und Midi«.*

Im Vordergrund die sonnengebleichten Ziegeldächer hinter Palmwedeln,
Zypressen und Agaven, rechts am Hang klettern Häuser bis hinunter zum
kleinen Hafen im azurblauen Meer, das vor der Küste eine Bucht bildet,
die im Hintergrund am Strand des nächsten Ortes am grünen Hügel endet. Das sehe ich auf meinem Computerbildschirm, bevor ich weiter an
diesem Text schreibe. Hätte ich mich vor dem Fotografieren umgedreht,
hätte die schneeweiß gezackte Linie der Seealpen meine Sicht begrenzt.
Der Anblick ist überwältigend und erklärt ohne Worte, warum die Côte
d'Azur ein Sehnsuchtsziel war und bis heute geblieben ist. Aber da ist
noch mehr: die Sonne und die Wärme, die im Schutz der Berge bis in den
späten Herbst hält. Das Meer, das leise ans Ufer in der Stadt schwappt

◄ Felsformationen aus rotem Porphyrstein:
Pic de l'Ours im Massif de l'Esterel (► S. 148).

oder über kiesige Strände rollt und dann wieder gegen Felsen tobt, als sei es der Atlantik. Und die Märkte, die »jeden Morgen nach Meer und Midi« duften, wie sie Gilbert Bécaud besang. Das Unveränderliche in einer Kulturlandschaft, deren Lieblichkeit schon vor 100 Jahren zu gefallen vermochte, wo das Licht die Kreativität wie den Übermut beförderte, die sich mit den luxuriösen Gästen und dem Massentourismus so verändert hat, dass man das Ursprüngliche oft wieder suchen muss – und finden kann.

SANFTE HÜGEL, ALPEN UND VIEL MEER

Nur 130 km liegen zwischen Saint-Tropez und Menton. Die Symbiose von Bergen und Meer trotz unterschiedlicher und gleichermaßen faszinierender Landschaften und das immer wieder überraschend tiefe Blau des Meeres sind von verlässlich wiederkehrender Anziehungskraft. Der frühe Frühling verscheucht schon Ende Januar mit leuchtend gelben Mimosen jeden Winterfrust, der Mai gibt der Küste mit dem Filmfestival in Cannes altmodischen Glamour, der Herbstregen wirft noch eine Extraportion roten Lichts auf die Felsen des Esterel-Gebirges. Unvergesslich der Silvestertag in Nizza beim Essen am Strand – unter einem Sonnenschirm. Der Sommer fehlt? Ein Prozent aller Reisenden weltweit, die 2013 die Urlaubskoffer packten, kam an die französische Riviera. 11 Mio. Touristen verteilen sich zwar über das Jahr, aber mit 600 000 verdoppeln sie im August fast die Zahl der Einwohner. Touristische Ameisenstraßen durchziehen dann Saint-Paul, und auf der einzigen Zufahrtsstraße nach Saint-Tropez schiebt sich eine schier unendliche Blechlawine langsam voran.

DREI WEGE DURCH EINE TRAUMLANDSCHAFT

Drei Corniches genannte Straßen führen auf unterschiedlicher Höhe durch die Landschaft zwischen Nizza und Menton und weiter bis zur italienischen Grenze. Durch Tunnel und Kurven geht es, die tückisch sein können, weil das Meer immer wieder zwischen den wie choreografiert wachsenden Pinien, Agaven und Palmen in der Sonne glitzert und verführerische Düfte die Nase streifen. Und dann erhebt sich schon wieder ein Turm, ein Dach mit bunt glänzenden Ziegeln, ein auffälliger Felsen aus grünem Wald. Die Orte am Meer sind längst zusammengewachsen. Nizza, die unbestrittene Königin der Riviera, geht in Villefranche-sur-Mer über, dessen Cap Ferrat einen der schönsten Spazierwege am Mittelmeer vor dem versteckt, der den Weg dorthin nicht kennt. Auf 430 m Höhe thront Èze. Durch das einzige Stadttor klettern Besucher in das Labyrinth aus engen Gassen und Treppen zwischen mittelalterlichen Häusern und Läden in Felshöhlen und bis zum Jardin Exotique mit Ruinen einer Sarazenenfestung und atemberaubendem Blick hinunter auf die weißen Segel, die Küste und Korsika.

Und weil das Paradies nicht ohne Schönheitsfehler zu haben ist, liegt in der Mitte eine Ansammlung von Türmen aus Beton: Monaco. Der nach dem Vatikan zweitkleinste souveräne Staat der Welt, der seine Fläche um einen Steilfelsen mit Eindeichungen immer weiter vergrößert, in dem – trotz Autorennen beim Großen Preis von Monaco – Umweltfragen auf jeder Tagesordnung stehen, hat mit dem Ozeanografischen Museum und dem Casino Monte-Carlo mehr Attraktionen zu bieten als eine Fülle luxuriöser Geschäfte. Das italienisch geprägte Menton, fast an der Grenze gelegen, lockt mit 300 Sonnentagen und als Zitronenhauptstadt der Welt. Einmal im Jahr gibt es hier auf einer der schönsten Freilichtbühnen der Küste Barockkonzerte unter dem Sternenhimmel.

DIE SCHÖNEN, DIE REICHEN UND IHRE STRÄNDE

Westlich von Cannes – verführerisch liegen die Lérins-Inseln nur scheinbar wie zum Schwimmen nah vor der Edelmeile Croisette –, bei Théoule-sur-Mer, beginnt eine ganz andere Zauberstraße, die Corniche d'Or, vor gut 100 Jahren erst erschlossen. Rot leuchtende Porphyrfelsen stürzen am Massif de l'Esterel ins Meer, schroffe Schönheiten eines uralten Vulkangebirges, an dessen Fuß sich gelegentlich winzige Sandstrände mit Calanques genannten Felsbuchten bis Saint-Raphaël abwechseln. Am Fuß des Mauren-Massifs öffnet sich schon der Golf von Saint-Tropez, von einer anmutigen Berglandschaft umschlossen und mit den feinsten und längsten Stränden der Côte d'Azur, die sich nach Westen fortsetzen. Kaum vorstellbar, dass das kleine Saint-Tropez mit dem großen Ruf bis in die 1950er-Jahre eher ein Dorf war. Erst im Spätherbst wird es wieder zum einsamsten der berühmten Orte zwischen Wind und Wasser, in dem die Erinnerung an Millionen Sommergäste mit den Herbststürmen langsam verweht.

DAS HINTERLAND IST KÜNSTLERLAND

Wer die Küstenorte und die großen Straßen verlässt, erlebt schnell ganz andere Blickwinkel. Die »villages perchés«, Dörfer wie Adlernester an den Fels geklebt, mit steilen, engen Straßen, Bouleplatz und plätscherndem Brunnen, scheinen dem, der von der Küste kommt, wie aus einer anderen Zeit. Der Kontrast zwischen Trubel und Einsamkeit in einer Märchenlandschaft verstärkt das Unwirkliche, das zu dieser Traumregion gehört. Nördlich von Cannes und Antibes haben die Dörfer, deren Ruf die Maler des unvergleichlichen Lichts dieser Gegend geprägt haben, deren Andenken mit einer Fülle großer und kleiner Museen erhalten. Eines der schönsten und die bedeutendste Sammlung moderner Kunst an der Côte d'Azur ist die Fondation Maeght bei Saint-Paul – Kreativzentrum und Kunstlandschaft mit Exponaten von Chagall bis Miró. Auf Picassos Spuren wandeln Besucher von Antibes bis Mougins und Vallauris.

ZUR KUNST GEHÖREN DIE SCHÖNEN GÄRTEN

Wunderschöne Gärten, längst zu beliebten Touristenattraktionen geworden, haben meist Engländer an der Küste von Nizza bis Menton angelegt. Auch die Palmen sind Ergebnisse englischen Ehrgeizes, 1867 begannen die ersten Experimente mit Samen aus den Überseekolonien. Weder Olivenbäume noch Weinreben waren ursprünglich hier beheimatet, Griechen und Phönizier hatten sie im Altertum aus dem Osten mitgebracht. Die Römer hatten Zypressen dazugestellt und die Araber Johannisbrotbäume. Aus China stammen die Pfirsichbäume, aus Indien Auberginen und aus Ostasien Orangen. Fremde brachten Agaven und Opuntien. Sie fügen sich in die Landschaften aus Rosmarin, der in großen Büschen wuchert, aus Thymian und Strauchheide – ein Potpourri betörender Düfte, in das sich Salbeischärfe und Lavendelduft mischen.

Die traumhafte Kulturlandschaft der Maler, Dichter und Lebenskünstler ist teuer, insbesondere im Sommer. Günstiger genießen kann sie, wer etwas mehr Zeit für die Planung aufwendet. Die Entfernungen sind kurz, Züge verbinden die Küstenorte, und die Busverbindungen sind zuweilen spottbillig. Wer vor der Ferienwohnung in Vence morgens mit Blick auf das nur 10 km entfernte Meer frühstückt oder in Sainte-Maxime, der wird vielleicht gar nicht in Cannes wohnen wollen.

DIE AUTORIN

Gisela Buddée, freie Journalistin und Autorin, hat vor ca. 30 Jahren zum ersten Mal eine Reisegruppe nach Südfrankreich begleitet. Das Licht, die Farben, die Düfte und das Meer sowie die Bergeinsamkeit locken sie seitdem immer wieder in den Süden. Aber noch mehr sind es die Menschen, die im Lauf der Zeit zu Freunden wurden und den Midi damit zu ihrer zweiten Heimat gemacht haben.

⭐ MERIAN TopTen

Diese Höhepunkte sollten Sie sich bei Ihrem Besuch auf keinen Fall entgehen lassen: Ob Nizza, Èze oder der Traumstrand Pampelonne – MERIAN präsentiert Ihnen hier die wichtigsten Sehenswürdigkeiten der Côte d'Azur.

1 Sentiers pédestres Cap Ferrat
Die Milliardäre verstecken sich und ihre Villen hinter Mauern, Bäumen und Büschen, aber das Meer ist fast überall für jedermann zugänglich (▶ S. 51).

2 Altstadt von Nizza
Schmale schattige Gassen, ockerfarbene Häuser, Barockkirchen, die Wäsche flattert – ein Stückchen sehr lebendiges Italien von gestern (▶ S. 62).

3 La Croisette, Cannes
Feiner Sand am langen Strand, prächtige, sehr teure Hotelpaläste und davor ein Platz unter Palmen im blauen Stuhl – der wiederum ist gratis (▶ S. 90, 95).

4 Fondation Maeght, Saint-Paul-de-Vence
Eine zauberhafte Kunstlandschaft, in der das 20. Jh. sich aufs schönste mit dem 21. Jh. verbindet (▶ S. 112).

5 Musée Océanographique, Monaco
Fürst Albert I. befuhr als Forscher die Weltmeere und brachte einzigartige Exponate mit nach Hause (▶ S. 124).

6 Èze
Herrlich auf einem Felsen gelegen, und vom exotischen Garten mit Burgruine gibt es den traumhaften Blick auf das unglaublich blaue Meer (▶ S. 127).

⭐7 Saint-Tropez

Es bleibt eins der schönsten Städtchen an der schönen Küste, keine Betontürme stören die Szenerie, und die vielen Menschen im Sommer wollen dasselbe wie man selbst (▶ S. 135).

⭐8 La Plage de Pampelonne

Sollte es irgendwo herrlichere Strände geben als vor Ramatuelle (oder hinter Saint-Tropez), dann bestimmt nur sehr weit entfernt (▶ S. 143).

⭐9 Corniche d'Or

Sollte man sich Regen wünschen, dann an dieser zauberhaften Küstenstraße. Dann leuchtet das intensive Rot des uralten Vulkangebirges Massif de l'Esterel gleich doppelt intensiv – und es ist beileibe nicht so voll (▶ S. 148).

⭐10 Domaine du Rayol

Stundenlang kann man in diesem Garten der Welt durch die exotische Vegetation von Neuseeland und Südamerika, China und selbstverständlich auch von Frankreich spazieren (▶ S. 164).

MERIAN Momente
Das kleine Glück auf Reisen

Oft sind es die kleinen Momente auf einer Reise, die am stärksten in Erinnerung bleiben – Momente, in denen Sie die leisen, feinen Seiten der Region kennenlernen. Hier geben wir Ihnen Tipps für kleine Auszeiten und neue Einblicke.

⬤1 Erholung vom Trubel in der Colline du Château ⚑ F3

Ein Schloss ist es längst nicht mehr. Ludwig XIV. hatte die Festung auf dem Berg im Krieg gegen Savoyen erobert und schleifen lassen. Eine gepflegte Gartenanlage mit Palmen, Kakteen, Feigenbäumen, Büschen und Blumen erwartet den, der sich die Mühe des Aufstiegs macht, am künstlichen Wasserfall und am Spielplatz vorbei. Während unten der Verkehr braust und sich unglaubliche Menschenmengen auf dem schmalen Kiesstrand drängen, ist es hier oben himmlisch ruhig, und es gibt Platz genug auf einer Bank im Schatten. Hier lag die Wiege der Stadt, der die Griechen den Namen Nikaia gaben. Im Turm Bellanda am südlichen Ende des Felsens schrieb Hector Berlioz die Ouvertüre zu »König Lear«. Wer Richtung Altstadt hinunterwandert und der Allee François-Aragon folgt, der gelangt zum Friedhof mit Gräbern berühmter Wintergäste und dem leeren Grab Garibaldis, der auf der Insel Caprera beigesetzt wurde. Ein Jüdischer Friedhof liegt nebenan. Unten, am Quai Rauba Capeu, der windigen Huträuberecke, können Sie sich in einen Kreis stellen und werden damit zum Zeiger einer Sonnenuhr.

Nizza | Zugang zum Schlossberg über die Rue Rossetti, Aufzug am Ende des Quai des États-Unis | Sommer 8–20, Winter 10–18 Uhr

 Auf ein leckeres belegtes Brötchen im Gratta ⚓ F3

Eine Imbissbude am Hafen, aber was für eine! Ein »pan bagnat« schmeckt kaum irgendwo besser als hier, das Brötchen mit Olivenöl getränkt, darauf Salat, Radieschen, Thunfisch, Tomate, ein gekochtes Ei. Jetzt noch eine Bank in der Sonne suchen, gleich am Hafen, und das Urlaubsglück ist vollkommen.

Nizza | 56, bd. Stalingrad

Jazz in der Cave Romagnan ⚓ F3

Durch die Ausstellung bummeln, in der Bibliothek stöbern – geht alles. Aber am Samstagabend hört man Apéro-Jazz in einer der ältesten Weinkneipen an der Küste. Dann treten die besten Jazzbands der Côte d'Azur hier auf, während die Fans, das Weinglas in der Hand, dazu mit dem Fuß wippen. Klein ist es, es gibt nur zehn Stühle, aber immerhin

40 Stehplätze. Bezahlt werden die Musiker über den Hut, der herumgeht.

Nizza | 22, rue Angleterre | Tel. 04 93 87 91 55 | Sa 19–21 Uhr

Von Nizza nach Menton ⚓ G2

Man sollte auf der rechten Seite Platz nehmen, wenn man mit dem Bus die 32 km nach Menton fahren will, dann bleibt die Küste immer im Blick. Erst geht es am Hafen von Nizza vorbei, dann durch Villefranche-sur-Mer, Beaulieu-sur-Mer, Èze-Bord-de-Mer, am Cap d'Ail vorbei und durch Monaco und Beausoleil nach Menton. Immer glitzert das Mer, man blickt in die Gärten prachtvoller Villen und auf blumengeschmückte Mauern hinunter. Kleine Sandstrände könnten zum Ausstieg an der nächsten Haltestelle verführen, aber dann wäre es doch zu weit zurück. Eine Traumstrecke fürs erste Kennenlernen, für 1,50 €. Das Office de Tourisme verrät die neuen Haltestellen, seitdem der Busbahnhof aufgehoben wurde.

Morgenstimmung an der Croisette von Cannes ⚓ E3

Die Sonne scheint, auf der Plage de la Croisette ist der Sand frisch geharkt, die teuren Liegen und Sonnenschirme

Rose Centifolia pflücken, nur den Kopf, und den betörenden Duft mitnehmen. Bis in den Oktober blüht der Jasmin. Mit einem Plan spaziert man durch den Garten, darf auch ein Blatt pflücken und zerreiben, um dem Duft nachzuspüren. Mouans-Sartoux | 979, chemin des Gourettes (ausgeschildert) | Mai–Sept. 10–19, Okt., April 10.30–17.30 Uhr | Eintritt 4 €, bei Ausstellungen 6 €, Kombiticket mit Museum in Grasse 5 bzw. 7 €

für die Gäste der schönen Hotels sind gerichtet, die eleganten Sommergarderoben, die gestern vielleicht noch in den extravaganten Boutiquen hingen, werden vorgeführt. Wenn es früh genug ist und die Sonne noch nicht alle Spuren der Wasserwagen getrocknet hat, die am Morgen Frische in die große Bühne am Meer gespült haben, umweht eine angenehme Kühle die Spaziergänger auf der Meerseite – dort, wo unzählige blaue Stühle den Blick in die Ferne versprechen. Unter Palmen gibt es Schattenplätze, am Kiosk kann man eine Zeitung kaufen und sich einen Platz suchen, ganz umsonst – das ist der große Luxus in Cannes.

6 Die Gärten des Parfümmuseums von Grasse E 3

Zwischen Grasse und Mougins, etwa 10 km südlich von Grasse, liegt Mouans-Sartoux mit dem Botanischen Garten des Parfümmuseums. So wie hier mag es in Grasse geduftet haben, als Blumenfelder die Stadt umschlossen. Am besten, Sie kommen am Nachmittag, dann ist der Duft am intensivsten, und bummeln durch den 2 ha großen Garten, in dem im Mai und Juni die Rosen blühen. Nach 17 Uhr darf man die

7 Spaziergang zum Gipfel des Montagne du Baou E 2

Er thront über Vence und senkt abends seinen Schatten über den Ort. 673 m ist er hoch und einen mitunter auch anstrengenden Spaziergang von 2,5 Stunden wert. Man kommt an den Ruinen eines Klosters aus dem 12. Jh. vorbei, freut sich an schönen Blicken und dann auf dem Gipfel: Berge und Meer, die Lérins-Inseln, Esterel und – fast könnte man hinüberspringen – Saint-Paul-de-Vence. Wanderkarten gibt es im Tourismusbüro. Aber wer auf der Place Saint-Barbe in den Chemin du Baou einbiegt und nach 1,5 km nach links, ist schon fast oben. Was für ein Panorama! Vence

8 Rund um Saint-Tropez D 5

Wer das Sénéquier hinter sich lässt und den Vieux Port am Quai Jean-Jaurès weitergeht, kommt an dessen Ende zur Tour du Portalet. Auf der Mole Jean Reveille sitzen die Alten auf dem »Lügenbänkchen« – falls die Touristen ihnen Platz lassen –, schwatzen und sehen den Fischerbooten zu. Rechts davon beginnt der abenteuerlichste Weg in bzw. um Saint-Tropez: der Sentier du Littoral, am Ufer entlang und um die Stadt herum. Manchmal umspült das Wasser die Füße, was im Sommer sehr angenehm sein kann. Der Weg ist ausgeschildert und führt zur nahen Plage des Graniers und weiter um die nordöstliche Spitze der Halbinsel und das Cap von Saint-Tropez zur Plage de Tahiti. Aber das sind dann schon fast 13 km. Wunderschön ist der Blick auf das Mauren- und Esterel-Massiv.

9 Chartreuse de la Verne C5

Von La Môle führt ein nummernloses Sträßchen hinter der Ampel nach Norden und endet 4 km weiter. Zu Fuß geht es zur Barrage de la Verne und links an dem Stausee, der die Region mit Trinkwasser versorgt, vorbei, bis sich links ein ausgeschilderter Weg zum Kloster auftut, ein steiler Anstieg 2 km durch den Wald bis zur Klosterpforte. Was für einen schönen Platz sich die Kartäusermönche im 12. Jh. da ausgesucht haben. Jahreszahlen in Stein verraten, dass das im 13. Jh. abgebrannte Kloster im 17. und 18. Jh. wieder aufgebaut wurde. Auf die Französische

Revolution und die Säkularisierung folgte die Flucht der Mönche, das Kloster verfiel. Seit 1983 ist es wieder bewirtschaftet, 30 Schwestern von Bethlehem arbeiten in Bäckerei, Ölmühle und Kirche. Eine Mönchszelle wurde restauriert, nur ein kleines Quadrat, Platz für ein Bett. Freunde des Klosters haben die sorgsame Sanierung bezahlt. Von Collobrières Richtung Grimaud auf der D14; nach 12 km rechts abbiegen auf eine kleine Straße und 6 km weiterfahren. Juni–Aug. Mi–Mo 11–18, sonst (außer Jan.) bis 17 Uhr (außer an religiösen Feiertagen oder bei Waldbrandgefahr) | Eintritt 6 €

10 Am Cap du Dramont E4

Wer von Saint-Raphaël über die Corniche d'Or (D 559) nach Cannes fährt, wird Seitenblicke kaum vermeiden können, so aufregend leuchten die roten Felsen über blauem Meer. Es gibt – zu seltene – Parkplätze, um den traumhaften Blick auf die Einzelfelsen am Meer zu genießen. Also anhalten!
Kommen Sie möglichst schon früh am Vormittag.

NEU ENTDECKT
Worüber man spricht

Jede Region verändert sich – auch wenn vieles beim Alten bleibt. Durch neu eröffnete Museen, Hotels oder Restaurants gewinnen Orte und manchmal ganze Landstriche weiter an Attraktivität. Ebenso lässt sich die Region mit neuen Freizeitangeboten vielfältiger erleben und vielleicht sogar mit anderen Augen sehen. Hier erfahren Sie alles über die jüngsten Entwicklungen.

◀ South Africa meets France: Das gilt auch für die Desserts im Restaurant Jan (▶ S. 19).

MUSEEN UND GALERIEN

Fort Brégançon 🚩 C 5

Ende einer Legende: Der Sommersitz der französischen Staatschefs wurde 2014 vom Zentrum für nationale Denkmäler übernommen und somit öffentlich. 1968 war die Festung auf dem Inselchen vor Bormes-les-Mimosas zur offiziellen Residenz der Präsidenten der Republik geworden. Pierre-Jean Guth, Architekt der Marine und mit dem Grand Prix de Rome versehen, verwandelte sie in ein behagliches Sommerhaus, die alten Mauern blieben erhalten. Die historische Festung auf dem malerischen Felsenriff war bisher nicht gerade eine Touristenattraktion, zumal das Volk sich ihr nur einmal im Jahr, während der Nationalen Denkmaltage, nä-

hern durfte. Jetzt wird es Besuchern offenstehen. Einheimische fürchten, dass vor dem zum Schutz der Sommergäste unbebauten Idyll, das sich als Naturparadies mit schönsten feinsandigen Badebuchten erhalten hat, bald finanzkräftige Investoren Schlange stehen werden.
Bormes-les-Mimosas | Route Léoube

Musée de la Céramique Kitsch 🚩 E 3

Im Zentrum der Altstadt, nahe des Picasso-Museums, ist ausgestellt, was Gil Camatte über 40 Jahre lang gehortet hat, Hunderte Kreamikarbeiten, wie sie in den 1960er- bis 1980er-Jahren an Touristen verkauft wurden: Da leuchten rote Riesenfische, die mit Glühlampen bestückt auf Fernsehgeräten funkelten, und Bambis mit großen Kinderaugen, die als Mitbringsel für die Lieben daheim vom Ausflug in die Töpfermetropole zeugen sollten. Die bescheidenen Beispiele dieser Volkskunst allerdings sind manchem Angebot in den Schaufenstern der Stadt nicht unähnlich.
Vallauris | Rue de la Fontaine | Juli, Aug. tgl. 10–19, Juni, Sept. Mi–Mo 10–12.15, 15.30–18, sonst 10–12.15, 14–17 Uhr | Eintritt frei für Besucher des Keramikmuseums oder des Musée Magnelli im Schloss (Place Paul-Isnard)

Musée d'Histoire maritime tropézienne Saint-Tropez 👥 🚩 D 5

Das 2013 in der Zitadelle über der Stadt eröffnete Museum zeigt den Besuchern, die aus aller Welt nach Saint-Tropez kommen, auf vielfältige Weise, wie und warum die Bewohner der Stadt auf die Weltmeere hinausfuhren. Es erzählt von den Fischern an der Küste, vom Schiffbau wie von den mächtigen Seglern und Dampfschiffen, die Handelswaren über Kap Hoorn, entlang der Küsten Afrikas und Indiens in den fernen Osten brachten. Vom Dach gibt es den Blick aufs Meer, wo alles begann.
Saint-Tropez | 1, montée de la Citadelle | www.saint-tropez.fr/fr/Culture/Musées/CitadelledeStTropez | April–Sept. tgl. 10–18.30, Okt.–März 10–12.30, 13.30–17.30 Uhr | Eintritt 3 €

ÜBERNACHTEN

Excelsior F3

Ein Fernwehort – Das Haus aus dem 19. Jh. im Musikviertel im Zentrum Nizzas hat Sandrine Alouf als Designerin liebevoll gestaltet. Das Reisen ist überall in den Zimmern gegenwärtig.

Grafiker und Illustrator Frédéric Arnold hat Bilder der Stadt hinzugefügt und Details aus der Welt derer, die das Unterwegssein lieben. Briefmarken sind zu entdecken, Postkarten, ein Text über dem Bett. Bei all dem ist das Hotel mit dem gängigen Vier-Sterne-Luxus ausgestattet, und Alleinreisenden wird es im Businesszimmer besonders gefallen.

Nizza | 19, av. Durante | Tel. 04 93 88 18 05 | www.excelsiornice.com | 42 Zimmer | €€–€€€

ESSEN UND TRINKEN

Le Cadran solaire E3

Exzellente Küche – Valbonne, das hübsche, schachbrettartig von den Mönchen von Lérins gebaute Städtchen auf dem Lande, ist nicht nur zum beliebten Wohnort derer geworden, die in Sophia-Antipolis, dem französischen Silicon Valley, arbeiten. Um die 50 Restaurants soll es hier geben, die Entscheidung fällt schwer. Wer von der zentralen Place des Arcades in der Altstadt in die Rue Eugène Giraud abbiegt und der Gasse bis zum Ende folgt, findet ein hübsches kleines Lokal, in dem man herzlich empfangen wird und ein hervorragender Koch die Gäste mit abwechslungsreichen französischen Gerichten erfreut. Das alles zu einem sehr guten Preis-Leistungs-Verhältnis.

Valbonne | 4, rue Eugène Giraud | Tel. 06 62 74 40 09 | www.lescadransdeval. wix.com/le-cadran-solaire | Mo–Sa abends, Fr, Sa auch mittags, So 10–15 Uhr Brunch | €€

Fish & Chips E3

Very british – Da schlägt das Herz der vielen britischen Besucher höher: Ein Fish & Chips-Laden hat gleich an der Markthalle Forville gegenüber dem alten Hafen eröffnet. Backfisch und Pommes gehören bisher nicht zu den französischen Imbissspezialitäten, und so versammeln sich hauptsächlich – glückliche – Engländer um die kleinen Tische. Die Idee zur zweifellos erfolgreichen Eröffnung hat die Waliserin Isabelle Mohnsame-Wigmore einem in Cannes lebenden Briten zu verdanken. So frittiert sie im Sommer täglich Kabeljau aus dem Nordatlantik.

Cannes | 2, place du Marché | Tel. 04 93 99 55 94 | tgl. mittags ab 11.30, Mi–Sa auch ab 18.30 Uhr | €

Fairmont F2

Schönheitsessen – »Eat yourself beautiful.« So heißt das Konzept im Fairmont, und das heißt Antioxidantien, Enzyme, Omega-Fettsäuren und hochwertige Proteine. Prosaischer steht es auf der Speisekarte: Himbeer-Limette-

Rote-Beete-Smothie, dann Jakobsmuscheln mit Orange und Kürbiskernen, gefolgt von Lachs mit Peru-Reis und Ingwersauce mit Gemüse. Das »Inside Outside Beauty«-Konzept hat Bestsellerautorin Daniele de Winter mit Chefkoch Philippe Joannès entwickelt. Es soll den maximalen Energie- und Glätte-Effekt für die Haut befördern.

Monte-Carlo | Fairmont Hotel | 12, av. des Spélugues | Tel. 00377/93 50 65 00 | €€€

Jan ⚑ F3

Ein Hauch Südafrika – Französisch, aber mit neuem Geschmack und neuem Elan, »eine Mischung aus Happening und Klassik« hat sich Jan Hendrik van der Westhuizen aus Südafrika vorgenommen und findet Anklang im neuen Szeneviertel Nizzas. Der junge Koch probiert neue Kombinationen und Geschmacksrichtungen aus, zu Schweinebauch passen hier Jakobsmuscheln und Pastinaken, Meerrettich zur Avocado und Tonka-Creme zur Muschelsuppe. Neben einheimischen Bioweinen gibt es auch eine gute Auswahl aus Südafrika.

Nizza | 12, rue Lascaris | Tel. 04 97 19 32 23 | www.restaurantjan.com | €€–€€€

FREIZEIT

Pilgerweg an der Küste

Nach zwölf Jahre währenden Arbeiten hat der Verein »Les Chemins de Compostelle« Provence-Alpes-Côte d'Azur einen neuen Fernwanderweg eingeweiht, der Menton mit Arles verbindet und zum Teil an der Küste entlangführt. Er verläuft auf der Trasse des Jakobs-Pilgerwegs von Rom nach Santiago di Compostela. Als GR 653A ist er vom französischen Wanderverband anerkannt und markiert worden. Zu den Sehenswürdigkeiten am Wegesrand gehören die Kathedrale von Fréjus und die Zisterzienserabtei von Thoronet.

⚑ Weitere Neuentdeckungen sind durch dieses Symbol gekennzeichnet.

Ein neu eingerichteter Pilgerweg (▶ S. 19) von Menton nach Arles führt auch an der ehemaligen Zisterzienserabtei von Thoronet vorbei. Bereits 1190 wurde der Kirchenbau vollendet.

DIE CÔTE D'AZUR
ERLEBEN

Beliebtes Souvenir: Seifen in allen erdenklichen Farben an einem Stand in Nizza (▶ S. 60).

ÜBERNACHTEN

*Ein nettes Häuschen am Meer? Eine Luxusvilla der
Belle Époque? Oder einfach ein praktisches, gut ausgestattetes
und möglichst günstig gelegenes Nachtquartier?
Es gibt alles, nur nicht zu jeder Zeit.*

Elegante **Hotels** säumen die Strände von Nizza bis Menton, vier und fünf
Sterne versprechen Luxus, also schöne Räumlichkeiten, Zimmerservice,
ein gehobenes Hotelrestaurant und besondere Dienstleistungen. Zwei-
und Drei-Sterne-Häuser sollen komfortabel sein und einen gewissen Service bieten, und ein Stern will nicht mehr als Funktionalität signalisieren.
Alle Sterne sagen nichts über Charme oder freundlichen Empfang aus,
nicht einmal über den Preis – nur über die Bettensteuer, die mit 0,30 € bei
nicht klassifizierten Unterkünften beginnt und mit 1,50 € am Tag bei der
Luxusklasse endet. Die französische Regierung beabsichtigt allerdings,
diesen Aufschlag in naher Zukunft kräftig zu erhöhen.
Fast jeder Urlauber bleibt eine Woche an der Küste, 72 % von ihnen sind
Wiederholungstäter. Jeder vierte Côte-d'Azur-Gast übernachtet in Nizza,
fast 20 % in und um Cannes, 15 % im Großraum Antibes, ebenso viele

◀ Das Negresco (▶ S. 67) in Nizza ist heute
fast eher Denkmal und Museum als Hotel.

zieht es an den Golf von Saint-Tropez, nur 4 % in die Berge und 3 % nach
Monaco. Mit der Nachfrage steigen die Preise, und während im Winter
ein gutes Hotelzimmer auch für 70 € zu haben ist, wird im Sommer kaum
ein Bett für weniger als 150 € zu finden sein, in manchen Orten wie Saint-
Tropez kaum unter 500 €. Gelten der Juli und der August, die Hauptferi-
enzeit der Franzosen, im Allgemeinen als **Hochsaison**, so muss man davon ausgehen, dass das Hotelgewerbe eigene Jahreszeiten beschreibt und
eine Vorsaison mit etwa 30 % niedrigeren Preisen in den Katalogen nur
noch dort existiert, wo es keinen Ganzjahrestourismus gibt.

JEDES FESTIVAL BEDEUTET HOCHSAISON

Speziell erhöhte **Preise** kennzeichnen die Zeit der Kongresse, ganz besonders in Cannes, Nizza und Grasse. Während der Internationalen Filmfestspiele und rund um den Grand Prix von Monaco Anfang Juni ist in
der ganzen Umgebung mit Hochsaisontarifen zu rechnen. Zur Zeit der
traditionellen Umzüge der Bravade in Saint-Tropez (16.–18. Mai) wird
kein Zimmer vermietet, das Ereignis soll ein lokales Fest bleiben.

Gab es lange nur Einheitspreise für Zimmer, unabhängig davon, ob man
allein oder zu zweit nächtigte, so werden nun auch geringfügig günstigere
Preise für Einzelzimmer angeboten. Das eher spartanische **Frühstück** –
nach wie vor meist Kaffee, Croissant oder Baguette, ein Stückchen abge-
packter Butter und ebensolcher Marmelade – wird mit mindestens 8 bis
12 € (und mehr) berechnet. Wer im Café nebenan zwei Tassen Kaffee und
ein Croissant bestellt, frühstückt inzwischen auch nicht mehr wirklich
günstiger, oft aber in angenehmerer Atmosphäre. Die Verpflichtung, im
gebuchten Hotel mindestens zu Abend zu essen, gibt es nicht mehr.

ALTERNATIVEN ZU HOTELS

Logis de France, also günstige, gepflegte Familienbetriebe, am gelbgrü-
nen Symbol mit Kaminen erkennbar, sind an der Riviera nicht verbreitet
(www.logishotels.com). Umso umfangreicher ist das Angebot exklusiver
Herbergen unter dem Namen **Relais & Châteaux** (www.relaischateaux.
com). Beachtlich ist auch die Liste der **Chambres d'hôtes**. Das sind Gäs-
tezimmer bei Winzern oder Bauern, die in großen Häusern leben und
einige davon vermieten und manchmal, als Tables d'hôtes, die Gäste auch
bekochen. Vor einigen Jahren noch als Geheimtipps gehandelt, erhält

man nun Listen bei den jeweiligen Tourismusbüros (www.gites-de-france.com). In keinem europäischen Land sind **Ferienwohnungen** und -häuser so verbreitet wie in Frankreich. Als »appartements«, »studios«, »meublées« oder »résidences« angeboten, werden sie – zumindest in der Saison – meist wochenweise vermietet. Sie belassen den Mietern ihre Unabhängigkeit und vermitteln im besten Fall denen, die die Küste per Auto entdecken und viele Sehenswürdigkeiten besuchen wollen, ein gewisses Heimatgefühl. Da lohnt es sich, über die schönen Märkte zu bummeln, und in vielen Orten kann man fertige Gerichte, die dann nur noch erhitzt werden müssen, für das Abendessen besorgen. Viel günstiger als Hotels sind die Ferienwohnungen oft nicht. Allerdings werden sie in den Bergen in der Vorsaison bis Juni schon ab 350 € für eine Woche angeboten, am Meer gelten 700 € als nicht teuer. Angebote gibt es bei den jeweiligen Offices de Tourisme und im Internet (u. a. www.pierreetvacances.com, www.clevacances.com) über unterschiedliche Dienste.

Die hier angeführte Preiskategorie betrifft die Saisonpreise, die Winterpreise (Oktober–März) betragen fast immer ca. die Hälfte, bis Juni und im September liegen die Preise oft um 30 % niedriger.

BESONDERE EMPFEHLUNGEN

Hotel Splendid ▶ S. 91, a/b 1

Romantisch – Es ist nicht das Martinez, es ist älter, ein schönes weißes Haus, dessen Geschichte 1871 begann. Stuck und hohe Räume erinnern an die Vergangenheit, aber im Familienbesitz und immer wieder behutsam an die Zeit angepasst, ist es ein kleines Grand Hotel geblieben. Den Winter 1874 verbrachte Jacques Offenbach hier, ihm ist der gemütliche Salon gewidmet. Aus sechs Stockwerken blickt man in vielen Zimmern auf Festivalpalast und Meer. Natürlich kann es draußen laut sein. Das Haus sieht teuer aus. Mit einem bisschen Glück hält man aber gerade ein temporäres Angebot bereit, beispielsweise fünf Nächte und eine Flasche Champagner, die nicht mehr kosten als im Hotel einige Straßen weiter.

Cannes | 4, rue Félix-Faure | Tel. 04 97 06 22 22 | www.splendid-hotel-cannes.com | 62 Zimmer | €€€–€€€€

La Maison du Frêne ⚑ E 3

Kunstquartier – Eine Esche (»frêne«) steht vor der Tür, die sich zu einer wunderschönen Kunstsammlung in der Altstadt von Vence in einem Haus aus dem 18. Jh. öffnet, und es gibt Zimmer, in denen man das genießen darf. Die Räume sind groß und voller Bücher und Kunstwerke, sehr liebevoll wird auch das Frühstück zubereitet.

Vence | 1, place du Frêne | www.lamaisondufrene.com | 4 Zimmer | €€€

Orion ⚑ E 3

Auf dem Baum – Was für eine Vorstellung: Frühstück auf der eigenen Terrasse, aus der eine Eiche wächst, Vögel

zwitschern, nach Nächten, in denen man nicht viel mehr als grüne Zweige, Himmel und Sterne gesehen und vielleicht einem Geräusch nachgelauscht hat. Verblüffend komfortabel sind die Baumhäuser, die abseits von Lärm und der Wohnzone Saint-Pauls auf einem terrassierten grünen Grundstück liegen. Es gibt Dusche und Toilette. Nach dem Frühstück kann man in dem kleinen naturbelassenen Teich baden, unter Kiefern, Oliven oder Palmen dösen. Da ist noch ein Tönnchen, die Sauna!
Saint-Paul-de-Vence | 2436, chemin du Malvan | Tel. 06 75 45 18 64 | www.orion bb.com | mind. 3 oder 4 Tage | €€€

Villa la Tour ▶ S. 62/63, d 2

Mitten in der Altstadt – Was für eine Traumlage! Man fällt aus der Tür in die verwinkelte Altstadt Nizzas und ist sofort umgeben vom Gewirr der engen Gassen mit ihren wunderbaren Läden und herrlichen Düften. Nur wenige Minuten sind es zu Fuß bis zur Promenade des Anglais mit den blauen Stühlen, bis ans Meer, zu den großen Einkaufsstraßen, zum Musée d'Art Moderne und zum neuen Stadtpark. Die liebevoll und individuell gestalteten Zimmer – mit Klimaanlage, Telefon, TV, einige mit Balkon – sind, die einzige Suite ausgenommen, allerdings recht klein.
Nizza | 4, rue de la Tour | Tel. 04 93 80 08 15 | www.villa-la-tour.com | 17 Zimmer | €€€

Weitere empfehlenswerte Adressen finden Sie im Kapitel DIE CÔTE D'AZUR ERKUNDEN.

Preise für ein Doppelzimmer ohne Frühstück:

€€€€	ab 360 €	€€€	ab 240 €
€€	ab 160 €	€	bis 160 €

Alle Suiten der Maison du Frêne (▶ S. 24) sind individuell und mit viel Liebe zum Detail dekoriert. Das Hotel im Zentrum von Vence logiert in einem provenzalischen Haus aus dem 18. Jh.

ESSEN UND TRINKEN

*Menüs mit drei und mehr Gängen, Sterneküche selbst
in den kleinsten Dörfern oder das »pan bagnat« am Strand,
das Stück »socca« in der Markthalle, eine Schüssel »pistou«
im Bistro und dazu ein Glas Rosé. Was will man mehr?*

Mozzarella mit Sommertrüffeln und grünes Kartoffelpüree – ein Hauch
Knoblauch, eine Ahnung von Basilikum –, glasig schimmert der Fisch,
rot das Himbeer-Gratin. Es sind die frischen und hochwertigen Produkte, die den Gaumen, und die arrangierten Details, die das Auge erfreuen.
Das Menü kostet 49 €. Mittags gibt es ein Drei-Gänge-Menü für 25 €.
Das sollte die Sternstunde der Gourmets sein, die an der Côte d'Azur unterwegs sind – solange der Geldbeutel der Entdeckerfreude nicht Grenzen setzt. Die mittägliche »**plat du jour**«, ein Tagesgericht mit Vorspeise
oder Dessert, hat sich zwar bis in die Dörfer durchgesetzt, muss aber bei
üblichen 13 bis 15 € keinen Genuss garantieren. Da empfiehlt sich bei
Nobelhotels in Cannes wie Saint-Tropez und Nizza ein genauer Blick auf
die Mittagskarte, wenn man die viel gerühmte Edelküche, die es längst in
die Liste des Kulturerbes geschafft hat, kosten will.

◄ Das Meer ist nah, Miesmuscheln und andere Meeresfrüchte sind immer köstlich frisch.

Sicher ist die Französische Riviera die Milchstraße der Michelinsterne, und wenn die guten Adressen weitergereicht werden, dann spricht keiner von Ortsnamen sondern von Köchen. Zieht ein König der Kochkünste um, dann folgen gut betuchte Gourmets, um ihm mit Kennerschaft und angemessenem Appetit zu huldigen. Preis-Leistungs-Verhältnis ist hier kein Kriterium. Ein günstiges Abendessen kostet unter 30 €, ohne Wein. Das entspricht der gängigen Einschätzung der Franzosen. Da das bei zunehmendem Tourismus nicht alle Nationen teilen und nicht jeder ein übliches Menü bestellt, haben sich mancherorts die Tischsitten gelockert. Es gibt auch (wenige) Gelegenheiten, nur eine Pizza zu essen.

FRISCHE KRÄUTER, ÖL UND KNOBLAUCH

Neben den »herbes de Provence«, den klassischen Kräutern, ohne die eine südfranzösische Mahlzeit nicht denkbar ist, gehören Knoblauch und Öl zum bodenständigen Essen. Sehr verbreitet ist das »aioli«, eine Knoblauchmayonnaise, die aber hier einem vollständigen Gericht den Namen gibt und mit Fisch oder Fleisch – gern Lamm – und Gemüse, zu denen auch Kartoffeln zählen, gereicht wird. Überhaupt wird mehr Fisch als Fleisch gegessen. Fast 100 Fischer fahren im Département Alpes-Maritimes wie ihre Väter und Großväter im Morgengrauen mit ihren kleinen bunten Booten hinaus. Mit Netzen und Fangleinen, manche auch mit Reusen, holen sie Rotbarben und Goldbrassen, Seelachs, Drachenkopf und Stachelmakrelen, manchmal auch Langusten aus dem Meer.

Wo ein Restaurant seine Küche als »**nissart**« anpreist, ist die ganz spezielle Küche Nizzas gemeint, zu der der Salat niçoise gehört: grüner Salat, Tomaten, schwarze Oliven, dazu Thunfisch, Anchovisfilet und gekochtes Ei. Gewürzt wird nur mit Öl und Salz. Als »pan bagnat« wird dasselbe im Imbiss zwischen Baguette- oder Brötchenhälften angeboten. Für den kleinen Hunger gibt es die »pissaladière«, eine Art Zwiebelkuchen mit Sardellenpüree (»pissala«) und schwarzen Oliven, und »tourte de blettes«, einen salzigen Kuchen mit Mangold, Mandeln, Pinienkernen und Korinthen belegt. »Tripes à la niçoise« ist ein Kuttelgericht mit viel Knoblauch. Auch italienische Einflüsse hat sich die einstige Grafschaft Nizza erhalten: Ravioli und Gnocchi werden frisch zubereitet. »Socca«, einen nahrhaften Kichererbsenkuchen frisch aus der Pfanne, isst man in Nizza wie Menton, und »fassum«, mit Fleisch gefüllter Kohl, gilt als Spezialität in Grasse.

»Mesclun« findet man auf Speisekarten, grünen Salat mit Rauke und Löwenzahn; »petits farcis« können kleine Tomaten, Zucchini oder Artischockenböden sein, mit einer Hackfleischmischung gefüllt und gratiniert; »beignets de courgettes« sind Zucchiniblüten in Krapfenteig. »Pistou« ergänzt als Paste (Pesto) mit Knoblauch und Olivenöl die kalte Gemüsesuppe. »Tapenade« (Olivenpüree) und »brandade« (Stockfischpüree) werden als Aufstrich für die Häppchen zum Aperitif gereicht.

DIE GETRÄNKE WECHSELN

Die Zeit des **Aperitifs** beginnt etwa eine Stunde vor dem abendlichen Diner gegen 18.30 Uhr, und bisweilen steht noch ein Pastis vor den Müßiggängern. Ein Bier vom Fass (»pressé«) ist längst üblich, auch ein »panaché« (Radler) oder ein Glas Champagner. Der **Wein**, der im Süden zum Essen genossen wird, leuchtet mehr oder weniger intensiv rosé im Glas. Der hier erzeugte Côtes de Provence hat vor einigen Jahren schon 80 % der Produktion erreicht und seinen ehemals schlechten Ruf währenddessen enorm verbessert. Dabei ist er sehr mühevoll herzustellen, wird aus roten Trauben gewonnen, und je später Saft und Haut getrennt werden, desto dunkler funkelt er dann im Glas. Zum Essen bestellt fast jeder dann noch **Wasser**, meist das kostenlose Leitungswasser, »de l'eau plat« oder »en caraffe«, wenn es nicht ohnehin auf den Tisch gestellt wird.

Gegessen wird abends zwischen 19.30 und 22 Uhr, im Sommer auch in zwei Gängen, das heißt, dass eine Reservierung ratsam ist. Viele Restaurants schließen, außer in der Hochsaison, am Sonntagabend oder am Montag. Den Tisch lässt man sich zuweisen. Selbstverständlich kommt man nicht in kurzen Hosen zum Essen, spricht den Kellner mit »Monsieur« an und bezahlt, ein kurzes Zeichen genügt, gemeinsam. Das Trinkgeld lässt man nach dem Begleichen der Rechnung auf dem Tisch liegen.

BESONDERE EMPFEHLUNGEN

Colombier 👫 🏊 E 3

Am Wasser – Am schönsten ist ein Platz in der ersten Reihe, mit den Füßen im Sand, während das Meer leise an den Strand schwappt. Lokale Küche und Delikatessen aus aller Welt stehen auf der Speisekarte, knackige Salate und üppige Pizzen, die auch mal mit Hummer belegt sein können, oder der Burger mit Foie gras. »Fritto misto« gilt als Klassiker unter den Fischgerichten, der Wein ist erschwinglich, das Personal gibt sich freundlich, und knuspriges Bauernbrot steht auf dem Tisch. Auch den Kindern gefällt es hier.

Antibes | Juan-les-Pins | Promenade du Soleil (4, bd. Eduard Baudoin) | Tel. 04 93 61 24 66 | April–Sept. | keine Reservierung in der Hauptsaison | €–€€

Miramar Plage ▶ S. 91, c 2

Fischfischfisch – Auf silbernen Platten kommen die Köstlichkeiten, und man glaubt kaum, dass Guillaume Goubert, der vorher die Küche des berühmten Martinez gegenüber leitete, Einfachheit zu seinem Credo erklärt. Petersfisch wird nur gegrillt, aber es gibt auch roten Thunfisch mit Ratatouille. Eine üppige Vorspeise vereint Krabben, Garnelen und Räucherlachs in beinahe magenfüllender Menge. Auch Rotbarben mit Zitrone und Honig stehen auf der Karte, zum »taboulé« mit Blumenkohl. Cannes | 64, bv. de la Croisette | Tel. 04 93 94 24 74 | www.miramar-plage.fr | tgl. geöffnet, nachmittags Imbiss | €€

Le Moulin de Mougins ⚑ E 3

Eine Institution – Ein Wallfahrtsort für Gourmets ist die mittelalterliche Mühle im schönen Mougins. Im Hotelrestaurant werden unter der Ägide von Erwan Louaisil kreative Menüs, abwechslungsreich und regional geprägt, serviert. Da gesellt sich die Zabaione aus Menton-Zitronen zum Spargel, und nussiger Schinken, wie hingeblättert, ergänzt das Bild. Neugierige können hervorragende Küche, ausgezeichnete Weine und den perfekten Service auch an der Salatbar bei günstigen Angeboten testen. Mougins | 1028, av. Notre-Dame-de-Vie | Tel. 04 93 75 78 24 | www.moulindemougins.com | Mi–So mittags und abends, Salatbar Mo–Fr 11–15.30 Uhr | €€–€€€€

Weitere empfehlenswerte Adressen finden Sie im Kapitel **DIE CÔTE D'AZUR ERKUNDEN**.

Preise für ein dreigängiges Menü:

€€€€	ab 70 €	€€€	ab 50 €
€€	ab 36 €	€	bis 36 €

Auf dem Cours Saleya (▶ S. 62) mit seinem Obst-, Gemüse- und Blumenmarkt und den zahlreichen Straßencafés schlägt das Herz von Nizza. Der rechte Ort für den ungezwungenen Plausch.

Grüner reisen
Urlaub nachhaltig genießen

Wer zu Hause umweltbewusst lebt, möchte vielleicht auch im Urlaub Menschen unterstützen, denen ein verantwortungsvoller Umgang mit der Natur am Herzen liegt. Empfehlenswerte Projekte, mit denen Sie sich und der Umwelt einen Gefallen tun können, finden Sie hier.

»Bio«, »éco«, »vert« – das liest man inzwischen öfter als vermutet, aber der erste Eindruck täuscht meist. Die Côte d'Azur ist kein Bioparadies, und selbst in Nizzas sehr hippem Hi-Hotel findet man Plastikgabeln in der Biokantine. Der Biobäcker in Vence hat recht dürftige Öffnungszeiten. Auf verschiedenen sommerlichen Märkten wird für ökologisch einwandfreie Ziegenmilch, für selbst gerührte Konfitüre, schadstofffreie Kosmetik, für Wein und Oliven vom Biohof geworben. Dazu werden in verschiedenen Orten »Festivals de la Nature« gefeiert, und es wird auch eine »Foire écologique« abgehalten. Klettern, Stand up Paddling, Töpfern und Ponyreiten stehen dort jedoch im Mittelpunkt.

Aber es gibt auch die kleine Gemeinde Correns in der Provence verte, der grünen Provence im Var, die bereits im Jahr 1996 nach Beschluss der Mehrheit aller ortsansässigen Landwirte zum Biodorf umgewandelt wurde. Als die Bewohner des Ortes aus der Not eine Tugend machten – immer mehr Häuser wurden als Zweitwohnsitze an wohlhabende Städter verkauft, Spekulanten boten viel Geld für wenig ertragreiche Felder an –, ahnten sie nicht, wie aufwendig und schließlich doch erfolgreich ihre Bemühungen sein würden. Immerhin kostete es Zeit und Geld, den Übergang zur Bioproduktion oder die Rückkehr zur Arbeitsweise ihrer Vorfahren zu gestalten, und mancher Bauer büffelte lange und intensiv, um die Ökologie des Bodens zu begreifen oder den nachhaltigen Umgang mit Reben und Oliven zu lernen. Heute kommen Neugierige – nicht nur aus Frankreich –, besichtigen bekannt gewordene Domänen und kosten preisgekrönte Weine und zertifizierte Oliven. Brad Pitt und Angelina Jolie sorgen mit köstlichem Rosé für Schlagzeilen. Und Monaco freut sich über den ersten Michelinstern für eine exklusive Bioküche.

ÜBERNACHTEN

Le Clos de l'Ours 🌿 B 3

Die Gästezimmer liegen inmitten von Weinbergen, dort wo sich die Wege zum Mittelmeer und zu den Gorges du Verdon kreuzen, im Zentrum der Provence verte nahe Cotignac, einem der schönsten Dörfer im Var. Auf 13 ha gedeiht in biologischem Anbau ein Wein, der im Guide Hachette 2014 bereits mit einem Stern ausgezeichnet wurde. In einem restaurierten Bauernhaus haben 2014 die Winzer der Domäne einige Gästezimmer eingerichtet und bieten eine »Table d'hôtes« an. Es gibt sogar eine luxuriöse Suite mit Kamin. Den Aperitif können Gäste im Schatten der Platanen am Swimmingpool genießen. Cotignac | Chemin du Clos de Ruou | Tel. 04 94 04 77 69 | www.closdelours. com | 6 Zimmer | €€

ESSEN UND TRINKEN

Café des Jardiniers 👪 C 5

Das Café der Gärtner bietet viel mehr, als der Name verrät. Im Planetengarten der Domaine du Rayol (▶ S. 164) gelegen, die mediterrane Pflanzen aus aller Welt in einer fantastischen Anlage versammelt hat, bringt Küchenchef Christophe Pinel schon mittags reichhaltige Biogerichte auf den Tisch. Für den nachmittäglichen Imbiss werden kleine Speisen vorbereitet, fantasievoll und schmackhaft und – selbstverständlich – bio. Der Nachteil des hübschen Cafés: Um zu ihm zu gelangen, muss man erst den Eintritt für die Domäne bezahlen. Aber bei all der Pflanzenpracht ist das eigentlich gar kein Nachteil. Domaine du Rayol | Rayol-Canadel-sur-Mer | Tel. 04 98 04 44 00 | tgl. ab 12.15 Uhr

Château Miraval 🌿 B 4

Als das Schauspielerpaar Angelina Jolie und Brad Pitt 2008 das Château im Südwesten der kleinen Gemeinde Correns im Herzen der Provence verte kauften, sollte die Neuerwerbung für 35 Mio. € zum Urlaubsdomizil werden. 1970 hatte es der bekannte Jazzpianist und Komponist Jacques Loussier zu seinem Tonstudio Le Studio de Miraval gemacht, und Künstler von Pink Floyd bis Sade und Sting waren in das grüne Tal in traumhafter Lage an der römischen Via Aurelia gekommen. Längst ist Correns, zwischen den Gorges du Verdon im Norden, dem Massif des Maures im Südosten und der Sainte-Baume im Südwesten gelegen, als erstes französisches Biodorf zu Bekanntheit gelangt. Und weil das Château Miraval nicht nur traumhaft liegt, sondern von einer Landschaft umgeben ist, die Weinbauern ein außergewöhnliches Terroir nennen, sind die Schauspieler mit Unterstützung der bekannten Familie Perrin zu Biowinzern geworden. Die Weinberge, in 350 m Höhe auf geschützten Terrassen angelegt, umfassen 500 ha. Schon der erste Jahrgang 2012, ein Rosé Côtes de Provence, machte Furore. Lachsfarben und aus den Rebsorten Cinsault, Grenache und Syrah lobten ihn Kenner als ganz besonderen Tropfen. Billig ist der Château Miraval nicht. Verschiedene Weinhändler führen ihn auch in Deutschland. Übrigens hat Woody Allen seinen Film »Magic in the Moonlight« 2013 hier gedreht.

Correns | Route de Barjols | Tel. 04 94 86 39 33

Elsa   F2

Der weltweit erste Michelinstern für eine biologisch ausgerichtete Küche ging 2013 nach Monaco. Der venezianische Meisterkoch Paolo Sari zaubert in einem der vier Restaurants des Luxushotels Monte-Carlo Beach, am äußersten Ende des Fürstentums fast versteckt gelegen, im Sinne des Wortes bildschöne Kreationen. Fast zu ästhetisch zum Aufessen sind seine Gerichte, und er gesteht in einem Interview, dass es ihm schon einmal schwerfällt, Gemüse auch nur zu schneiden, und er darüber nachdenkt, wie man es intakt lassen und dennoch in ein schmack-

haftes Essen verwandeln kann. Jedes Produkt, jede Ingredienz, die Zutaten, die Bauern aus der Region zwischen Ligurien und Saint-Jeannet liefern, Fisch und Fleisch müssen Biozertifikate vorweisen. Das Elsa, nach der amerikanischen Klatschkolumnistin Elsa Maxwell benannt, bietet eine wahre Luxusküche, und die hat ihren Preis.

Monte-Carlo Beach | Av. Princesse Grace | Roquebrune-Cap Martin | Tel. 00377/98 06 50 05 | http://de.montecarlosbm.com/luxury-restaurants/gourmet/elsa | März–Ende Okt. Mo–Sa mittags und abends | €€€€

La Falabrak Fabrik   F3

Es gibt eine Café-Kantine, eine Denkfabrik, Verbindungen zu unterschiedlichen Solidargemeinschaften, einen Lieferservice für Biogemüse und vor allem günstige Speisen. Hier kommt nichts auf den Tisch, was nicht biologisch produziert und in der Region selbst angebaut bzw. gehalten wurde. Zu dem schmackhaften Mittagsmenü zu einem Preis, für den man sonst gerade mal eine Pizza bekommt, gehört eine Tasse Kaffee oder Tee. Von Montag bis Freitag wird vegetarisch gekocht, Fleisch gibt es nur samstags. Kinder und Hunde darf man mitbringen.

Nizza | 3, rue Benoit Bunico (Altstadt) | Tel. 04 93 54 41 23 | www.falabrac-fabrik.org | Mo–Sa 10–19 Uhr | €

EINKAUFEN

Casanera   D5

Auf Korsika ist Marie Ceccaldi bekannt. Das französische Festland will sie nun von Saint-Tropez aus erobern mit Cremes und Düften für alle, deren Schönheitspflege aus biologisch produzierten Pflanzen bestehen soll. »Made in Maquis« heißt ihr Programm.

Saint-Tropez | 31, bd. Louis Blanc | Tel. 09 51 57 42 87

Rabih Kayrouz D 5

Für Französinnen ist der Name Programm: Der libanesische Modemacher, der schon bei der Fashion Week in Paris mit Standing Ovations gefeiert wurde, hat seine erste Boutique im französischen Süden eröffnet – dort, wo Luxus auch an den Stränden von Ramatuelle zum Alltag gehört. Schön, feminin und tragbar sind seine Kreationen in sommerlichen Farben, darunter nicht nur sündhaft teure Einzelstücke, sondern auch Luxus »prêt à porter«.

Saint-Tropez | 37, rue Gambetta

AKTIVITÄTEN
Vélo bleu – Das blaue Fahrrad
F 3

Die Stadt Nizza hatte ihr Mietfahrrad-Programm erst im Sommer 2009 gestartet. 2014 hatte es sich schon bis Cagnes-sur-Mer und Saint-Laurent-du-Var ausgedehnt. Ungefähr alle 300 m befindet sich eine der Fahrradstationen. An 175 Standorten, über das gesamte Stadtgebiet verteilt, werden 1750 Fahrräder an 365 Tagen im Jahr angeboten, also täglich 24 Stunden lang.

Urlaubsgäste können die Sehenswürdigkeiten auf dem 125 km langen Radwegenetz, das sich über die gesamte Metropole erstreckt, erkunden und beispielsweise Ausflüge ins südwestlich gelegene Cagnes-sur-Mer unternehmen. Mit der Kreditkarte schaltet man ein blaues Mietfahrrad frei und ruft dann nur noch den Sprachterminal am Stand an. Das Vélo bleu kann man an jeder beliebigen Station innerhalb der drei Partnergemeinden zurückgeben.

Nizza | Tel. 04 93 72 06 06 | www.velo bleu.org | die ersten 30 Min. sind kostenlos, dann 1 €, jede zusätzliche Std. 2 € oder sehr günstige Pauschaltarife (Monat 10 €)

Die blauen Fahrräder gehören rund um Nizza inzwischen wie selbstverständlich zum Straßenbild. Das Fahrradmietsystem Vélo bleu (▶ S. 33) ist preisgünstig und einfach in der Bedienung.

EINKAUFEN

*Öl und Wein, Kräuter und Kunst, Düfte und Seifen,
Gebäck, kandierte Früchte und Mode aus kleinen exquisiten
Läden kann man mit nach Hause nehmen, aber ebenso
einen stabilen Regenschirm.*

Boutiquen, Galerien und Souvenirshops säumen in den Sommermonaten selbst die holprigen Gassen gerade noch weltabgeschiedener Dörfer und werben um die Gunst der Touristen mit allerlei **Kunstgewerbe**, bunten Töpferwaren, bestickten Schals und immer wieder **Seife** – sodass Spötter mutmaßen, die Provenzalen schnitzten bis zu Saisonbeginn unermüdlich Schiffe und Fische daraus. Wenn sie nicht gerade Bilder malten, in durchaus erschreckenden Farben und Formen, wie sie auch am Hafen von Saint-Tropez auf aneinander bedrängenden Staffeleien entstehen. Und dann gibt es sie doch: das Lädchen mit der einfallsreichen Schneiderin, die aus rustikalen Gardinenstoffen schöne Jacken näht, oder das Geschäft, in dem seit Generationen erfolgreich nichts als Schirme verkauft werden, und das im sonnigen Süden. Und den Laden mit dem guten Speiseöl in besonders schönen Dosen …

◀ Ein Fest für die Sinne: provenzalische
Kräuter auf dem Marché Forville (▶ S. 95).

Wer sich nach dem Blick auf die Preise des berühmten Café Sénéquier in Saint-Tropez verstohlen wieder erhoben hat, bevor der Kellner kam, wird beim Bummel in den Gassen und beim Studieren der Schaufenster erleichtert feststellen, dass Kleider und Schuhe auch hier bezahlbar sein können und nicht jede Boutique ausschließlich Haute Couture zu astronomischen Preisen in ihrem Sortiment hat. Ein Shirt, ein Hemd, ein schönes Tuch, das sind manchmal die nachhaltigen Urlaubserinnerungen. An den bunt bedruckten Blechdosen mit dem hervorragenden Öl von Alzieri in Nizza – »vierge extra« aus der ersten kalten Pressung – wird man auch zu Hause seine Freude haben, besonders dann, wenn man zuvor auch die Ölmühle besichtigt hat.

Das ganz eigene **Parfüm** kann, wer will, im Galimard-Studio des Fragrances in Grasse entwickeln. Gelernte »Nasen« stehen Anfängern hilfreich zur Seite. Luftblasen, in Glas eingefangen, sind die Spezialität der Glasbläserei in Biot. Was am Anfang ein Fehler in der Produktion war, ist längst zur Kunst erhoben worden. Das freundliche Personal verpackt die fragile Erinnerung sorgfältig in Holzwolle.

VERFÜHRERISCHE MÄRKTE

Unwiderstehlich sind die Düfte und Farben in der Markthalle **Forville** in Cannes. Da werden die dicken Fleischtomaten ausgiebig befingert – hier darf man das! –, die Avocados auf den Reifegrad geprüft, die Melonen in der Hand gewogen, denn das Gewicht verrät den Zuckergehalt und damit die Süße. Aromatischen Honig gibt es, den fleißige Bienen im Land der 200 Wildkräuter gesammelt haben. Die Feigen, frisch, getrocknet oder als Konfitüre, sind wohlschmeckend und energiereich, seit Jahrtausenden gehören sie zur Ernährung der Mittelmeervölker. Auf den Märkten, wie sie in jedem Dorf mindestens einmal die Woche stattfinden, gibt es sie ebenso wie die unterschiedlichsten Käsesorten und Kräuter.

AUSFLUG ZU DEN DOMÄNEN

Zahlreiche Winzer laden zur **Degustation**, und so mancher ist schon mit einem Kofferraum voller Weinflaschen nach Hause gefahren. Immer rarer wird der Bellet, in den Höhen von Nizza angebaut, weil das Bauland sich wie eine Krake um die Metropole ausdehnt. Öl von handgepflückten Oliven bieten zertifizierte Biobetriebe an.

Es gibt keinen Ladenschluss, aber eine 35-Stunden-Woche, die energisch verteidigt wird. Der Samstag ist ein normaler Werktag, so sind viele Läden montags, zumindest bis mittags, geschlossen. Die Mittagspause, oft ab 12 Uhr, kann bis 15 oder 16 Uhr dauern, um 19 Uhr schließen fast alle Läden. Brot und Lebensmittel kann man auch sonntags bis 12 Uhr kaufen. In den Städten kann die Mittagspause, besonders in der Saison, wegfallen.

BESONDERE EMPFEHLUNGEN

BÜCHER

Buchmarkt ▶ S. 62/63, c 3

Gleich neben dem Cours-Saleya-Markt, an dem Gemüse und Obst, Früchte, Fleisch und Fische gehandelt werden, bieten in Nizza zahlreiche Antiquare gebrauchte Bücher feil, nicht selten wundersame Schätze der schwarzen Kunst. Einer hat z. B. seit Jahren nur Titel von und über Céline im Angebot. Da ist aber auch ein Stehpult zu finden, an dem, das versichert glaubhaft der Verkäufer, Céline selbst gearbeitet hat. Sein Nachbar offeriert nur Bildbände, vergilbt die Seiten, sodass man den Sand der Sahara zu fühlen meint.

Nizza | Palais de Justice (Altstadt) | jeden 1. Sa im Monat

DELIKATESSEN

Auer ▶ S. 62/63, b 3

Ein Augenschmaus schon von außen, und das ist bereits seit dem Jahr 1820 so. Man steht vor dem Schaufenster der Confiserie und bewundert die bunten kandierten Früchte, die wie Juwelen in den Schalen glänzen. Ganz unwirklich und geheimnisvoll sieht es auch im Inneren des Ladens aus: Marmor, die diversen Kompositionen aus Schokolade, die bunten Öldosen und Spiegel, die die fantastische Fülle noch verdoppeln.

Nizza | 7, rue Saint-François-de-Paule

KUNSTHANDWERK

La Verrerie de Biot ⚑ E 3

Heiß ist es am Feuer, und das flüssige Glas glüht. Man kann in einem Rundgang betrachten, was alles daraus gezaubert werden kann. »Verre bullé« heißt das Glas mit den Bläschen, in dem die Luft zu sprudeln scheint und das es in allen erdenklichen Farben gibt. Gläser, Schalen, Vasen und sogar Messerbänkchen finden sich im Sortiment.

Biot | Chemin des Combes | Tel. 04 93 65 03 00 | www.verreriebiot.com

MODE

Bestagno ▶ S. 62/63, c 3

Ein kleines Geschäft voller Regenschirme – große und kleine, bunte, gestreifte und geblümte, schwarze, rote, gelbe. Im Jahr 1850 hatte Felippe Colombo das vierstöckige Haus erworben und anschließend unten das Geschäft eröffnet. Im ersten Stockwerk wurde seinerzeit fabriziert, und darüber hat er gewohnt. Noch heute liegt das Haus und mit ihm die Maison Bestagno, die nach wie vor als Familienbetrieb geführt wird, in der Altstadt. Für die Regenschirme kommt so mancher Kunde von weit her, wenn der Schirm schön und stabil sein soll. Das teuerste Stück ist der »parapluie de berger«, handgemacht und robust bezogen und nicht nur für Schäfer von Nutzen. Warum also nicht in einer der sonnigsten Städte Frankreichs einen neuen Regenschirm kaufen?

Nizza | 17, rue de la Préfecture | Di–Sa, Mo nur bei Regen geöffnet, Aug. geschl.

La Grande Braderie D 5

Ende Oktober ist alljährlich Schluss-verkauf in Saint-Tropez, dann ist die Zufahrtsstraße verstopft, und das Rin-gen um Designerjeans, schicke Schuhe oder pfiffige Accessoires zu Schnäpp-chenpreisen wird quasi zum Volksfest. Am Morgen schieben die Inhaber der Boutiquen ihre Regale vor die Schau-fenster und unverzüglich wird überall gemustert, anprobiert und gehandelt, denn die Geschäfte wollen zum Ende der Sommersaison ihre Lager räumen und gewähren Nachlässe auf Marken-ware von bis zu 90 %. Das heißt, jeden Tag wird die Ware ein bisschen billiger – wenn sie dann noch da ist.

Gewiefte Käuferinnen kommen schon früh am Vormittag und frisch gestärkt. Boutiquen, die weiter außerhalb liegen, bauen ihre Stände am Beginn der Rue Allard auf, um ebenfalls von den vielen Besuchern zu profitieren. Einige der großen Luxushäuser wie Dior, Hermès oder Louis Vuitton spielen allerdings nicht mit und lassen das Neugierige wissen oder schließen gleich die Türen. Ware extra für den Schlussverkauf da-zuzukaufen ist verpönt, geschieht aber in manchen Fällen dennoch.

Saint-Tropez | 4 Tage Ende Okt. 9–19 Uhr | Bootsshuttle von Saint-Raphaël, Sainte-Maxim, Port Grimaud und Cannes

Weitere Geschäfte und Märkte finden Sie im Kapitel **DIE CÔTE D'AZUR ERKUNDEN**.

Einen Regenschirm an der sonnigen Côte d'Azur kaufen? Warum nicht? Bestagno (▶ S. 36) in Nizza hat neben klassischen, schicken »parapluies« auch originellere Modelle im Angebot.

SPORT UND STRÄNDE

Es gibt kaum eine Sportart, für die die Côte d'Azur
nicht das passende Terrain bietet. Für viele überraschend
sind jedoch die zahlreichen Tauchclubs und die anspruchs-
vollen Radwege in den Bergen.

Die Côte d'Azur – das ist Meer von Saint-Tropez bis Menton. Das sind familiäre und mondäne Bäder und traumhafte Golfanlagen, deren meisterliche Architekten kaum weniger gepriesen werden als Sterneköche. Tennisplätze gibt es bei größeren Hotels. Die Polospieler treffen sich in Grasse, die ehrgeizigen Mountainbiker versammeln sich im Gebirge, und die ausdauernden Wanderer sind im Mercantour-Nationalpark unterwegs, um bis zu 5000 Jahre alte Felszeichnungen zu bestaunen.

SCHWIMMEN KANN MAN ÜBERALL

Wem sportliche Aktivitäten aber das Wichtigste sind, der teilt die Côte d'Azur gleich in zwei Hälften: Von Cannes bis Menton reicht das Gebiet zum Besichtigen, zum Bummeln in Städten, um Museen zu besuchen, mit dem Auto oder Bus zum nächsten Ort zu fahren, hier und dort zwei

◀ Das gebirgige Hinterland ist ein ideales
Terrain für ambitionierte Kanuten (▶ S. 40).

Stunden zu wandern und irgendwo auch ins Wasser zu gehen und eine Runde zu schwimmen. Natürlich kann man in jedem Küstenort baden, oft am kiesigen Stadtstrand oder in kleinen Sandbuchten, da und dort sogar tauchen, und wer in Antibes nächtigt und das Frühstück in Saint-Tropez genießen will, findet das passende Boot, das ihn hinbringt. Aber nach sportlichen Aktivitäten klingt das noch nicht.

PARADIESE FÜR ALLE SPORTARTEN IM VAR

Wer sich bewegen, tauchen, schwimmen, surfen, Boot fahren, segeln, klettern, fliegen, über längere Strecken wandern, reiten oder Rad fahren will, der wird das Mittelmeer im Var am Fuß von **Massif des Maures** und **Massif de l'Esterel** vom Golf von Saint-Tropez bis Saint-Raphaël bevorzugen. Kilometerlang sind die Strände, hier und da schneidet das Meer kleine Fjorde in Felsen, die hier Calanques heißen. Da kann man Kajak fahren, Windsurfen, Stand-up-Paddeln, und da sind die schönen Segel- und Tauchreviere. Es gibt zahlreiche Boots- und Jachthäfen, an denen es aber auch an den Küsten in den Alpes-Maritimes nicht mangelt.

Das Hinterland gehört den Reitern, den Paraglidern, denen, die ihre private Tour de France in den Alpen bewältigen wollen, im Frühjahr und Herbst den Wanderern und im Winter bis ins Frühjahr den Skifahrern – die am Nachmittag die Sonne und das Meer genießen wollen.

Wer sportlich ankommen will, kann das auch schon mit dem Mountainbike, von Grenoble auf einer der Sonnenrouten (www.cheminsdusoleil.com) quer durch die französischen Voralpen nach Nizza. Irgendwann soll der Genfer See für Fahrradfahrer mit dem Mittelmeer verbunden sein.

GOLF

Seit über 100 Jahren wird an der Côte d'Azur Golf gespielt. Großherzog Michael, ein russischer Fürst, hat den ersten Golfplatz in Mandelieu-La Napoule (1891) nahe Cannes gegründet. Bald folgte der nächste in Valescure (1895). Aber diese beiden ältesten Plätze sind doch nur zwei von 52 der Region Provence-Alpes-Côte d'Azur. Nicht überall sind Gäste willkommen. Aber der Golfpass Provence bietet drei oder fünf Green Fees auf den Plätzen von 18 Partneranlagen (golfpass.eu; 165–275 €). Der Platz Cap-Esterel in Saint-Raphaël auf hügeligem Gelände verspricht wunderbaren Blick aufs Meer und die Bucht von Agay, ebenso der Platz Golf du Beauvallon von Sainte-Maxime. Eine halbe Stunde von Saint-Tropez entfernt liegt die Domäne von Saint-Endréol mit 18-Loch-Parcours und internationalem Ruf. Loch Nr. 13 ist auf einer tiefer gelegenen Insel zu finden. Einen eigenen Golfpass bietet Grasse mit vier variantenreichen Plätzen an (www.grasse.fr). Weitere Golfplätze gibt es um Antibes, in Mougins, Valbonne, Sophia-Antipolis, in Nizza und Monte-Carlo…

KANU/KAJAK

Wassersportstationen in Fréjus, Sainte-Maxime, Ramatuelle (Strand La Pampelonne) und Roquebrune-sur-Argens bieten Aktivurlaubern die Möglichkeit, sich mit Kanus und Kajaks entlang der Küste zu bewegen. Stets werden aber auch andere Wassersportarten ausgeübt, z. B. lassen sich Wasserski und Wakeboard lernen. In Roquebrune-sur-Argens kann man allein oder mit erfahrener Begleitung Kajaktouren auf Fluss und See unternehmen. Nicht so Mutige mieten ein Tretboot (»pédalo«), Lac de l'Arena, Tel. 07 61 18 39 40, www.waterglisse.com.

KLETTERN

Die Alpes-Maritimes sind vielen Südfrankreich-Urlaubern ein ideales Gebiet zum Bergwandern und Klettern. Highlights findet man im Internet unter www.provence-netz.de/173/Ausfluege-Touren-Routen-Provence/Klettertouren-Provence. Dazu gehören:
Cime de Roccassièra (1501 m) mit einer abwechslungsreichen, aber langen Tour, ausgehend vom Parkplatz in Coaraze und inklusive einem T3-Gipfel. Man genießt herrliche Einblicke in eine Vielfalt von Berglandschaften.
Bergwandern **Brec d'Utelle** (1604 m), Tête d'Escandolier (1427 m); von Nizza führt das zunächst dicht besiedelte Tal des Var nach Norden. Bei Le Plan du Var beginnt rechts das **Tal der Vésubie** mit einer imposanten Schlucht, ehe es sich weitet. Links hoch über dem Tal liegt das Bergnest Utelle am GR 5, von wo aus schöne Bergtouren auf den Brec d'Utelle möglich sind.
Bergwandern **Cime du Gélas** (3143 m); von Nizza fährt man 70 km oder etwa 1,5 Stunden in die Vallée de la Vésubie bis nach La Madone de Fenestre. Von dort aus kann auf verschiedenen Touren je nach Kondition und Interesse gewandert oder auch geklettert werden.

RAD FAHREN

Mountainbike heißt VTT (Vélo Tout Terrain), wird es elektrisch angetrieben VTT électrique. Gelb markiert, auf Bäumen und Felsen, sind die Rundkurse ausgewiesen, die sich auch für kürzere Trips und Tagestouren eignen (Chemin de Petite Randonnée). Die Fernverbindungen sind wie für Wanderer mit GR (Grande Randonnée) und rot-weißem Balken gekennzeichnet.
Das Département Alpes-Maritimes gibt für Rundwege einen Führer namens »Les Guides Randoxygène VTT« heraus (www.cg06.fr/publications), den man sich herunterladen oder bei den Touristenbüros bekommen kann. Darin sind insgesamt 35 Touren aufgeführt, deren Länge, Niveau, Dauer und Topografie beschrieben sind, allerdings auf Französisch. Dank Kartenausschnitten und leicht verständlicher Charakteristik der Tour dürfte damit aber auch der zurechtkommen, der nur rudimentäre Sprachkenntnisse hat. Die Touren sind eingeteilt in Küstennähe, mittlere Höhen und Gebirge und 7 bis 60 km lang.

Auch das Département Var hat seine Radrundtouren im Massif des Maures und im Esterel in einem Führer zusammengefasst (cg83). Seit Jahren wird außerdem an einem Küstenweg gebaut, den nur Fußgänger und nicht motorisierte Fahrzeuge benutzen dürfen. Geplant sind 120 km von Six-Fours nach Saint-Raphaël auf der alten provenzalischen Bahnstrecke (www.visitvar.fr).

Der französische Radtouren-Spezialist Vélorizons (www.velorizons.com) bietet Touren unterschiedlicher Länge und Schwierigkeitsgrade an.

Roc d'Azur heißt eines der größten europäischen Mountainbike-Events, das jedes Jahr im Oktober zwischen Fréjus, Sainte-Maxime und Roquebrune-sur-Argens stattfindet. Um die 15 000 Teilnehmer wetteifern dabei um den Sieg (www.rocazur.com).

REITEN

Im Hinterland von Grasse und im Mercantour-Nationalpark findet man Bauern- und Reiterhöfe, von denen sich die Seealpen mit und ohne Führer erkunden lassen. Naturgemäß sind sie an der Küste im Département Alpes-Maritimes nicht zu finden, dafür aber im Var mit seinen sanften Gebirgen und den schönen Stränden. Die Internetseite www.ffe.com/tourisme/Gites-et-Chemins/Itineraires-equestres erteilt Auskunft über empfehlenswerte Betriebe.

Im Massif des Maures und im Herzen des Département Var sind rund 250 km Reitwege ausgeschildert. Mehrere Orte ermöglichen es, das Land vom Pferderücken aus kennenzulernen. So kann man von Gonfaron ein- oder zweistündige Ausritte in die Berge oder in der Ebene unternehmen, angeboten wer-

Nur für absolut Schwindelfreie zu empfehlen: Auf einer »Via Ferrata«, einem Klettersteig, geht es in den Canyons de Lantosque über den reißenden Gebirgsfluss der Vésubie (▶ S. 40).

Segeln vor der traumhaften Altstadtkulisse von Antibes (▶ S. 96). Von April bis Mitte Oktober herrschen überwiegend gute Segelbedingungen, und es gibt eine Vielzahl von Leihstationen.

den auch Exkursionen und Themenausritte (Natur entdecken), die ein Wochenende, aber auch acht Tage dauern können (Mazet Lou Carpaï, Route Collobrières D 39, Gonfaron, Tel. mobil 06 18 22 31 07, www.loucarpai.com).

Mit dem Label »École Française d'Équitation« und »Centre de Tourisme Équestre« ist Saint-Raphaël-Agay ausgezeichnet. Der Reiterhof bietet begleitete Touren ins Massif de l'Esterel an (1/2 Tag 68 €), zudem Kurse, bei denen Reiter ihre Sicherheit verbessern können, sowie Reitferien für Kinder mit Ponys (Les 3 Fers, 277, rue du Débarquement, Le Dramont, Tel. mobil 06 85 42 51 50, www.les3fers.com).

SEGELN

Segelschulen und Bootsverleiher gibt es an fast jedem Küstenort. Hier lohnt es, auf das Qualitätslabel »France Station Nautique« (www.vistvar.fr/stanau) zu achten, das in Bormes-les-Mimosas, Cavalaire-sur-Mer, Les Issambres, Fréjus und Saint-Raphaël zu finden ist. Wer einen Segelschein machen will, ist dort gut aufgehoben. Die Fédération Française de Voile listet unter www.ffvoile.org alle 143 angeschlossenen Clubs auf.

SKIFAHREN

Skifahrer freuen sich seit 1889 auf die französischen Seealpen, auf Sonne und traumhafte Aussichten. Kaum mehr als ein oder auch zwei Stunden von der Küste entfernt liegen die Skigebiete, nicht nur das Retortendorf Isola 2000 oder die traditionellen Skiorte wie Auron und Valberg. Sechs französische Bergdörfer besitzen das Label »Stations Villages des Alpes du Sud«. Die Voraussetzungen: historisches Dorf mit weniger als 2000 Einwohnern, Maßnahmen, die das Umweltbewusstsein steigern, Skimöglichkeiten und eine touristische Infrastruktur. Saint-Dalmas-Le-Selvage (www.saintdalmasleselvage.com), das höchstgelegene in den Seealpen (1347–2916 m), ist ein hervorragender Ausgangspunkt für Ski- und Wandertouren in den Nationalpark Mercantour mit seinen ausgedehnten Wäldern. Caille L'Audibergue (www.ville-caille.net), ca. 35 km nordwestlich von Grasse, gilt als »Balkon der Côte d'Azur«, der Blick auf die Bucht von Cannes ist einmalig.

Auch winterliche Drachenflieger genießen das beeindruckende Panorama. Von Rubion (www.rubion.com) kann man mit Schneeschuhen den Mont Pommier erklimmen und bei klarem Wetter sogar bis nach Korsika sehen.

TAUCHEN

Der erste Tauchclub Frankreichs wurde 1935 gegründet. Der Mann mit der roten Wollmütze, der Forscher, Umweltschützer und Filmemacher Jacques Cousteau, drehte seinen ersten Unterwasserfilm »In 18 Metern Tiefe« 1942 nahe Toulon. Auch heute noch gibt es unter der Oberfläche von »La Grande Bleue«, wie die Franzosen das Mittelmeer nennen, mehr zu sehen, als viele ahnen. Eine Liste mit 50 Tauchspots finden Interessierte unter www.visitvar.fr/provence-cote-azur/telecharger.aspx.

Cannes E 3

Eines der ältesten Tauchzentren der Stadt. Mit der »Sylpa« geht es zu den Spots der Region im Osten der Insel Sainte-Marguerite (rote Korallen, Muränen, Tintenfische), im Nordosten und im Golf Juan. Mit Tauchschule. Plongée Club de Cannes | Quai Saint-Pierre (Vieux Port) | Tel. 04 93 38 67 57 | www.plongee-sylpa.com | 36–53 € | Kinder ab 10 J.

Saint-Raphaël D 4

1935 wurde hier der erste Tauchclub Frankreichs eröffnet. Es gibt Korallen und um die Île d'Or Riffe mit Krustenanemonen, mit Barschen und Muränen. Hier liegen Wracks und sogar eine Miniaturstadt, die früher Kulisse für einen Cousteau-Film war. Centre de Plongée du Dramont | Port du Poussaï | Tel. 04 94 82 76 56 | www.cipdramont.com

Saint-Tropez D 5

Von der Fachzeitschrift »Tauchen« als beste Tauchbasis am Mittelmeer bewertet: zahlreiche Spots in der Umgebung, Rifftauchplätze mit Schluchten, Steilwänden, Swim-Throughs, bunten Weichkorallen, Barrakudas, Muränen, Mondfischen und Wracks von Fracht- und Kriegsschiffen sowie U-Booten. European Diving School | Le Kon Tiki | Route de Plage (Strand von Pampelonne) | Ramatuelle-Saint-Tropez | www.europeandiving.com/de | Schnorchelausflug 25 €, Tauchkurse 430 €

WANDERN

Auf mehr als 6000 km können Wanderer an der Côte d'Azur und ihrem Hinterland herrliche Landschaften erleben. Die Fremdenverkehrsämter bieten fast überall Tipps für Rundwanderwege an. Touren, die bis zu sechs Stunden lang sind und zu sehenswerten Orten führen (Petite Randonnée) sind mit gelben Balken markiert. Aber auch die großen Fernwanderwege (GR oder Grande Randonnée) führen, rot-weiß markiert, durch das Gebiet. So durchquert der GR 90 auf 45 km das Massif des Maures. Von Le Trayas an der Corniche d'Or kann man in zwei Stunden ins Massif de l'Esterel und zum 492 m hohen Pic d'Ours wandern. Im Département Alpes-Maritimes gibt es in den Tourismusbüros gratis Wanderführer (»Les Guides Randoxygène«), die jeweils unzählige Wanderwege an der Küste, in den Bergen, im Hochgebirge, durch Schluchten und Canyons bis zu Winter- und Schneetouren mit Länge, Schwierigkeitsgrad und Sehenswürdigkeiten beschreiben. Für größere Ausflüge sind aber detaillierte Karten unerlässlich. Die Wanderführer kann man auch unter www.cgo6.fr herunterladen.

STRÄNDE

Bormes-les-Mimosas   C 5

Südlich des Ortes (6 km) um das Cap de Brégançon wunderschöne Sandstrände, Plage de Cabasson, dann nach Westen, nur über den Sentier littoral zu Fuß zu erreichen, Plage de la Vignasse und Plage du Grand Jardin mit Bäumen und kristallklarem Wasser. Paradiesisch auch Plage de l'Estagnol und Plage Pellegrin. Langer Sand- und Kieselstrand an der Plage du Fort Bregançon.

Cagnes-sur-Mer   E 3

Ca. 5 km Kiesstrand, dahinter eine »Mini-Croisette«, die mit Fahrrädern und Rollern befahren werden darf.

Cannes   E 3

Aufgeschütteter Sandstrand vor der Croisette, fast ausschließlich privat bewirtschaftet. Gratis sind die öffentlichen Strände am westlichen und östlichen Ende der Croisette, Plage de Port Canto und Plage Gazagnaire hinter der Pointe de la Croisette. Ein ca. 5 km langer, schmaler Sandstrand erstreckt sich in Richtung La Napoule.

Cap d'Antibes/Juan-les-Pins   E 3

Plage de l'Islette, Sandstrand mit Blick auf Antibes; Plage de la Garoupe an der Ostseite des Cap d'Antibes; Plage de Juan-les-Pins, schmaler Sandstrand, fast auf ganzer Länge privat.

Corniche d'Or   E 4

Am Fuß des Esterel-Gebirges gibt es bei Les Trayas kleine felsige Badebuchten, etwas größer in Miramar an der Bucht von La Figueirette.

Fréjus   D 4

Langer, breiter Sandstrand in Fréjus-Plages und Luna-Park, schöner, grobkörniger Sandstrand vor Saint-Aygulf.

Mandelieu-La Napoule   E 3

Feine kleine Sandstrände vor La Napoule, Plage du Château, Plage de Robinson, Plage des Mineurs.

Menton   G 2

Graue Kiesel am Stadtstrand Plage du Soleil, Sand an der Plage des Sablettes hinter dem Vieux Port.

Monaco F 2

Der Sand- und Kiesstrand Plage du Larvotto in Monte-Carlo ist teils öffentlich, die Plage Mala am Cap d'Ail, eine kleine Badebucht, ist nur zu Fuß erreichbar (4 km). Außerdem lockt die Plage Marquet in Cap d'Ail.

Nizza F 3

An der Engelsbucht erstreckt sich ein 7 km schmaler Kiesstrand, der im Zentrum aber eher eine Kette von Restaurants darstellt.

Saint-Raphaël D 4

Plage du Veillat, langer Sandstrand vor der Promenade, aber meist sehr voll; Plage du Fournas, Sandstrand auch vor dem Ortsteil Boulouris. Außerdem gibt es kleine felsige Strände am Cap Roux in den Calanques.

Saint-Tropez D 5

Von Stränden umgeben, von denen die schönsten allerdings zur Gemeinde Ramatuelle gehören. Plage de Tahiti und Plage de Pampelonne, kilometerlang und mit feinem Sand, gehen praktisch ineinander über. La Bouillabaisse ist der Stadtstrand, von Surfern geschätzt, Des Graniers unterhalb der Zitadelle, De la Moutte feinkörnig und hell, aber ohne Restaurant, Les Salins naturbelassen. An der Südküste des Caps gibt es wenig besuchte, felsige Buchten.

Sainte-Maxime D 4

Lange, meist schmale Sandstrände, nördlich an der Küste idyllische Felsbuchten mit kleinen Sandstränden.

Théoule-sur-Mer E 3/4

Gepflegter Sandstrand bei Cannes.

Der kleine Badeort Théoule-sur-Mer (▶ S. 45) liegt am südwestlichen Ende der Bucht von Cannes. Von hier zweigen viele schöne Wanderwege ins Massif de l'Esterel ab.

FESTE FEIERN

Mimosen und Zitronen werden gefeiert. Karneval in Nizza, Jazz in Antibes und Internationales Filmfestival in Cannes sind die bekanntesten Ereignisse an der Côte d'Azur, und der Große Preis von Monaco gilt als eines der wichtigsten Autorennen der Welt.

Eine traumhafte Landschaft und eine verlässlich scheinende Sonne waren den Reichen und Schönen – ja, es gibt sie hier ganz offensichtlich – immer Anlass genug, den Sommer an der Côte d'Azur zu feiern, sich selbst und ihre Spleens. Davon unberührt, würdigt nahezu jeder Ort seine Pflanze, die den Bewohnern oft seit Jahrhunderten Existenzgrundlage ist, oder seinen Heiligen, der die lokale Geschichte bewahrt. Die wenigen größeren Städte konkurrieren um die Sommergäste, und so muss auch **Jazz à Juan**, das internationale Jazzereignis in Antibes, die Aufmerksamkeit seiner Fans inzwischen mit dem Jazzfest in Nizza und kleineren Veranstaltungen teilen. Die Open-Air-Konzerte im Pinienwald bleiben legendär, zumal 1960 das erste europäische Jazzfestival in Juan-les-Pins stattfand.
1959 war Sidney Bechet gestorben. Der Saxofonist aus New Orleans hatte Frankreich nach erfolgreichen Auftritten in Paris zu seiner Wahlheimat

◄ Festlicher Umzug mit Millionen von Früchten beim Zitronenfest (► S. 48) von Menton.

erkoren und jeden Sommer in Juan-les-Pins auf der Bühne gestanden. Mit seinem Tod schien das französische New Orleans beendet. Aber ein Jahr später, am 7. Juli 1960, begann das erste Festival mit einer Hommage, initiiert von Jacques Souplet und Jacques Hebey, und Bechets Büste wurde in der Pinède Gould enthüllt. Louis Armstrong, Oscar Peterson, Stan Getz, Count Basie, John Coltrane, Ella Fitzgerald und Sarah Vaughan spielten in den folgenden Jahren unter freiem Himmel vor dem Mittelmeer, auch Keith Jarrett und George Benson. 1963 war das Miles-Davis-Jahr, der Konzertmitschnitt »Miles à Antibes« gilt als eine seiner besten Liveaufnahmen. Neun Tage im Juli wird deutlich, dass der Jazz lebt, auch wenn mancher in den letzten Jahren die Klassiker vermisst. Brassbands ziehen durch die Straßen, wer ein Instrument halten kann, benutzt es, Bands spielen in den Parkanlagen. Tickets für die abendlichen Konzerte können durchaus günstig sein. Als Scherenschnitte wandern Jazzmusiker über die Wände im Parkhaus des Office de Tourisme, dort, wo heute Bentleys in Plastikhüllen überwintern.

DER WICHTIGSTE FILMMARKT DER WELT

Wenn es beim **Internationalen Filmfestival** in Cannes im Mai wie seit 1946 um die Goldene Palme (Palme d'Or) für den besten Film geht, ist für Urlauber meist wenig zu sehen. An den elf Tagen während des glamourösesten Filmfestivals der Welt gibt es täglich zwei Termine, an denen sich die Autogrammjäger vor dem Festivalpalais, nur und zu Recht »Bunker« genannt, drängen: Um 19 und 22 Uhr präsentieren sich die Stars auf den mit rotem Teppich belegten Stufen. Der wichtigste Filmmarkt der Welt findet allerdings unter Ausschluss der Öffentlichkeit statt. Fachleute begutachten Kinoproduktionen in all ihren Facetten, vom US-Blockbuster bis zum Autorenkino. Filmemacher verfolgen die Entwicklung der Technik, die sie nicht verpassen wollen. Waren anfangs noch Ton und Farbe revolutionär, dann das Bildbreitwandformat, so begann in den späten 1980er- und frühen 1990er-Jahren die digitale Ära. Heute sind überwältigende Spezialeffekte möglich, und beim 3D-Kino werden wohl schon morgen die Brillen wegfallen. Mit Filmen im 2D-Format müssen sich Besucher begnügen, die an wenigen Tagen nach Sonnenuntergang im »Cinéma de la Plage« auf einer Riesenleinwand im Meer Klassiker sehen können oder auch Filme, die außerhalb der Konkurrenz laufen.

JANUAR

Rallye Monte Carlo

1911 fand der berühmte Automobilzirkus, auch Monte genannt, zum ersten Mal statt. Als Sternfahrt sollte er Touristen ins Fürstentum bringen. Längst harren Zuschauer in klirrender Kälte aus, wenn Rennfahrer in irrwitzigem Tempo aus dem Fürstentum direkt in die Seealpen rasen, um dort in Haarnadelkurven zu schlittern. Die winterliche Fahrt über Gebirgsengpässe gilt als härteste Veranstaltung dieser Art.

Monaco | www.acm.mc

FEBRUAR

Karneval in Nizza

Bis ins Jahr 1294 reicht die Tradition des Karnevals zurück, und bereits während der Belle Époque zogen Blumencorsos durch die Straßen, und Berühmtheiten feierten opulente Bälle. Heute werden bizarre Pappmacheefiguren aufgebaut, die Blumenhändler schmücken die Wagen. Die Straßen sind abgesperrt, und von Tribünen, für die man teure Eintrittskarten erwerben muss, dürfen Besucher den Umzügen mit Tanzgruppen, Stelzenläufern und Tamburinen zusehen. König Karneval überlebt das Fest allerdings nicht, er wird schließlich auf einem Scheiterhaufen am Strand sterben, und mit großem Feuerwerk endet das zweiwöchige Fest.

www.nicecarnaval.com

Mimosenfest, Mandelieu-la-Napoule

Zehn Tage lang wird in Mandelieu-la-Napoule nahe Cannes das Fest gefeiert, mit dem der Reigen der Blumenfeste an der Küste eröffnet wird.

www.ot-mandelieu.fr

Zitronenfest in Menton

Ganze 200 t Zitrusfrüchte, jedes Jahr unter einem neuen Motto zu leuchtenden Figuren geformt, schmücken die Stadt und werden in bunten Corsos durch die Straßen gefahren.

2. Monatshälfte, 14 Tage
www.feteducitron.com

MAI

Bravade, Saint-Tropez

Es raucht und knallt ganze drei Tage lang. Die Bravade gehört zu den ältesten provenzalischen Traditionen und wird mit vermutlich dem gleichen Elan gefeiert wie bereits vor 450 Jahren. Mit Paraden und Prozessionen gedenken als Seeleute kostümierte Einwohner der Stadt der früheren Bürgermiliz und des Stadtheiligen Torpes. Der Zug der Bravadeure vollzieht sich nach überliefertem Ritual, dazu werden Musketensalven abgefeuert. Mit einem Dankgottesdienst endet das Fest.

16.–18. Mai
www.bravade-saint-tropez.fr

Internationale Filmfestspiele, Cannes

Hunderte von Filmen werden gesehen, bewertet, vor allem aber verkauft an den elf Tagen des Festivals. Und fast jedes Jahr regnet es am ersten Tag.

www.festival-cannes.fr

Großer Preis von Monaco

Der Grand Prix de Monaco ist das prestigeträchtigste Rennen in der Formel 1 und seit 1955 fester Bestandteil der WM. Keiner hat das 3,340 km lange Straßengewirr so schnell hinter sich gebracht wie Kimi Raikkönen in einem Qualifying (1:13,53 Min.). Die schnells-

te Rennrunde fuhr Michael Schumacher (1:14,44 Min.). Die Strecke erfordert viel Geschick, schließlich können die Piloten nur knapp 30 Sekunden pro Runde voll durchtreten und sehen sich schon wieder vor dem Hafenbecken, einer Hauswand, den Leitplanken.
www.acm.mc

JULI

Jazz à Juan, Antibes

Legendäres Jazzfestival unter Pinien am Meer in Juan-les-Pins (▶ S. 46).
www.jazzajuan.com

Nice Jazz Festival

Acht Tage lang Jazz und eine zunehmend ernsthafte Konkurrenz zum bekannten Fest in Antibes.
Nizza | Théâtre de Verdure | Place Masséna | www.nicejazzfestival.fr

Les Nuit du Sud, Vence

Vier Wochen lang Musik und Theater.
Mitte Juli–Mitte Aug.
Place du Jardin | www.nuitsdusud.com

AUGUST

Musique de Menton ▶ S. 51

Töpferfest, Vallauris

Die Töpfer des Ortes öffnen am zweiten Augustsonntag die Ateliers und lassen sich in ihre Werkstatt schauen.
www.vallauris-golfe-juan.fr

OKTOBER

Les Voiles de Saint-Tropez

Ende September und Anfang Oktober treffen sich Hunderte von modernen und historischen Segeljachten zum Saisonausklang der Superlative.
www.lesvoilesdesaint-tropez.fr

Alljährlich im Herbst treffen sich einige der elegantesten Segelschiffe der Welt zu den Voiles de Saint-Tropez (▶ S. 49). Es gibt eine Regatta für moderne Superjachten und eine für Klassiker.

MIT ALLEN SINNEN
Die Côte d'Azur spüren & erleben

Reisen – das bedeutet aufregende Gerüche und neue Geschmacks-
erlebnisse, intensive Farben, unbekannte Klänge und unerwartete
Einsichten; denn unterwegs ist Ihr Geist auf besondere Art und Weise
geschärft. Also, lassen Sie sich mit unseren Empfehlungen auf das
Leben vor Ort ein, fordern Sie Ihre Sinne heraus und erleben Sie
Inspiration. Es wird Ihnen unter die Haut gehen!

◀ Einzigartige Bühne für Kammermusik:
der Parvis Saint-Michel in Menton (▶ S. 51).

KULTUR UND UNTERHALTUNG

Musique de Menton ⚑ G 2

Man muss in Menton die schmale Rue Longue zur Altstadt hinaufklettern, wo pastellfarbene Häuser an engen Gassen und Treppen liegen, und kommt zum Parvis Saint-Michel, dem Kirchplatz der italienisch anmutenden Barockkirche. Das schwarz-weiße Mosaik, das das Wappen der Grimaldis zeigt, ist an warmen Sommerabenden der Boden eines imaginären Kammermusiksaals. Leichter Wind weht vom Meer herüber und trägt die Töne ein Stück. Der Himmel ist weit, und – es ist August – manchmal fällt eine Sternschnuppe.

Nichts ist verloren von dem Spätnachmittag des 12. Juni 1949, als André Böröcz am alten Hafen ankam, zur Altstadt hinaufschaute und die Stufen erklomm. Was für ein Blick vom Kirchplatz auf Horizont und Meer. Und aus einem Fenster erklang Musik, die er als Partita Nr. 2 in d-Moll von Bach erkannte, gespielt vom damals weltbesten Geiger Jascha Heifetz. Ein Moment, wie er ihn festzuhalten träumte, und eben nicht nur erträumte. Die sommerliche Kammermusik vor der barocken Basilika gibt es bis zum heutigen Tag.

Menton | 14 Tage, Anfang Aug. |
www.festival-musique-menton.fr

AKTIVITÄTEN

⭐ **Auf den Sentiers pédestres zu den Luxusvillen von Cap Ferrat** ⚑ F 3

Die Halbinsel der Milliardäre versteckt die luxuriösen Anwesen ihrer Bewohner inmitten üppiger subtropischer Gärten hinter Zäunen und Mauern, Messingschilder weisen darauf hin, wo der Dienstboteneingang zu finden ist. »Promenade d'Envie« – des Neides – hat Fritz J. Raddatz die Promenade de Rouvier der östlich von Nizza gelegenen 2000-Seelen-Gemeinde Saint-Jean-Cap-Ferrat getauft. Aber es gibt hier auch einen der schönsten Spazierwege der Côte d'Azur, in vielen kleinen Kurven am Meer entlang. Er beginnt am kleinen Hafen oder am Leuchtturm an der südlichen Spitze, an der Pointe Malalongue oder an der Plage de Passable. Das Meer schäumt gegen die Uferbefestigung, hier und da findet jemand den Einstieg ins Badewasser, in schützenden Steinnischen lauscht mancher dem Rauschen des Meeres.

François Mitterrand hatte durchgesetzt, dass es einen öffentlichen Zugang zum Meer geben müsse. Manchmal findet man kleinere und größere Stahlpforten unterhalb des Spazierwegs, die zu ummauerten Jachtanlageplätzen führen für die unterirdisch geparkten Boote. Manche haben steinerne Brücken über den Weg mauern lassen, die an gesicherten Toren enden. Wer die gesamte Strecke mit der Landspitze Saint-Hospice marschiert, ist knapp 11 km un-

terwegs. Informationstafeln geben Auskunft zu Entfernungen und Wanderzeit.
Saint-Jean-Cap-Ferrat

Blicke vom Meer aus   F 2

Nur wer vom Meer aus an die Küste kommt, hat alles im Blick: die schönen Ufer und die zugebauten, die geheimnisvollen Gärten und die Promenaden, dahinter die Wege, die sich die Berge hinaufschlängeln, Drachenflieger hängen zwischen fluffigen Wölkchen, und darüber laufen die schneeweißen Gipfel in grünen Seealpen aus. Das kann haben, wer ein Ticket für eine Bootsfahrt am Hafen kauft. Neben der einstündigen Uferfahrt nach Villefranche und Saint-Jean-Cap-Ferrat gibt es jedoch auch Tagesfahrten nach Monaco, Saint-Tropez und zu den Lérins-Inseln.
Nizza | Quai Lunel | Tel. 04 92 00 42 30 | www.trans-cote-azur.com | April–Okt. Di–So 11 und 15 Uhr | Ticket 16,50 €

Mit den Nice-Greeters unterwegs
    F 3

Wer die Stadt Nizza, ihre Eigenheiten, ihre Gärten und Terrassen, ihre Szeneviertel am Hafen kennenlernen möchte, kann dies mithilfe von kundigen Einheimischen, den sogenannten Nice-Greeters, tun. Das sind Freiwillige, die sich gern mit Besuchern treffen und mit ihnen etwas Zeit verbringen. Sie unternehmen mit den Fremden, was diese wünschen, erklären ihnen die ganz eigene Nizzaer Küche, machen mit ihnen eine Radtour, spazieren zu Kunstwerken und den schönsten Aussichtspunkten der Stadt, führen durch angesagte Stadtteile und wissen, wo die Kreativen leben und arbeiten. Deutsch sprechen nur wenige von ihnen, aber viele neben Französisch auch Englisch, Spanisch oder Italienisch. Es sind Mütter darunter, Rentner und Lebenskünstler. Man muss sich lediglich rechtzeitig per Internet anmelden, etwa eine Woche vorher, und angeben, welche Interessen man hat – das ist alles.
www.nice-greeters.com

Saint-Honorat   E 3

Nur 1,5 km lang und 400 breit ist die kleine Insel, und ihr Besuch gleicht einer Zeitreise in die Vergangenheit – wäre man nicht gerade in wenigen Minuten mit einem modernen Schiff aus Cannes gekommen. In einer knappen Stunde hat man das Inselchen umrundet. Die erste Mönchsgemeinde hatte sich schon um 410 hier niedergelassen. Als die Sarazenen 300 Jahre später die Mittelmeerregion besetzten, brachten sie die 500 Mönche auf der Insel um. Im 11. Jh. wurde ein Kloster errichtet, 1788 säkularisiert und verlassen, und erst 1878 wurden Kirche und Gemeinschaftsgebäude auf den Ruinen des ersten Klosters aufgebaut. Bis heute ist es bewohnt, die Mönche bauen Lavendel und Wein an und stellen den Likör Lerina her. Auf der Landspitze im Süden steht noch ein befestigter Turm, Monastère fortifié. Die Chapelle de la Trinité im Osten wird auf das 5. Jh. datiert. Die Erlöserkapelle (Chapelle St-Sauveur) im Nordwesten ist etwa gleich alt. Besucher können an Gottesdiensten teilnehmen, wochentags um 11.25, am Sonntag 9.50, an Feiertagen 11 Uhr.
Cannes | Vieux Port | Quai Laubeuf | Compagnie Planaria | Tel. 04 92 98 71 38 | Mai–Sept. 1. Abfahrt 8 (So) oder 9 Uhr, letzte Rückfahrt 18 Uhr | Fahrt 25 Min. | Hin- und Rückfahrt 15,50 €

Trophée d'Auguste   F2

So still ist es hier, dass der Verdacht aufkommt, man hätte schon von Weitem alles gesehen. Monumental erhebt sich die Ruine Trophée d'Auguste über

dem alten römischen Dorf La Turbie, ein Triumphbogen, Augustus zu Ehren, etwa sechs Jahre vor unserer Zeitrechnung erbaut. Es galt, den Kaiser dafür zu preisen, dass er acht Jahre zuvor die rebellischen ligurischen Stämme unterworfen hatte. 50 m hoch war er damals,

heute sind es gerade noch 35 m. Ludwig XIV. wollte den Bau während des Spanischen Erbfolgekriegs 1705 sprengen lassen, mit mäßigem Erfolg. Als zu robust hatte sich das Gemäuer erwiesen. Die Zeit nagte dann erfolgreicher daran, bis es in den 1930er-Jahren unter Leitung des Altertumsforschers Jules Formigué so weit wieder hergestellt wurde, wie wir es heute sehen.

Wer die Trophée besichtigt hat, findet am Rand der Wiese, die sie umgibt, einige alte Bänke, einen Platz mit herrlicher Aussicht auf Meer und Monaco. Winzig scheint es von hier oben. Die Türme des Casinos sieht man den Felsen überragen. Wer ein Picknick mitgebracht hat, wird hier eine Weile bleiben wollen. Und plötzlich entdeckt man vielleicht Ziegen hinter einem Zaun.

La Turbie | Av. Albert I. | zugänglich während der Öffnungszeiten des Museums, Mitte Mai–Mitte Sept. Di–So 9.30–13, 14.30–18.30, Mitte Sept.–Mitte Mai Di–So 10–13.30, 14.30–17 Uhr | Eintritt 5,50 €

Wenige Kilometer vor der Küste von Cannes liegen die Îles de Lérins. Saint-Honorat (▶ S. 52) gilt mit der Abtei Notre-Dame de Lérins als wichtige Keimzelle des westlichen Mönchstums.

Im Fokus
Der Duft oder Chanel No. 5

Geheimnisse umwehen die berühmten Düfte,
wir erahnen Rosen und Jasmin und wissen doch nicht,
was es ist, das wir lieben. Das soll so sein, auch beim
unschlagbaren Duft Chanel No. 5.

Sie haben sich in der Parfümerie in Grasse angemeldet, 45 € bezahlt, und nun kommt die große Stunde: Laien kreieren ihr eigenes Parfüm. Sie haben an den Duftstreifen geschnüffelt, gelernt, dass es eine Basisnote gibt, die den Duft auf der Haut festhält, dass die Herznote den Charakter des Duftes bestimmt und die Kopfnote für den ersten Reiz zuständig ist, der schnell vorüberfliegt, aber Frische imitiert. Es kann also losgehen. Was gibt es zum Mischen aus der Duftorgel, einem Tisch mit etwa 100 Essenzen? Sandelholz, Baummoos, Süßholz, Meeresbrise? Moschus klingt nach gestern, nimmt man das noch? Riecht Maiglöckchen nach Großmutter oder ist das vielleicht gerade wieder hip?

Der geniale Jean-Baptiste Grenouille, so hat man gelesen, mischte ein Löffelchen frischen Katzenkot, einen Krümel verschimmelten Käse, ranzige Überreste eines Fisches mit einem Spritzer Essig – und brauchte dann noch die eine oder andere Jungfrau – tot! –, um göttliche Duftwässer zu schaffen. So hat es Patrick Süskind in seinem Bestsellerroman

◀ Der berühmteste Duft der Welt: Chanel
No. 5 – 1921 von Coco Chanel kreiert.

»Das Parfüm« beschrieben. Das spielt in Grasse, der Welthauptstadt des Parfüms. Und das lockt nach wie vor Touristenströme an.

Er verdiente die Ehrenbürgerschaft wie Ernest Beaux, der Parfümeur, der 1921 am selben Ort weniger verwegene Ingredienzien wählte, um mit der Hut- und Modemacherin aus Paris Gabrielle »Coco« Chanel deren erstes Duftwasser zu kreieren. Sie wusste, wie es sein sollte: »Ich wollte einen Duft für Frauen, der auch wie eine Frau riecht.« Die perfekte Beschreibung führte zu unterschiedlichen Mischungen, die Beaux in zwei Serien kredenzte – und Fläschchen No. 5 gewann. Was aber auch damit zu tun haben mochte, dass Chanel die 5 für ihre Glückszahl hielt. Sie sollte recht behalten. Den internationalen Ruhm erntete nicht Beaux sondern Chanel. Und das lag auch daran, dass einzigartig war, was unter ihrem Namen verkauft wurde: Das neue Parfüm war anders als alles, was es bis dahin gab. Es roch nicht nach Veilchen und nicht nach Jasmin, es roch auch nicht harzig-schwül oder holzig-orientalisch und verrucht. Es roch neu. Es war das erste Parfüm der Welt, das außer natürlichen Grundsubstanzen künstliche Aromen enthielt. Sein Duft war pudrig, sauber, wachsig.

WUNDER DURCH WERBUNG

Die Moden ändern sich, wenn auch hin und wieder zurück in die Vergangenheit, aber Chanel No. 5 blieb. Die Urformel wurde minimal variiert und dem jeweiligen Markt angepasst, und eigentlich müsste die Marke wohl längst Chanel No. 50 oder Chanel No. 500 heißen. Eine ganz neue Note erhielt das Parfüm jedoch ohne die Hilfe eines Parfümeurs. 1954 hauchte Marilyn Monroe »Chanel No. 5«, als der Chefredakteur der Marie Claire, Georges Belmont, die Schauspielerin fragte, was sie im Bett trage. 2013, 52 Jahre nach ihrem Tod, nutzte Chanel das unveröffentlichte Interviewmaterial für seine Weihnachtswerbung. Die Blondine wurde zum Testimonial für den Duft, und Chanel No. 5 riecht seitdem auch erotisch. Der Absatz steigt weiter. Das Hamburger Internetportal statista. com verrät, dass Chanel No. 5 mit 9,9 % auch 2013 die Spitzenposition unter den Lieblingsdüften deutscher Frauen einnahm.

Den schlichten Flakon, unverändertes Markenzeichen des Duftes, entwarf Jean Helleau 1924, im Jahr 1959 wurde er in die Dauerausstellung des Museum of Modern Art (MoMa) in New York aufgenommen. Andy Warhol verewigte das Kultobjekt des 20. Jh. 1980 in einer Siebdruck-Serie von neun Blättern in unterschiedlichen Farben. Das Fläschchen wird auch im 21. Jh. mit einem Goldschlägerhäutchen versehen. Diese Versiegelung war früher üblich, ist wegen der Kosten heute allerdings auch bei Chanel nur der No. 5 vorbehalten. Aufwendig ist es auch, denn um den Flaschenhals wird zunächst eine feine Membran gelegt, die mit dünnen schwarzen Baumwollfäden befestigt wird. Da entweicht kein Düftchen.

ABSTRAKTE BLÜTEN

Den Marketingexperten ist währenddessen die Fantasie versiegt. Nicht ein Anflug von Poesie weckt auf der Homepage (www.chanel.com) die Neugier auf den sensationellen Duft, der sich nunmehr schon 93 Jahre auf einem Markt halten kann, von dem mehr als 97 % der jährlich rund 280 Neuschöpfungen binnen weniger Monate wieder verschwinden. Der zu den Top Ten der weltweit meistverkauften Düfte gehört und von dem alle 30 Sekunden irgendwo auf der Welt ein Flakon über den Ladentisch geht. Die luxuriöse Hausmarke (7,5 ml ab 115 €) ist demnach »ein zeitloser Klassiker von einzigartiger Eleganz«, »Symbol für die Verführungskraft der modernen Frau«, »das blumig-aldehydige Bouquet abstrakter Blüten … von unbeschreiblicher Weiblichkeit«. Aldehydig??? Alkohol, dem Wasserstoff entzogen wird, nennt man Aldehyd. Dabei handelt es sich um eine chemische Verbindung, die imstande ist, mit verschiedenen Stoffen neue Substanzen hervorzubringen. Abstrakte Blüten.

UND DOCH WIEDER JASMIN

Jede Produktionsfirma hat ihre Betriebsgeheimnisse, und es wird nicht zu lüften sein, ob Chanel No. 5 aus 31, 80 oder gar 250 Parfümrohstoffen besteht. Gesichert ist allerdings, dass Chanel S.A.S. eines der wenigen Unternehmen ist, die sich heute noch eine eigene Parfümabteilung leisten. Jasmin, der ganz real verwendet wird, gedeiht in Pégomas, einige Kilometer von Grasse entfernt, beim größten Blütenproduzenten der Region Joseph Mul auf 20 ha Land. Die fruchtbaren Böden in dieser windgeschützten Region trugen jahrhundertelang Blumenfelder und gewährten Generationen von Landwirten, die Rosen, Jasmin, Mimosen, Orangen, Veilchen, Tuberosen und Lavendel für die Parfümproduktion kultivierten, ihr Auskommen. 5000 Blumenbauern arbeiteten vor gerade einmal 100 Jahren noch auf den Feldern rund um Grasse. Die Hersteller von Chanel No. 5 kauften während des Zweiten Weltkriegs alle Jasminvorräte der Umgebung auf und entzogen sie so dem Markt. Wer den neuen, schon bald bekannten Duft wollte, musste fortan zu Chanel greifen.

Die Felder wurden später zu Bauland, und die Blumen, die man brauchte, kamen zunehmend aus dem billigeren Ausland. Später wurden gleich die Blütenextrakte importiert, aus Indonesien und Brasilien, China, Madagaskar, aus den Vereinigten Staaten. Auch Chanel importiert Jasmin, aber die Sorte aus Ägypten riecht animalischer und die aus Indien honigsüß. Der Jasmin für Chanel No. 5 mit einer ganz speziellen Duftnote blüht in Frankreich, etwa drei Monate lang bis zum Herbst. Vor Sonnenaufgang pflücken etwa 90 Saisonarbeiter die kleinen weißen Blüten von den Sträuchern. 10 000 Blüten, gerade ein Kilogramm, schafft ein schneller Pflücker in zwei Stunden. Aus 800 kg Blüten gewinnt man einen Liter »absolue«, das ist die durch Enfleurage gewonnene konzentrierte Duftflüssigkeit. Dabei werden die Aromastoffe durch gereinigtes, geruchloses Fett absorbiert, das später mit Alkohol ausgewaschen wird. Man ahnt schon jetzt, warum Chanel No. 5 so teuer ist. Auch die rosafarbene Mai-Rose wächst bei Grasse. Chanel benötigt sie. Andere Firmen bestellen in der Türkei und in Marokko. Was braucht man noch? Sandelholz und Patschuliöl, Vanillin, Eichenmoos … Und natürlich Aldehyde, die man aus keinem Garten der Welt extrahieren kann.

NATÜRLICHE ALLERGENE

Auch natürliche Öle werden chemisch bearbeitet, weil die Ernten nie gleich sind, weil man aus Heu den Duft von Sommerblumen zaubern kann. Neue Düfte, so will es die Mode, sollen jetzt »natürlich« sein und nicht Chemie. Und dann hat die EU entdeckt, wie viele Allergene in der Natur stecken, und die Parfümindustrie aufgeschreckt. Sie beratschlagt, ob manche Ingredienz nicht verboten werden müsste. Die Parfümhersteller, so war zu lesen, fühlten sich wie Maler, denen man ihre Farben wegzunehmen drohe. Ohne Eichenmoos verlöre Chanel No. 5 einen wichtigen Bestandteil, und viele nur mit natürlichen Substanzen arbeitende Firmen könnten einpacken. Da ist Chemie, ohne die es ohnehin nicht geht, leichter zu zähmen.

So oder so geht es beim Parfüm um einen riesigen Markt, der erst im 20. Jh. richtig wuchs, als Duftwasser kein elitäres Produkt mehr war. Das ist auch der Chemie zu verdanken, die aus dem Handwerk für Adlige und Großbürgertum eine Industrie mit Massenproduktion schuf. Der Duftmarkt ist ein weltumspannendes Milliardengeschäft. Marketingvorgaben und computergestützte Produktion ersetzen die legendären »Nasen«, die sich mehrere hundert Gerüche merken können und mit diesem Material in monatelanger Arbeit neue Düfte kreieren. Auch die Produktionsstätten in Grasse bedienen heute in erster Linie romantische Vorstellungen.

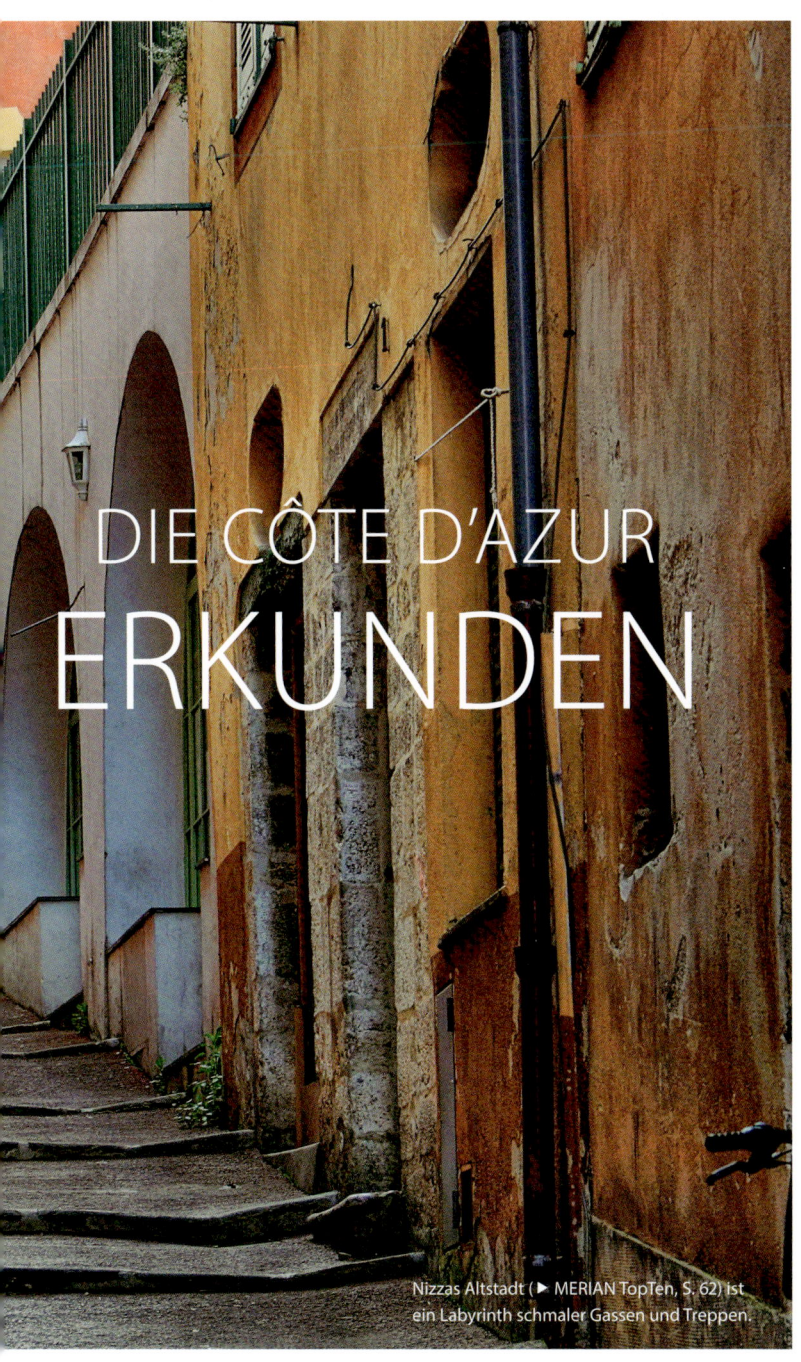

DIE CÔTE D'AZUR
ERKUNDEN

Nizzas Altstadt (► MERIAN TopTen, S. 62) ist
ein Labyrinth schmaler Gassen und Treppen.

NIZZA

*Die Hauptstadt der Côte d'Azur lockt Reisende zu
jeder Jahreszeit mit Sonne, viel Kunst und einem traumhaften
Umland zwischen Mittelmeer und 3000 m hohen Bergen.
Am beliebtesten ist die verwinkelte Altstadt.*

Nizza hat alles, das Meer und die Berge, die sich wie im Amphitheater um die schöne Bühne legen, noch ein bisschen Platz für einen ganz eigenen Wein, den Bellet, und eine Bevölkerung mit italienischen wie provenzalischen Wurzeln. Die fünftgrößte Stadt Frankreichs, in der 35 % der Bewohner des Départements Alpes-Maritimes zu Hause sind, lebt im Gegensatz zu vielen Nachbarn nicht in erster Linie von ihrer Vergangenheit und verliert ihre Lebendigkeit auch nicht am Ende der Saison. Studenten auf Rollerblades überholen auf der **Promenade des Anglais** die alten Damen, die hier ihre Hündchen ausführen. In wenigen Jahren wird wohl die Hälfte der Einwohner unter 40 Jahre alt sein. 25 000 Studenten profitieren heute schon von der Nähe zum französischen Hochtechnologie-Standort Sophia Antipolis. Éco Vallée im Var-Tal ist als Stadt der Zukunft geplant, ein auf 30 Jahre angelegtes Projekt, das eine ökonomische Entwicklung

◀ Das mediterrane Licht bringt Nizzas Altstadt (▶ MERIAN TopTen, S. 62) zum Leuchten.

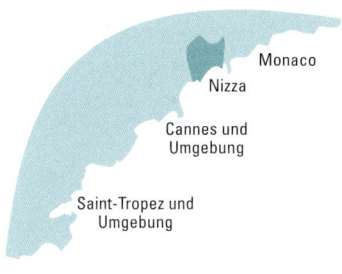

unter ökologischen Bedingungen
verheißt. Aber längst verschwindet
Agrarland unter Beton, und Wi-
derstand formiert sich nicht nur
unter bedrängten Bauern. Währenddessen entstehen Stadion, Firmen und Wohnungen in der Ebe-
ne. Neben üppigen Art-déco- und eleganten Barockvillen wachsen in der
Stadt futuristische, gelegentlich nicht minder schöne Stahl- und Glaspa-
läste in den Himmel. Neben Szenebars pflegen alteingesessene Restaurants nach wie vor ihr Publikum aus der Nachbarschaft.

VON CHAGALL BIS BEN

Nur Paris hat mehr **Museen**, aber hier gibt es einige ganz besondere wie
das Chagall-Museum, das zwei Dutzend Meisterwerke des russisch-jüdi-
schen Märchenmalers zeigt, oder das Matisse-Museum im vornehmen
Cimiez. Im Musée d'Art Moderne sind die Werke von Yves Klein zu sehen, den sein monochromes Blau berühmt machte, von Jean Tinguely,
Niki de Saint Phalle, Arman, César und natürlich vom Fluxuskünstler
Ben, der mit Happenings und Graffiti von sich reden machte. Bernar Ve-
net heißt der wohl bedeutendste zeitgenössische Bildhauer. An der Promenade du Paillon steht eine seiner Stahlskulpturen, »Arc 115,5°«.

STRAND ODER FREILUFTRESTAURANT

Die charmante verwinkelte **Altstadt** zieht die meisten Touristen an. Eine
zweite Straßenbahn wird sie bald in die entfernteren Stadtteile und zum
Flughafen bringen. Vielleicht entlastet das die hoffnungslos überfüllte Promenade des Anglais, die mit Lärm und Autoabgasen das Vergnügen min-
dert, auf den legendären blauen Stühlen den Blick aufs Meer zu genießen.
Mit dem Fahrradverleih Vélo bleu lockt alle 300 m die gesündere Alternati-
ve. Spottbillig sind die Busse, mit denen jeder die umliegenden Orte bis
Menton erreichen kann. Nizza hat 7500 m **Strand**, nur darf man keinen
Sand erwarten. Rund geschliffene Kiesel verhindern ausgedehnte Sonnen-
bäder. Im Zentrum sind die Strände eher edle Freilichtrestaurants unter
Sonnenschirmen, und man kann sich kaum vorstellen, wie die Köche in den
winzigen Küchen unter der Promenade so schmackhafte Menüs zaubern.

NIZZA ◥ F3

345 000 Einwohner
Stadtplan ▶ S. 63 und Klappe hinten

SEHENSWERTES

🔖 Altstadt

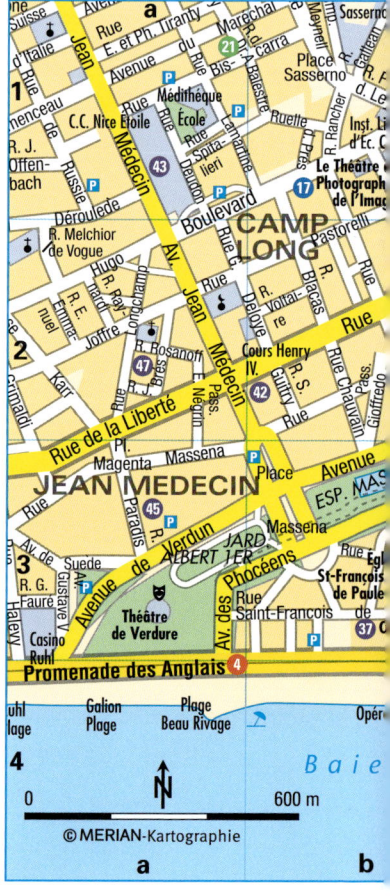

Schlossberg, Boulevard Jean-Jaurès und Cours Saleya begrenzen die Altstadt, Le Vieux Nice, die im 17. und 18. Jh. entstand. Die meisten Häuser im Labyrinth der schmalen Gassen sind schmucklos, gelbe und rote Ziegel, grüne Fensterläden, und Wäsche flattert, ganz italienisch, im Wind. Die Farben verändern sich im Lauf des Tages mit dem Lichteinfall, und wenn in den Gassen die Läden öffnen, die T-Shirts und Kleider hinausgehängt werden, ziehen auch die Düfte rotierender Hähnchen, der Socca-Küchen und kleinen Lokale durch die Straßen. Wenn es wärmer wird, laden die schummrigen Kirchen zur Pause.

Am **Cours Saleya** mit seinem Blumenmarkt (Di–So bis 16 Uhr, Mo Antiquitätenmarkt) und den Gemüse- und Obstständen erinnern die flachen Gebäude, die »ponchettes« mit Galerie, Cafés und Restaurants, an die vergangene Zeit der kleinen Werften. Die Dächer sollen wieder zugänglich gemacht werden und bald für Meerblick sorgen. Das Palais de la Préfecture, die ehemalige Residenz der Herzöge von Savoyen neben dem Justizpalast und das Hauptwerk des Barock, die schöne **Chapelle de la Miséricorde**, geben der Place Pierre Gautier etwas Erhabenes. Im Jahr 1736 nach Plänen des piemontesischen Architekten Bernardo Vittone für die Pénitents-Noirs, die Büßermönche, errichtet, überraschen Größe und Ellipsenform im Inneren, halbrunde Seitenkapellen und vergoldeter Stuck.

Links führt ein Durchgang zum Meer. Ein Flachrelief von 1584 an der Rue de la Poissonnerie zeigt Adam und Eva im Garten Eden, mit Knüppeln drohend. Es ist das einzige der früher mit Fresken bemalten Häuser. In der eleganten ockerfarbenen **Maison Caïs de Pierlas** an der Ostseite des Platzes, mit Allegorien der Künste verziert, lebte und malte Henri Matisse von 1921 bis 1928.

Die **Rue Droite**, die gar nicht so gerade ist, heißt so, weil sie die kürzeste Verbindung zwischen zwei Stadttoren war. Heute beleben Ateliers und Kunstgalerien die Untergeschosse der einstigen Adelshäuser. Wo die Rue Benoît Bunico die Rue Rossetti kreuzt, lag das jüdische Ghetto, das sich bis zum Meer hinzog und in dem sich nach einem Gesetz aus dem Jahr 1430 die Juden

aufhalten mussten. Bei Sonnenuntergang wurden die Ausgänge verschlossen. An der kleinen **Place Rossetti**, von einigen Restaurants und Cafés umgeben, steht die imposante Barockkathedrale **Sainte-Réparate** aus dem 16. Jh., der Schutzpatronin Nizzas geweiht, der die dritte Kapelle links gewidmet ist. Reich barock dekoriert ist auch das **Palais Lascaris** im Genueser Stil des

17. Jh. – wieder in der Rue Droite auf Nr. 15. Fresken, Säulen und Skulpturen schmücken das Treppenhaus. In einem Museum kann man sich bei alten Musikinstrumenten, die bei gelegentlichen Gratis-Konzerten auch zu hören sind, auf die Reise in die Musikgeschichte begeben. Im Erdgeschoss gibt es noch eine 1738 gegründete Apotheke. Rechts neben dem Eingang steckt eine Kugel im Gemäuer. Die Türken sollen sie 1543 abgefeuert haben. Auf der Place Saint-François am Ende der Rue Droite neben dem morgendlichen Fischmarkt gibt es Bäckereien sowie Gemüse- und Kräuterhändler.

1 Bibliotheque Louis Nucéra

Zwischen Theater und Akropolis erstreckt sich die neue Bibliothek auf 10 000 qm, überragt von einem riesigen quadratischen Kopf, den der Bildhauer Sacha Sosno entwarf und der dem Gebäude schnell den Namen Quadratschädel eintrug. Die Tête carrée birgt die Verwaltung. Ein ausgeklügeltes Lichtsystem soll verraten, wie viele Bücher ausgeliehen sind.

2, place Yves Klein | Tel. 04 97 13 48 00 | www.bmvr-nice.com.fr | Okt.–Juni Di, Mi 10–19, Do, Fr 14–19, Sa 10–18, So 14–18, Juli, Aug. Di–Sa 13–18 Uhr

Erholung vom Trubel in der Colline du Château

Ein Hügel ist da, kein Schloss, nur Mauerreste. Einen botanischen Garten gibt es, Kinderspielplätze, einen künstlichen Wasserfall, Pflastermosaiken und einen herrlichen Blick über Hafen und Meer (▶ S. 12).

2 Cathédrale Orthodoxe Russe Saint-Nicolas

Bunte Zwiebeltürme schmücken eine der schönsten orthodoxen Kirchen außerhalb Russlands, sie wurde nach dem Vorbild der Moskauer Basiliuskathedrale gebaut. Kaiserin Maria Fjodorowna, Witwe von Zar Alexander III., ließ sie im Jahr 1903 dort errichten, wo ihr ältester Sohn bereits 1863 gestorben war. Mit Backsteinen aus dem Rheinland und Ziegeln aus Florenz erhielt die russische Gemeinde in Nizza damit einen Ersatz für die längst zu klein gewordene Vorgängerkirche. Innen ist das Gotteshaus mit Fresken, Schnitzereien und kostbaren Ikonen ausgestattet. Eine prächtige Ikonostase trennt das Allerheiligste vom Hauptschiff.

Av. Nicolas II. | Bus: Tzarewitch | Bauarbeiten erfordern bis 2015 zeitweise Schließungen | Mai–Sept. tgl. 9–12, 14.30–18, Okt.–April 9.30–12, 14.30–17 Uhr, während der Gottesdienste (Sa im Sommer 18 Uhr, im Winter 17 Uhr, So 10 Uhr) keine Besichtigung

3 Cimiez

Das Viertel auf den Hügeln nördlich von Alt- und Neustadt, heute bevorzugter Wohnsitz wohlhabender Rentner, hat nicht nur am Ende des 19. Jh. dem europäischen Hochadel für seine Winterresidenzen gefallen. Schon vor unserer Zeitrechnung hatten die Römer dort ein Städtchen namens Cemelenum gegründet, das jedoch verlassen wurde, weil es sich als schwer zu verteidigen erwies. Erst Ende des 19. Jh. begannen Ausgrabungen, und aus der Zahl der Thermen und Größe der Arena schließt man, dass 15 000 bis 20 000 Menschen dort lebten.

Umgeben von Rosengärten bildet die Kirche Notre-Dame de l'Assomption zusammen mit dem Franziskanerkloster von Cimiez (▶ S. 64) ein eindrucksvolles architektonisches Ensemble.

1881 wurde der **Boulevard de Cimiez** angelegt, breit genug für die Kutschen der Gäste, die Esel auf den Hügel zogen. Erhalten ist mit dem **Palais Regina** (71, bd. Regina) das Winterpalais, das Sébastien-Marcel Biasini 1897 für Queen Victoria gebaut hat, mit prächtiger Fassade, Türmchen, kunstvollen schmiedeeisernen Gittern vor den Balkonen und gläsernen Wintergärten. In den 1930er-Jahren wurde es in Privatwohnungen aufgeteilt. Matisse wohnte und malte hier 1938 bis 1943, dann wieder von 1949 an und starb auch hier 1954. Auf dem Friedhof des Klosters

(Avenue du Monastère) ist er begraben, ebenso der Maler Raoul Dufy.
Bus: Arènes-Musée Matisse

Mont Baron 👫 ▶ **Klappe hinten, nordöstl. f 5**
Der Wald auf dem Mont Baron über dem Ort der Stadtgründung (Musée Terra Amata) war immer die grüne Lunge der Stadt, und seit dem 19. Jh. hat sich hier eine sehr gute Wohngegend entwickelt. Dort, wo die Geschützstellung eines alten Militärstützpunktes steht, soll der Stararchitekt Jean Nouvel ein Architekturzentrum gestalten. Von den Boulevards am Ufer steigen die

Wege schnell an. Der Boulevard Jean-Lorraine führt nach Villefranche-sur-Mer, vorbei an der ehemaligen **Villa Orlamonde** des Dichters Maurice Maeterlinck. Am steilen Boulevard Carnot thront das **Château Anglais** (Nr. 176), das sich der Oberst Robert Smith 1857 nach seinem Militäreinsatz in Indien bauen ließ. Das **Château de la Tour**, Boulevard Mont Baron (Nr. 15), einst Teil des Châteaus, könnte aus dem Mittelalter stammen, entstand aber 1880.

11 km Wanderwege überziehen den Berg mit dem 50 ha großen Forst, seit 1860 mit Zypressen, Aleppokiefern, Pinien und Eukalyptusbäumen angelegt. Das Aha-Erlebnis auf 178 m Höhe am Aussichtspunkt: Auf der einen Seite die Engelsbucht, auf der anderen die Bucht von Villefranche. Nachts ist der Aufstieg zum Park verboten.

4 Promenade des Anglais

Die 8 km lange berühmte Uferstraße an der Engelsbucht, die fast bis zum Flughafen führt, gleicht längst einer Stadtautobahn. Gegen Ende des 18. Jh. war die Gegend von reichen Engländern bewohnt, mit ihnen waren Künstler und Schriftsteller in den Wintermonaten zu Gast, viele in der Hoffnung, im milden Klima Heilung für ihr Asthma und ihre Bronchitis zu finden. Ein Blick auf die Friedhöfe zeigt, dass mancher Wintergast die Wirkung der Feuchtigkeit unterschätzte.

Einen schmalen unbefestigten »Camin dei Inglès« soll es seinerzeit am Ufer gegeben haben. Mit einer Kollekte sorgte Pastor Lewis Way 1822 für die erste Arbeitsbeschaffungsmaßnahme im armen Nizza, eine Beach Road, die in Etappen wuchs und 1844 eingeweiht

Sehen und gesehen werden auf der Promenade des Anglais (▶ S. 66). Engländer hatten mit ihrer Gestaltung im 19. Jh. das verschlafene Städtchen zum berühmten Ferienort gemacht.

wurde. Die ganze Länge hatte die Promenade schließlich 1931 erreicht. Pergolen und die blauen Stühle vor blauem Meer kamen erst 1990 dazu. Eine zweite Straßenbahnlinie soll die Promenade künftig entlasten. Die Besitzer der Art-déco-Paläste fürchten deren Trivialität in dieser Allee der Glanzzeit. Eines der Wahrzeichen, das Hotel **Negresco** mit der rosa Kuppel, hatte der Rumäne Henri Negresco 1912 bauen lassen. Mit sieben gekrönten Staatsoberhäuptern konnte er es eröffnen, aber im Ersten Weltkrieg wurde es zum Lazarett, Negresco ging bankrott und starb 1920. Heute ist das Haus im Besitz der Familie Augier, die es sanieren ließ und mit Kunst und Kitsch für das alte Renommee sorgte. Manchen ist es mit seiner maßlosen Dekoration und seinen handsignierten Teppichen das schönste Museum Nizzas. Die betagte Besitzerin lebt noch unter dem Dach. Einen Blankoscheck von Bill Gates, der das Gebäude kaufen wollte, soll sie kommentarlos zurückgeschickt haben. Zu den wenigen Resten der goldenen Zeit gehört auch das **Palais de la Méditerranée** (Nr. 13–15), 1929 im Auftrag des amerikanischen Millionärs Frank Jay als eine der luxuriösesten Spielbanken der Welt im Art-déco-Stil erbaut. Es verfiel, Besitzer verschwanden, und es wäre 1989 abgerissen worden, wäre nicht zumindest die Fassade unter Denkmalschutz gestellt worden. Heute sind darin wieder eine Spielbank, ein Luxushotel, ein Restaurant sowie ein traumhaftes Schwimmbad untergebracht. Einen Blick verdienen auch die noblen Hotels auf Nr. 23 und 27 (klassische Fassade vor einem Belle-Époque-Salon) und die elegante Nr. 31.

5 Promenade du Paillon

Zwischen Alt- und Neustadt ist im Herbst 2013 eine neue Grünanlage eröffnet worden, gleichzeitig der schönste Park der Innenstadt mit einem Freilichttheater (Théâtre de Verdure). Wo die Dieseldüfte des Busbahnhofs den vormals recht hässlichen Weg zum Musée d'Art Moderne und zum Kongress- und Kulturzentrum Acropolis begleiteten, toben jetzt Kinder, juchzen zwischen Wasserspielen und klettern auf hölzernen Ungetümen. Erwachsene sitzen und liegen in der Sonne, kühlen die wandermüden Füße.

Die grüne Spaziermeile zwischen Meer und Nationaltheater ist mehr als 1 km lang und umfasst 12 ha Büsche, Blumen und Bäume von allen Kontinenten. Magnolien aus Nordamerika, Farn aus Australien, Bambus aus Asien, Kokospalmen aus Südamerika und Nadelhölzer aus Afrika wachsen hier.

Und der **Paillon**? Das ist der Fluss, der bescheiden vom Jardin Albert I., der nun Teil des Parks ist, Richtung Meer plätscherte und dann wieder mit ungeheurer Wucht die Umgebung überspülte – bis man ihn 1860 schließlich unter die Erde verbannte. Dort plätschert er weiter. Seine Promenade wird nun zur Kunstpromenade, eine Passerelle führt vom mächtigen Oktogon mit dem Theater zum berühmten MAMAC, dem Museum für moderne und zeitgenössische Kunst, zum Naturhistorischen Museum und zum Acropolis.

6 Quartier du Port

Erst im 18. Jh. legten Hundertschaften von Sträflingen den Hafen, **Port Lympia**, an, von dem 1751 die ersten Schiffe ausliefen. Zwischen den großen Häfen von Genua und Marseille gelegen, hat er nie eine größere Bedeutung erlangt. Heute legt man hier nach Korsika ab. Als Freizeithafen bekam er erst in den 1950er-Jahren eine gewisse Bedeutung, und die Jachten, die heute hier liegen, sind eher bescheiden. Kreuzfahrtschiffe fahren Nizza erst seit Kurzem an – hinter dem Berg liegt schließlich das mondäne Villefranche-sur-Mer.

So ist das Hafenviertel nun eine Gegend zum Bummeln und Essen, die Abendsonne färbt elegante Häuserzeilen im Stil der italienischen Renaissance golden, und bemalte Decken aus dem 18. und 19. Jh. schmücken manche schöne Wohnung. Um die **Rue Bonaparte** hat sich ein Szeneviertel entwickelt, als »Marais von Nizza« ist es unter den Einheimischen bekannt.

Weinberge   F 2

Le Vignoble de Bellet – das ist ein Areal von etwa 70 ha im Nizzaer Bergland, auf dem etwa ein Dutzend Winzer um Saint-Roman, Saquier und Crémat Wein anbauen. Ungefähr die Hälfte der produzierten Rot-, Weiß- und Roséweine stammt aus kontrollierter Erzeugerabfüllung (AOC) und hat einen so guten Ruf, dass auch Nizzas Sterneköche sie anbieten. Billig sind sie nicht, man muss mit 20 bis 30 € für die Flasche rechnen. Von Nice-Saint-Isidore führt der Weg ins Var-Tal, und zwei Wege geleiten durch die Weinberge. Der **Chemin du Saquier** führt durch den Weiler Seules, zum Château de Bellet. Hinter Saint-Roman wiederum wird der **Chemin de Crémat** auf dem Kamm des Hügels zu einer Sackgasse, die am Château de Crémat endet.

Über Saint-Isidore oder Cimiez

MUSEEN UND GALERIEN

Der Eintritt in alle städtischen Museen und Galerien beträgt 10 €, Führungen schlagen mit 5 € zu Buche.

❼ La Maison Abandonnée

Das verlassene Haus, vor gut 100 Jahren im Belle-Époque-Stil errichtet, war besetzt, teilweise ramponiert und jahrelang verlassen, bis sich Hélène und François Fincker seiner annahmen, den Zustand konservierten und von 2003 an Künstler einluden, ihre Werke zu verschiedenen Themenbereichen zu zeigen. Die Bandbreite ist so ungewöhnlich wie das Haus. Das wurde ein voller Erfolg, und überall in der Region nahm man diese hier doch ungewöhnliche Art der Präsentation mit Interesse zur Kenntnis.

43, av. Monplaisir | Tram: Borriglione | www.villacameline.fr | Ausstellungen April–Okt.

❽ Museaav

Das Museum der Modernen Virtuellen Kunst (Musée Espace d'Art Actuel & Virtuel) hat sich auf 1000 qm in einem alten Fabrikgebäude eingerichtet und versteht sich als Kreativzentrum. Neugierige finden hier eine permanente Sammlung von mehr als 150 Werken. Temporäre Ausstellungen werden in eher größeren Abständen organisiert.

16 bis, Place Garibaldi (rechts neben dem Kino Mercury über den Hof)

Musée des Arts Asiatiques
▶ Klappe hinten, westl. a 6

»Das Museum ist ein Schwan, der auf dem Wasser eines ruhigen Sees inmitten einer üppigen Vegetation an der Mittelmeerküste schwimmt.« Dieser Schwan, den der Japaner Kenzō Tange

Leise schaukeln die Fischerboote und Jachten im Hafenbecken des Quartier du Port (▶ S. 67). Die umliegenden kleinen Restaurants werden direkt mit frischer Ware aus dem Meer versorgt.

an die Mittelmeerküste stellte, ist aus weißem Marmor, und der See liegt im Park Phoenix in Flughafennähe. Es zwitschert aus Volieren. Rochen, Brillenkaimane und Leguane leben im Wasser. Baumfarne, Sukkulenten und Orchideen gedeihen in feuchtwarmem Klima in 20 Themengärten. Auf dem See schwimmen Enten und Pelikane. Das Museum, architektonisches Spiel geometrischer Formen, unterscheidet nicht zwischen schönen und dekorativen Künsten Asiens. Der erste Stock ist dem Buddhismus gewidmet. Zur Teezeremonie muss man sich anmelden.

405, promenade des Anglais | Bus: Arénas | www.arts-asiatiques.com | Mi–Mo 10–18, Winter bis 17 Uhr | Eintritt Park 4 € | Tel. 04 92 29 37 00
🕐 Teehaus im Museum: Teezeremonie So 15 und 16 Uhr, Aug. geschl.

❾ Musée d'Art Moderne et d'Art Contemporain

Vier Türme, Carrara-Marmor, transparente Durchgänge – entworfen von Yves Bayard für einen Streifzug durch die zeitgenössische Kunst von 1960 bis heute. Imposant ist die Zahl der Künstler von Impressionismus bis Fluxus, die aus Nizza kommen oder hier gelebt und gearbeitet haben: Matisse, Chagall, Picasso, Dufy, Arman, Yves Klein, Malaval … Zwei bis drei Sonderausstellungen im Jahr werden im ersten Stock gezeigt. Neuen Realismus kann man in der zweiten Etage sehen, ebenso amerikanische Pop Art. Niki de Saint Phalle und Jean Tinguely sind hier – wie im richtigen Leben – vereint, im dritten Stockwerk ist die Nizzaer Schule zu finden, und auf der Terrasse sind zwei Werke von Yves Klein zu bestaunen, »Mur du feu« und »Jardin d'Eden«.

Promenade des Arts | Tram: Garibaldi | www.mamac-nice.org | Di–So 10–18 Uhr

🔟 Musée des Beaux Arts

Das Museum der schönen Künste, in einer Villa der ukrainischen Fürstin Kotschuby von 1878 eingerichtet, zeigt Gemälde und Skulpturen vom frühen 15. bis zum frühen 20. Jh. Die Villa selbst gehört zu den wenigen erhaltenen Zeugnissen einer umfangreichen russischen Kolonie in der Belle Époque. Grundstock der Sammlung ist eine Kollektion, die auf Anregung Napoleons begann und heute Werke von Fragonard, van Loo, Chéret, Dufy, Rodin und Carpeaux umfasst, außerdem werden Impressionisten wie Boudin, Monet, Sisley und Degas gezeigt.

33, av. des Baumettes | Bus: Musée | www.musee-beaux-arts-nice.org | Di–So 10–18 Uhr

⓫ Musée d'Histoire Naturelle

Das älteste Museum Nizzas, 1846 eröffnet, gewährt einen Einblick in die regionale Erdgeschichte und versteht sich als Gedächtnis des Mittelmeerraumes. Es verfügt über mehr als 1 Mio. biolo-

gische, zoologische und geologische Exponate, die es gar nicht alle gleichzeitig zeigen kann.

60, bd. Risso | Tram: Garibaldi | www.mhnnice.org | Di–So 10–18 Uhr

Musée international d'Art naïf Anatole-Jakovsky ▶ Klappe hinten, westl. a 5

Ohne die riesige Schenkung von Anatole und Renée Jakovsky hätte es dieses einzigartige Museum der naiven Kunst nicht gegeben. Die Sammlung zeigt Werke vom 18. Jh. bis heute, aus Haiti, Kroatien, Brasilien, der Schweiz, Belgien, Italien und Frankreich, darunter Henri Rousseau, Séraphine Louis oder Grandma Moses – zu sehen in der ehemaligen Sommerresidenz des Kasinogründers von Monte Carlo.

Château Sainte-Hélène | Av. de Fabron | Bus: Fabron Musée d'Art naïf | www.nice.fr/culture | Mi–Mo 10–18 Uhr

⓬ Musée Masséna

Das Heimatmuseum in der Villa Masséna gehört zu den Prachtbauten an der Promenade des Anglais, um 1900 im italienischen Stil für Victor, den Enkel des napoleonischen Generals Masséna, erbaut und von dessen Erben der Stadt Nizza überlassen. Wer sich für die Geschichte Nizzas im 19. Jh. interessiert, findet hier ein Exemplar des Buches, das der Küste einst ihren werbewirksamen Namen gab, »La Côte d'Azur« von Stéphan Liégard.

65, rue de France | Tram: Rivoli | www.nice.fr/culture | Mi–Mo 10–18 Uhr

⓭ Musée Matisse

In der Nachbarschaft hat Henri Matisse lange gewohnt, in der Villa eines Konsuls aus dem 17. Jh. im gepflegten Park sind seine Werke ausgestellt. Mancher mag enttäuscht sein, hier nicht die berühmtesten seiner Bilder zu finden, wird jedoch bald feststellen, dass die künstlerische Entwicklung Matisses von den Anfängen bis zu seinem Tod gut nachzuvollziehen ist. Von den ersten Gemälden von 1890 bis zu den Gouache-Malereien am Ende seines Lebens werden sämtliche Ausdruckstechniken präsentiert. Zu sehen sind auch persönliche Dinge des Malers.

164, av. des Arènes-de-Cimiez | Bus: Arènes-Musee Matisse | www.museematisse-nice.org | Mi–Mo 10–18 Uhr

⑭ Musée national Marc Chagall

Das zurückhaltend moderne Gebäude schuf André Hermant speziell für die Arbeiten Chagalls (1887–1985) und in enger Zusammenarbeit mit dem Künstler, der die Aufhängung seiner Bilder 1973 auch selbst überwachte. Der Maler, der alle künstlerischen Moden und Richtungen ignorierte und für den Kunst einen Sinn, eine spirituelle Botschaft haben und eine Geschichte erzählen musste, fand in der Bibel seine allumfassende Quelle der Poesie.

Die hier ausgestellten Bilder sind ausnahmslos Meisterwerke und faszinieren Besucher in ihrem Farbenrausch. Die 17 Gemälde zur Biblischen Botschaft zählte er selbst zu den wichtigsten Werken seines Lebens. Aber auch das irdische Leben kommt beim Märchenmaler nicht zu kurz.

Av. Docteur-Ménard | Bus: Musée Chagall | Mi–Mo 10–18, Nov.–April 10–17 Uhr | Eintritt 7,50 €, frei für Bewohner Europas bis 25 J. und am 1. So im Monat für alle

Henri Matisses Arbeit »Fleurs et Fruits« entstand 1953 und ist neben zahlreichen anderen Werken des Künstlers im Musée Matisse (▶ S. 70) in der Villa des Arènes aus dem 17. Jh. zu bestaunen.

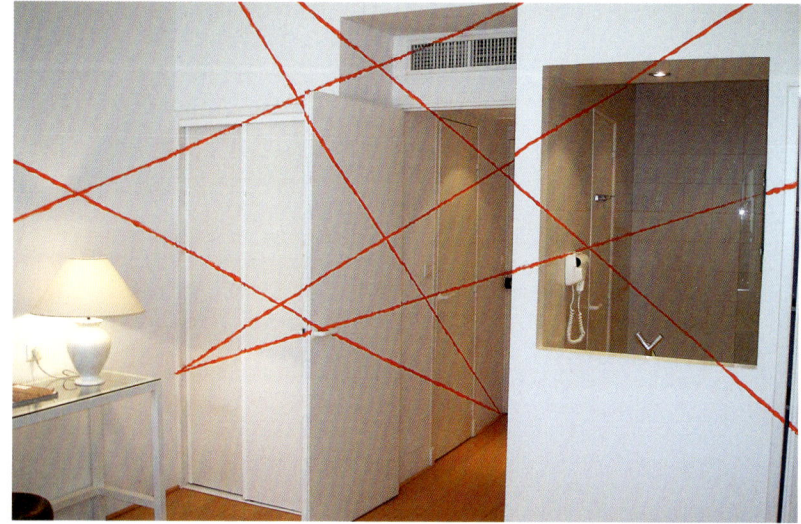

Ein Refugium für Liebhaber zeitgenössischer Kunst. Einige Zimmer im Windsor Hotel (▶ S. 73) wurden tatsächlich von Künstlern gestaltet – dieses hier von Felice Varini.

⑮ Musée de Paléontologie humaine de Terra Amata

Genau dort, wo Archäologen die Überreste einer vorgeschichtlichen Siedlung fanden, sehen Besucher ein 400 000 Jahre altes Elefantenjägercamp und die Rekonstruktionen historischer Behausungen und Abgüsse. In den Vitrinen Knochen von Elefanten, Rhinozerossen, Wildschweinen, Hirschen, Hasen. Dioramen versetzen in die Vergangenheit.

25, bd. Carnot | Bus: Port | www.musee-terra-amata.org | Mi–So 10–18 Uhr

⑯ Musée et Site Archéologique de Cimiez

Im archäologischen Museum ist ausgestellt, was bei den Ausgrabungen der alten Römerstadt Cemenelum gefunden wurde: Keramik, Schmuck, Geld und Grabbeigaben, etruskische Bronzen, Amphoren, die frühen Handel bezeugen. Drei Thermen sind auf dem Außengelände rekonstruiert.

160, av. des Arènes-de-Cimiez | Bus: Arènes-Musée Matisse | www.musee-archeologique-nice.org | Mi–Mo 10–18 Uhr

⑰ Le Théâtre de la Photographie et de l'Image

Im ehemaligen Artistiktheater werden hochwertige Wechselausstellungen anspruchsvoller Fotokunst gezeigt. Die Ausstellungssäle geben zudem einen Überblick über alle Trends, vom Fotojournalismus bis zur plastischen Fotografie und zum digitalen Bild. Sehenswert ist auch das Gebäude selbst mit seinen Fresken und Stuckdecken.

27, bd. Dubouchage | Tram: Pastorelli | www.tpi-nice.org | Di–So 10–18 Uhr

ÜBERNACHTEN

⑱ Excelsior 🏳️

Ein Fernwehort – Das Haus aus dem 19. Jh. im Zentrum Nizzas im Musikerviertel hat Sadrine Alouf als Designerin liebevoll gestaltet. Das Reisen ist überall in den Zimmern gegenwärtig. Grafiker und Illustrator Frédéric Arnold hat Bilder der Stadt hinzugefügt. Bei all dem ist das Hotel mit dem gängigen Vier-Sterne-Luxus ausgestattet.

19, av. Durante | Tel. 04 93 88 18 05 | www.excelsiornice.com | 42 Zimmer | €€–€€€

⑲ De la Fontaine

Zentrale Lage – Ein kleines Hotel, günstig gelegen und mit allem Notwendigen versehen. Die Zimmer sind modern und funktional eingerichtet. Im Patio sprudelt der Brunnen, dort wird das akzeptable Frühstück serviert, blühen Blumen und ruhen sich die Gäste nach ihrem Tag beim Aperitif aus.

49, rue de France | Tel. 04 93 88 30 38 | www.hotel-fontaine.com | 29 Zimmer | €€

⑳ Le Petit Palais

Mit Meerblick – Der Blick kann täuschen, denn zum Viertel Cimiez geht es den Berg hinauf in eine sehr gute und ruhige Wohngegend. Natürlich haben nicht alle Zimmer die tolle Sicht wie jene aus dem ersten Stock, den vermutlich auch der ehemalige Besitzer dieser Belle-Époque-Villa, Schauspieler und Dramatiker Sacha Guitry, genossen hat. In der Nähe liegt das Musée Matisse, und in einer Viertelstunde ist man »in der Stadt«. Romantikern gefallen die koketten, praktischen Zimmer. Schönes Frühstück, aber das hat seinen Preis.

17, av. Emile Bieckert | Tel. 04 93 62 19 11 | www.petitpalaisnice.fr | 25 Zimmer | €€€

㉑ Le Star

Einfach – Zwischen Bahnhof und Meer ganz zentral liegt das kleine Hotel. Modern, ruhig, sauber und einige Zimmer mit Balkon, ausgestattet mit allem, was Stadtwanderer brauchen.

14, rue Biscarra | Tel. 04 93 85 19 03 | www.hotel-star.com | 24 Zimmer | €€

㉒ Villa la Tour ▶ S. 25

㉓ Windsor

Mit Tropengarten – Die zentrale Lage, das schöne Haus und die unterschiedlichen Zimmer, die mit Fresken Venedig, Mexiko oder Fantasieorte künstlerisch imitieren, machen den Aufenthalt behaglich. Die Unterkünfte zum Garten sind ruhiger. In diesem Garten mit Swimmingpool und mit tropischen Pflanzen überwuchert wird im Sommer ein für französische Verhältnisse recht üppiges Frühstück serviert. Es gibt einige Parkplätze, die man jedoch rechtzeitig reservieren muss.

11, rue Dalpozzo | Tel. 04 93 88 59 35 | www.hotelwindsornice.com | 57 Zimmer | €€€

ESSEN UND TRINKEN

RESTAURANTS

㉔ Acchiardo

Traditionell – Die Einheimischen essen hier, und vielleicht schlägt hier auch das Herz der Altstadt. Seit 1927 gibt es dieses Restaurant, die vierte Generation steht hinter Herd und Theke. Gulasch (»daube«) und Innereien (»tripes«) isst man hier gern. Gut sind die Gnocchi und auch die Ravioli auf Nizzaer Art, also z. B. mit Pesto oder Gorgonzola.

38, rue Droite | Tel. 04 93 85 51 16 | Mo–Fr | €

25 L'Âne Rouge

Am Hafen – Eines der besten Fischrestaurants der Stadt verdankt seinen Namen Marc Chagall, der der Gründerin diesen Spitznamen gab. Er kam zur Eröffnung und brachte eine Eselsfigur mit. Das hat offenbar Glück gebracht, das Restaurant am Hafen erfreut sich eines hervorragenden Rufs. Dafür sorgt Michel Devillers mit seinen einfachen und raffinierten Rezepten und sorgfältig ausgewählten Zutaten. Es gibt auch ein kleines Angebot an Fleischgerichten.

7, quai des Deux-Emmanuel | Tel. 04 93 89 49 63 | www.anerougenice.com | Mi ganztags und Do mittags geschl., im Sommer auch auf der Terrasse, hin und wieder Meerespicknick auf dem Boot | €€€

26 Café de Turin

Familiär – Speisesaal oder Bahnhofshalle? Seit über 100 Jahren ist das einfache Lokal jedenfalls eine Institution in Nizza, und hier werden Meeresfrüchte in ordentlichen Portionen genossen. Silberplatten mit Krebsen, Austern und

Seeigeln werden vorbeigetragen. Kinder der Familien, die hier essen, können mit Hummerschere und Fingerschale umgehen. Schon das Zusehen ist eine Freude. Und wer will, trinkt am Tisch vor der Tür einfach nur ein Glas Wein oder ein Bier.

5, place Garibaldi | Tel. 04 93 62 29 52 | www.cafedeturin.fr | tgl. 8–22 Uhr | €€

27 Chez Pipo

Einfach – Ein bescheidener Saal mit langen Holztischen, an denen sich eigentlich immer die Menschen drängeln. Wer hierherkommt, der ist meist überzeugt, dass er die beste »socca« (Kichererbsenpfannkuchen) der Stadt aufgetischt bekommt, die beste »pissaladière« (Zwiebelkuchen mit Sardellen) und eine tolle »tourte aux blettes« (Kuchen mit Mangoldblättern, Mandeln, Pinienkernen und Korinthen). Es ist alles so nahrhaft, wie es klingt.

13, rue Bavastro | Tel. 04 93 55 88 82 | Di–Sa 11.30–14.30, 17.30–22 Uhr | €

28 Jan

Ein Hauch Südafrika – Französisch, aber mit neuem Geschmack und neuem Elan, »eine Mischung aus Happening und Klassik« hat sich Jan Hendrik van der Westhuizen aus Südafrika vorgenommen und findet Anklang im neuen Szeneviertel Nizzas. Der junge Koch probiert neue Kombinationen und Geschmacksrichtungen aus, zu Schweinebauch passen hier Jakobsmuscheln und Pastinaken, Meerrettich zur Avocado und Tonka-Creme zur Muschelsuppe. Neben einheimischen Bioweinen gibt es auch eine gute Auswahl aus Südafrika.

12, rue Lascaris | Tel. 04 97 19 32 23 | www.restaurantjan.com | €€–€€€

Auf ein leckeres belegtes Brötchen im Gratta   **2**

Eine Imbissbude am Hafen, aber was für eine! Ein »pan bagnat« schmeckt kaum irgendwo besser als hier. Jetzt noch eine Bank in der Sonne suchen, und das Urlaubsglück ist vollkommen (▶ S. 13).

Hier gehen die Austern weg wie anderswo die warmen Semmeln. Im Café de Turin (▶ S. 74) sind die Meeresfrüchte immer pur und sehr frisch, und es herrscht stets Hochbetrieb.

29 Lou Pistou

Altstadtflair – Fischfreunde kommen vorzugsweise mittwochs oder freitags, um den frischen Fisch des Tages zu genießen. Und sonst? Gibt es in einem der besseren Lokale des Viertels zwar keine preisgünstigen Vorspeisen, aber sicher satt machende Portionen.

4, rue Raoul-Bosio | Tel. 04 93 62 21 82 | Mo–Fr | €€

30 La Table Alziari

Frisch vom Markt – Die Mama steht in der Küche dieses charmanten Restaurants, und als Expertin für die Nizzaer Küche bereitet sie in einer kleinen Altstadtgasse täglich frisch zu, was der Markt am Cours Saleya hergibt. So isst man hier auch in der Familie.

4, rue François-Zanin | Tel. 04 93 80 34 03 | Di–Sa mittags und abends | €

31 Viviers

Eine Legende – Jacques Rolancy, 2014 mit dem Zertifikat für Exzellenz ausgezeichnet, hat sein klassisches Bistro im Musikerviertel, eingerichtet wie vor 100 Jahren, nach dem Fischteich benannt. Den großen Tafeln an der unverputzten Wand lässt sich entnehmen, dass auch der Fisch aus dem Meer hier frisch auf den Grill kommt, so wie das Fleisch vom Bauernhof fast nebenan.

22, rue Alphonse Karr | Tel. 04 93 16 00 48 | www.bistrot-viviers-nice.fr | So geschl. | Reservierung empfohlen | €€€

EISCAFÉS

32 Fenocchio

Der Ruhm der Eiskonditoren Nizzas hat Frankreichs Grenzen längst überschritten, und so sieht man die Menschen hier Schlange stehen. Vielleicht liegt es auch daran, dass fast 100 Variationen von Eis und Sorbets die Wahl schwer machen: Rosen, Lavendel, Pfeffer, Kaktus, Tomate … und natürlich auch Vanille und Schokolade.

– 2, place Rossetti | Tel. 04 93 80 72 52 | www.fenocchio.fr | tgl. 9–24 Uhr

– 6, rue de la Poissonnerie | Di geschl.

BARS

33 Cave de la Tour

Welche Fülle von Weinen aus der Provence! An Stehtischen vor der Tür treffen sich Nachbarn, der Bäcker oder der Fischer von nebenan auf ein Glas. Ein Familienbetrieb seit 1947, in dem die meisten Weine glasweise serviert werden (ab 3,50 €). Eine wunderbare Gelegenheit, mal einen Bellet zu probieren.

3, rue de la Tour | Tel. 04 93 80 03 31 | Di– Sa 7–20, So 7–12.30 Uhr

34 Cave Wilson

Wohl die älteste Weinbar in Nizza, zu den Getränken, die auch glasweise erhältlich sind, gibt es sehr delikate Käseplatten. Zweimal die Woche werden Jazzkonzerte organisiert.

16, rue Gubernatis | Tel. 04 93 85 33 10 | www.cave-wilson.com | tgl. bis 23, So bis 22 Uhr

35 Le Relais

Einmal ins Negresco? Der Eintritt ist frei, viele Kunststücke sind zu sehen, und die Bar, abends mit Piano, lässt an englische Pubs in alten Filmen denken.

37, promenade des Anglais | Tel. 04 93 16 64 00 | www.lenegresco.com

EINKAUFEN

Hinter der Place Masséna im Zentrum, 1840 erbautes Schmuckstück der Stadt

Die Confiserie Florian (▶ S. 77) am alten Hafen von Nizza ist eine Fundgrube für Leckermäuler. Die besondere Spezialität sind kandierte einheimische Früchte.

und mit Arkaden gesäumt, beginnt mit der Avenue Jean-Médecin eine zentrale Verkehrsader mit Banken, Kaufhäusern, Einkaufszentren und Reisebüros. Elegante Läden reihen sich in der Rue Masséna in einer Fußgängerzone aneinander, ebenso in den Seitenstraßen Avenue de Verdun, de Suède, in der Rue Paradis und Alphonse-Karr. Hier findet man ca. 50 renommierte Marken von Chanel über Hermès, Longchamp und Kenzo bis Louis Vuitton. Kleine Boutiquen und Szeneartikel in großen Mengen gibt es in der Altstadt. Eine lebhafte Einkaufsstraße ist auch die Rue de la République. Das Viertel der Antiquare liegt am Hafen, hinter dem Quai Papacino (kleiner Flohmarkt Di–Sa 10–18 Uhr). Die meisten Geschäfte sind zwischen 10 und 18.30 Uhr geöffnet, mit Mittagspausen zwischen 12.30 und 15 Uhr muss man rechnen. Am Sonntagvormittag sind Lebensmittel erhältlich.

BÜCHER

36 Buchmarkt ▶ S. 36

DELIKATESSEN

37 Alziari

Der richtige Ort, um ein gutes Olivenöl zu kaufen, für das es auch sehr schöne bunte Dosen gibt. Die kontrollierten A.O.P.-Öle entstehen aus Oliven, die an der Küste wachsen, von November bis April geerntet und in 27 Ölmühlen des Départements gepresst werden. Die Ölmühle Alziari zeigt, wie das bewerkstelligt wird. Im schönen Laden in der Altstadt gibt es aber auch Olivenpaste, Tapenade und Seifen.

14, rue Saint-François-de-Paule | www.alziari.com.fr | Ölmühle: 318, bd. de la Madeleine | Mo–Fr

38 Auer ▶ S. 36

39 Cave Caprioglio

Seit fünf Generationen versorgt die Familie die Umgebung mit Weinen, mit denen der Laden überquillt. Jeder soll hier das Passende finden, den kleinen Landwein, den man so wegtrinkt, aber auch den köstlichen Bellet aus Nizza.

16, rue de la Préfecture

40 Confiserie Florian

Schokoladenspezialitäten, Frucht- und Blütenbonbons (Veilchen, Rose, Jasmin) und spezielle Konfitüren aus Zitrusfrüchten der Region kommen aus eigenen Produktionsstätten. Wer kennt schon Blütengelees und kristallisierte Blütenblätter? Auch Früchte werden kandiert. Führung und Gratisverkostungen werden angeboten. Teuer wird es für den, der dann mehr haben will.

14, quai Papacino | www.confiserie florian.com

Le Coteaux de Bellet   F 2

Man muss schon an den Rand der Stadt fahren, um die hervorragenden Weine dort zu kaufen, wo sie produziert werden. Rot, weiß und rosé kommen sie auch in den besten Restaurants der Region auf den Tisch.

325, chemin de Saquier | Tel. 04 93 29 92 99 | Mo–Fr 15–18 Uhr

41 Le Four à Bois

Ein winziges Schaufenster gibt den Blick in eine kleine Bäckerei in der Altstadt frei, die sehr schmackhafte und spezielle Brote verkauft, die beispielsweise mit Thymian oder mit Oliven gebacken wurden.

35, rue Droite

EINKAUFSZENTREN

42 Galeries Lafayette

Wie in Paris ein Angebot für die internationale Kundschaft, auf fünf Etagen, 600 Marken und ein Restaurant »La Table« für eine Kaffeepause mit Blick über die Place Masséna.

6, av. Jean Médecin | www.galerieslafayette.com | auch So geöffnet

43 Nice Etoile

Im Zentrum, in der Hauptverkehrsstraße, sind rund 100 Geschäfte auf 19 000 qm untergebracht, so wie man das aus allen Großstädten kennt.

30, av. Jean Médecin | www.niceetoile.com

GESCHENKE

44 Le Palais d'Osier

Nicht zu übersehen ist dieses Lädelchen, dessen Eingang beinahe hinter den bunten Körben verschwindet. Verschiedene Modelle, für alle Gelegenheiten gibt es sie, und vielleicht braucht man selbst einen für all die Einkäufe allein in der Altstadt.

3, rue de la Préfecture

MÄRKTE

Außer montags findet auf dem **Cours Saleya** vormittags ein Blumenmarkt statt. Wo sonst die Gemüsestände zu finden sind, gibt es jeden Montag (außer vor Feiertagen) von 7 bis 18 Uhr einen Flohmarkt. Mitte Mai bis Mitte September beginnt im Sommer um 18 Uhr ein Kunsthandwerkermarkt. Einen Trödel- und Flohmarkt gibt es jeden dritten Samstag im Monat auf der Place Garibaldi. Vor dem Justizpalast kann man jeden ersten und dritten Samstag des Monats in alten Büchern blättern, am vierten Samstag in alten

Postkarten stöbern. Der Fischmarkt steigt Dienstag bis Sonntag von 6 bis 13 Uhr auf der Place Saint-François.

MODE

45 American Graffiti

Viele Artikel aus den Fünfzigern, Sechzigern und Siebzigern. Zum Angebot gehören neben Vintage-Kleidung altmodische Kostüme, Hüte und kitschige Möbel, also originelle Souvenirs.

10, rue Paradis

46 Bestagno ▶ S. 36

47 Bleu Blanc Rouge

Eine Designerfirma aus Nizza, die auf kreative Art und Weise die unterschiedlichsten Stoffe, Drucke und Farben zu Schuhen, Schals, Schmuck und Bekleidung verarbeitet.

4, rue Longchamp

48 Cop Copine

Bereits seit 1984 ein erfolgreiches französisches Label für alle, die wohl eine gewisse Schwäche für Haute Couture, aber leider nicht das passende Portemonnaie dafür haben. Hier finden sie freundliche Beratung, elegante Schnitte und hochwertige Stoffe.

17, rue de la Préfecture | www.copcopine.com

WOHNEN

49 Village Ségurane

An die 100 Antiquare bieten an, was das Herz begehren könnte: Wedgwood-Service, Ming-Vasen, Gemälde, kostbare Gläser und Teppiche, Möbel …

Rue Antoine Gautier, Rue Catherine Ségurane, Rue Emmanuel Philibert und Rue de Foresta | www.nice-antic.com

KULTUR UND UNTERHALTUNG

KINO

50 Cinéma Mercury

Die Auswahl ist groß, ca. 50 Filme werden in den Arkaden in der Woche gezeigt, alle in Originalversion.

16, place Garibaldi | Tram: Garibaldi | Tel. 04 93 55 37 81

KONZERTE

51 Acropolis

Das gigantische Kongressgebäude beherbergt einen Konzertsaal mit hervorragender Akustik und 2500 Plätzen, hier werden Opern aufgeführt, und im intimeren Athéna-Saal mit seinen 750 Plätzen werden Theaterstücke und Humoristisches gezeigt. Außerdem gibt es eine Cinemathek mit sehr gutem Programm. Gelegentlich werden große Ausstellungen organisiert.

Jazz in der Cave Romagnan

Am Samstagabend hört man Jazz in einer der ältesten Weinkneipen der Küste. Klein ist sie, und Apéro-Jazz steht auf dem Programm. Aber die besten Bands treten hier auf (▶ S. 13).

1, esplanade Kennedy | Tram: Acropolis | Tel. 04 93 92 83 00 | www.nice-acropolis.com

52 Baroque Bar

Ein Gewölbekeller, der gut auch einen Jazzclub beherbergen könnte – aber hier lauscht das Publikum den Tönen des 17. und 18. Jh. Und wer mag, bekommt dazu auch ein Getränk aus der Vergangenheit aufgetischt.

Auf dem bunten Cours Saleya (▶ S. 62), der Promenade des Ancien Régime, verweilt man an den Marktständen mit frischem Obst und Gemüse oder trifft sich im Café oder Bistro.

Die Gestaltung der Villa Ephrussi (▶ S. 82) mit ihren Themengärten war Béatrice de Rothschild eine Herzensangelegenheit. Sie überwachte von 1907 bis 1912 beinahe alle Arbeiten persönlich.

25, rue de la Croix (in der Altstadt) | Tel. 04 93 80 08 74 | www.ensemble baroquedenice.com

Klosterkonzerte ▶ Klappe hinten, nördl. f 1

Im Garten des **Monastère de Cimiez** kann man während der Sommermonate klassischen Konzerten lauschen. Neben jungen Musikern treten hier auch gestandene Stars auf. Die schöne Örtlichkeit mit Palmen und alten Rosensorten und wunderbarem Blick auf die Stadt nutzen Hochzeitspaare gern für das obligatorische Foto.

Place du Monastère | Juli, Aug.

OPER

53 Opéra Nice

In der Altstadt, dem Meer gegenüber, erhebt sich heute die Oper dort, wo im Jahr 1881 ein Theater abbrannte. Von allen barocken Stilrichtungen inspiriert und unter Denkmalschutz, gehört sie zu den kulturellen Zentren Nizzas. Man sitzt in samtroten Logen und genießt die Aufführungen zeitgenössischer Werke, wieder entdeckter Kostbarkeiten der Oper und vor allem ein traditionelles Repertoire.

6, rue Saint-François-de-Paule | Tel. 04 92 17 40 00 | www.opera-nice.org

SERVICE

AUSKUNFT

Office de Tourisme et des Congrès

5, promenade des Anglais | Tel. 08 92 70 74 07 (0,34 €/Min.) | www.nicetourisme. com

French Riviera Pass

Er bietet: Stadtrundfahrt, Eintritt in die wichtigsten Sehenswürdigkeiten der Côte, geführte Themenbesichtigungen in Nizza und Vergünstigungen bei ca. 30 Boutiquen, Restaurants und Vergnügungen (24, 48 und 72 Std., 26–56 €).

VERKEHR

Bahnhof

Gare SNCF | Av. Thiers | www.sncf.fr

Busbahnhof

Ein neuer Busbahnhof entsteht derzeit neben einem neuen Bahnhof, Abfahrt bis dahin von der Gare SNCF. Busse in alle Küstenorte rund um Nizza und in die Skigebiete. Busse nach Vence, Grasse und in die Küstenorte 1,50 €.

Flughafen

Aéroport Nice-Côte d'Azur

Tel. 08 20 42 33 33 (0,12 €/Min.) | www. nice.aeroport.fr | 2 Terminals, mit Bussen verbunden, Bus 98 und 99 fahren alle 20 bis 30 Min. in die Stadt (6 €) | Taxi ca. 45 € | außerdem Busse nach Menton, Monaco, Vence, Grasse, Cannes

Hafen

– SNCM (Société nationale maritime Corse-Méditerrannée) | Quai du Commerce | www.sncm.fr
– Corsica-Ferries | Quai Amiral-Infernet | Tel. 08 25 09 50 95 (0,15 €/Min.) | www.corsicaferries.com

– Trans Côte d'Azur | Quai Lunel | Tel. 04 92 00 42 30 | www.trans-cote-azur. com | Besichtigungstouren vom Meer aus | April–Okt., Di–So 11 und 15 Uhr (1 Std.) | 17,50 €, Kinder 12 €

ÖPNV

Stadtbusse (Ligne d'Azur)

Büro 3, Place Masséna | www.ligned azur.com | Ticket 1,50 €, Tageskarte 4 €, Wochenkarte 15 € im Bus erhältlich

Taxi Riviera

Tel. 04 93 13 78 78 | www.taxi.nice.fr

Train de Pigne 👫

Die Schmalspurbahn, am Wochenende mit Dampflok, braucht ca. drei Stunden durch das Var-Tal und in die Berge bis Digne-les-Bains, 151 km an Weinfeldern und Obstbäumen vorbei, über Brücken, durch Tunnel bis in 1000 m Höhe. Für einen Tagesausflug ist die ganze Strecke wohl zu lang, aber man kann auch aussteigen, wandern, zu Mittag essen und wieder zurückfahren. Gare de Chemin de Fer de Provence | 4 bis, rue Alfred-Binet | Tel. 04 97 03 80 80 | www.trainprovence.com

Ziele in der Umgebung

◎ SAINT-JEAN-CAP-FERRAT ⚑ F3

1900 Einwohner

Ein bisschen Fischerdorf, ein Jachthafen und eine Halbinsel, die bis ins 19. Jh. kaum bewohnt war. Dann entdeckte der belgische König die exklusive Lage, nicht allzu weit von den Spieltischen Monte Carlos entfernt, ebenso Madame Ephrussi de Rothschild oder die Tänzerin Isadora Duncan, später folgten Somerset Maugham, Charlie Chaplin und Curd Jürgens, ihnen wiederum Indus-

Von Nizza nach Menton **4**

Man muss auf der rechten Seite sitzen, wenn man mit dem Bus die 32 km nach Menton fahren will, dann bleibt die Küste immer im Blick. Eine Traumstrecke fürs erste Kennenlernen – für 1,50 € (▶ S. 13).

trielle und russische Milliardäre. Man sieht nicht viel von den Traumgrundstücken hinter Mauern und Hecken (▶ S. 51). Besuchern offen steht nur die Villa Ephrussi de Rothschild, deren Gärtner man schon mal mit der Schere den Rasen stutzen sieht.

10 km östl. von Nizza

SEHENSWERTES

Villa Ephrussi de Rothschild

Rosa und weiß steht der Palast in venezianischem Stil am Rand von 7 ha Gärten am Meer. Sieben Jahre und ein gutes Dutzend Architekten brauchte es, bis das Schmuckstück der extravaganten Baronesse im Jahr 1912 eingeweiht werden konnte. 1934 hinterließ sie das Anwesen der Akademie der Schönen Künste unter der Bedingung, dass es beim Staat bleibe. Das Haus ist heute ein Museum. Gewölbe in maurischem Stil umgeben einen überdachten Patio, von dem man in unterschiedliche Salons gelangt, die mit Antiquitäten, wertvollen Teppichen und erlesenen Kunstobjekten ausgestattet sind. Porzellan aus Sèvres, Sakralkunst der Renaissance, Truhen aus China, Gemälde von Renoir und Monet sind zu besichtigen. Neun Themengärten wurden unterschiedlich gestaltet, der maurische mit einem Wasserlauf, der japanische mit einem

Tempelchen und Zen-Garten, der französische mit einer Reproduktion des kleinen Liebestempels des Trianons. Immer wieder öffnen sich Ausblicke auf das Meer, und Wasserspiele verleihen dem Ganzen Leichtigkeit. Vom eleganten Teesalon blickt man bei Kaffee und Kuchen auf die schöne Bucht. Anfang Mai wird das Rosenfest gefeiert.

1, av. Ephrussi-de-Rothschild | Tel. 04 93 01 33 09 | www.villa-ephrussi.com | März–Okt. tgl. 10–18, Juli, Aug. bis 19, Winter Mo–Fr 14–18 Uhr | Eintritt 13 €, erm. 10 €

◎ VILLEFRANCHE-SUR-MER ✦ F3

6700 Einwohner

In einer tiefen Bucht zwischen dem Mont Baron und der Halbinsel Cap Ferrat liegt das charmante Städtchen mit seinen farbenfrohen Altstadthäusern um den Fischereihafen. Steile Gassen, zum Teil mit Stufen und hübschen Plätzen, ziehen sich rund um die Hauptstraße Rue du Poilu zum **Mont Alban** hinauf. Bei der Place Conseil beginnt eine der merkwürdigsten, die überwölbte mittelalterliche Rue Obscure.

Ende des 13. Jh. als Freihandelshafen gegründet, wurde der Ort zum savoyischen Bollwerk gegen Frankreich und erhielt Mitte des 16. Jh. seine **Zitadelle**. Nur weil das Fort Festungsbaumeister Vauban damals beeindruckte, verzichtete Ludwig XIV. darauf, es wie die anderen Kastelle der Grafschaft Nizza schleifen zu lassen. Heute sind dort das Rathaus und ein Freilichttheater untergebracht, im ersten Stock gibt es einige Bilder von Jean Cocteau zu sehen. Im Sommer werden hier Filme gezeigt.

Seit den 1920er-Jahren, der Ort galt als Treffpunkt Homosexueller, residierte Cocteau im Hotel Welcome, amüsierte sich mit den Matrosen und schrieb das »Testament des Orpheus«. Er war hier, um vom Opium wegzukommen. Die **Chapelle Saint-Pierre** am Quai Courbet hatten Fischer als Lagerraum genutzt, bis Cocteau 1956 begann, sie auszumalen – und sie wurde zu einem seiner schönsten Werke. Religiöses, das Leben Petrus', schmückt neben Profanem die Wände, die »Homage aux Demoiselles« und die »Hommage aux Gitans«.

Zwei Strände gibt es, **La Darse** mit Kieseln und **Les Marinières** mit Sand, nordwestlich des Hafens Port de la Darse. Die Nizzaer kommen gern hierher, genießen die Ruhe und die einfachen Fischlokale am Hafen. Und irgendwo in den Hängen liegen die Villen von Madonna, Elton John, Tina Turner, Bono – oder sind sie schon wieder weg?
9 km östl. von Nizza

ÜBERNACHTEN
Welcome

Am Hafen – Alle Zimmer des schönen Hotels am Fuß der Altstadt, berühmt für seine Gäste, die Charles Baudelaire, Oscar Wilde, Albert Einstein und Klaus Mann hießen, haben Balkon und Blick zum Meer. Bis 1920 war es das »Hôtel de l'Univers« und wurde dann zu Ehren der englischen Besucher umbenannt.

Jean Cocteau war ein besonderer Günstling und wohnte auf Nr. 22. Es ist in Erinnerung an ihn dekoriert. Einen Aufzug gab es damals nicht und auch keine sieben Etagen. Cocteau musste auch nicht bezahlen, heute hängt der Preis von der Zimmergröße ab. Ein hauseigenes Schiff, die »Orphée«, liegt im Hafen.
3, quai Amiral-Courbet | Bus 81, 100 von Nizza | Tel. 04 93 76 27 62 | www.welcome hotel.com | 36 Zimmer | €€€–€€€€

An der östlichen Nachbarbucht von Nizza erstreckt sich Villefranche-sur-Mer (▶ S. 82).
Am malerischen Hafen des einstigen Fischerdorfs sitzt man schön in einem der Cafés.

Im Fokus
Picasso, Sonnenkönig der Côte d'Azur

Antibes, Cannes, Vallauris, Nizza – kaum ein Ort,
an dem Pablo Picasso nicht seine Spuren hinterlassen hätte.
Nicht überall sind sie so augenfällig wie in Antibes und
auf dem Marktplatz von Vallauris.

Pablo Diego José Francisco de Paula Juan Nepomucéno Maria de los Remedios Crispin Crispiano Santisima Trinidad Ruiz Blasco – was für ein Name! Kein Wunder, dass der Künstler seine Werke nur mit Picasso signierte, das war der Mädchenname seiner Mutter. Am 25. Oktober 1881 in Malaga in Spanien geboren, hat er doch die Künstlerjahre, die ihm weltweiten Ruhm brachten, in Frankreich verlebt. In der Rue Clemenceau in Vallauris hängt sein Foto im Schaufenster eines Friseurs, seines Friseurs Eugenio Arias. Picasso, der am 8. April 1973 in Mougins starb und in Vauvenargues beerdigt wurde, der vielen als größter Maler des 20. Jh., als Genie gilt, bleibt an der Côte d'Azur stets gegenwärtig.

Picasso fährt seit 1919 immer wieder im Sommer in den Süden, zunächst mit seiner ersten Frau Olga Chochlowa nach Saint-Raphaël, und mietet sich später mit Freunden in Hotels und in Ferienhäusern zwischen Cap Ferrat und Saint-Tropez ein. Er malt die Badenden und genießt die Morgenstunden am Strand und das Nichtstun. Er malt nachts und steht spät

◀ Auch Picassos Ziege Esmeralda stand dem
Meister immer wieder Modell (Bild von 1957).

auf, liest die Zeitung noch im Bett und raucht die erste Gauloises. Es wird
geflirtet und gefeiert und geliebt. Picasso ist dort, wo die »Roaring Twen-
ties« sind, wie Charlie Chaplin und F. Scott Fitzgerald. Seine Anfänge in
Paris seit 1901, in der Kunstmetropole an sich, haben ihm nach Blauer
und Rosa Periode und Kubismus Ansehen verschafft. Er beteiligt sich mit
dem Bild »Drei Tänzer« an der Ausstellung der Surrealisten in Paris. Sein
Bild »Les Demoiselles d'Avignon« gilt als Wendepunkt in der abendländi-
schen Malerei. Aber als er 1936 im Hotel Les Muscadins in Mougins die
Wand seines Zimmers bemalt, forderte der Patron ihn unmissverständ-
lich auf, die Wand wieder weiß zu streichen.

SPANIEN UND »GUERNICA«

Zur gleichen Zeit erhielt Picasso von der Regierung Spaniens den Auftrag, für den spanischen Pavillon der Weltausstellung 1937 in Paris ein
Bild zu malen. In Spanien war im Jahr zuvor der Bürgerkrieg ausgebrochen. Picasso unterstützt von Paris aus die republikanische Regierung
Spaniens, die sich gegen die Putschisten, angeführt von General Franco,
zur Wehr setzen muss. Als am 26. April 1937 das baskische Städtchen
Guernica von der deutschen Legion Condor bombardiert und zum großen Teil zerstört wird, malt Picasso das riesige, 3,51 mal 7,82 m große Bild
»Guernica« für die Weltausstellung und beschließt, nicht vor Francos Tod
nach Spanien zurückzukehren. Dora Maar dokumentiert die Einzelstudi-
en fotografisch. Das Bild klagt Krieg und Zerstörung an. Als ein deutscher Soldat ihn 1944 fragt: »Haben Sie das gemacht?« antwortet Picasso:
»Nein, Sie!« Erst 1981, Spanien ist wieder eine Demokratie, wird das Bild
aus dem Museum of Modern Art in New York nach Spanien gebracht und
ist heute in Madrid im Museo Reina Sofía zu sehen.

GOTT HAT KEINEN STIL

Picasso wechselt seinen Stil und seine Frauen. Olga Chochlowa gehört
ebenso wie Marie-Thérèse Walter, die 1935 die Tochter Maya gebar, und
wie Dora Maar bereits zu seiner Vergangenheit, als er 1946 mit der Male-
rin Françoise Gilot, die er 1943 getroffen hat, nach Antibes geht, dann
nach Golfe-Juan, dann nach Mougins. »Nieder mit dem Stil!«, wird er
später sagen. »Hat Gott vielleicht einen Stil? Er hat die Gitarre geschaffen,
den Harlekin, die Katze, die Eule, die Taube. Genau wie ich. Elefant und

Walfisch, das geht ja noch, aber Elefant und Eichhörnchen? Eine wilde Mischung. Er hat geschaffen, was es nicht gab. Ich auch.«

Picasso sucht einen Ort für ein Atelier, und da bietet ihm der Grimaldi-Kurator Raum im zweiten Stock des Schlosses in Antibes an. Und Picasso malt. Malt wie verrückt. Der Krieg ist gerade vorbei, und es gibt weder Geld noch Leinwand noch Farben. Picasso malt mit Bootslack und findet Sperrholzplatten und Leinen am Hafen. Ist die Leinwand alle, übermalt er ein Bild oder malt an die Wand und wird später sagen, dass er hier eine der glücklichsten Zeiten seines Lebens verbracht hat. 23 Bilder und mehr als 40 Zeichnungen entstehen hier in wenigen Wochen. Faune flöten, und Nymphen baden auf Bleistiftzeichnungen. Bacchanten und Zentauren bevölkern seine heiteren Bildwelten. Picasso geht nach Vallauris und bietet Antibes 53 seiner Gemälde als Geschenk an, wohl in der Hoffnung, man würde ihm zu Ehren ein Museum eröffnen. Später fügt er noch Keramikarbeiten und 1950 zwei große Skulpturen hinzu – die zuständigen Provinzbehörden lehnen ab. Erst 1966 wird in Antibes ein Picasso-Museum eröffnet.

FEUER UND ERDE

Vallauris war schon während des Zweiten Weltkriegs ein Zentrum der Keramikproduktion. Für Kochgeschirr bisher verwendete Metalle, Messing, Kupfer und Aluminium, waren als Waffen in den Krieg geschickt worden. Zwar wurde in Vallauris schon mehr als 1000 Jahre vor unserer Zeitrechnung Keramik produziert, aber ein Künstler könnte das profane Handwerk aufwerten. So hofft der Kulturminister André Malraux und fragt nach. Picasso ist interessiert, Vallauris nicht. Nur die Außerseiter Suzanne und George Ramié – sie kommen aus Lyon – sagen zu. Daraufhin beginnt Picasso, ihr Leben und die Poterie Madoura auf den Kopf zu stellen. Picasso hat ein »göttliches Metier« entdeckt, den Umgang mit den vier Elementen Wasser, Erde, Luft und Feuer.

KÜNSTLERISCHES GENIE

Mit ungezügeltem Schaffensdrang arbeitet der Maler in der Töpferei, bemalt Teller, verändert Vasen, erfindet neue Formen. Jeden Morgen kommt er nach Vallauris, und die Künstler-Freunde mokieren sich und spötteln. Mancher fragt indigniert, wie denn der Schöpfer von »Guernica« und der »Demoiselles d'Avignon« sich mit derartigen »Zerstreuungen« abgeben kann. 4000 Picasso-Originale entstehen im Atelier Madoura. Im Sommer 1948 werden seine Arbeiten in Vallauris ausgestellt. Als seine Werke im Folgejahr in Paris gezeigt werden, schreibt »Le Monde«:

»Vielleicht hat Picasso sein künstlerisches Genie noch nie so überzeugend bewiesen wie mit der Keramikkunst.« Nach Malerei und Bildhauerei hat er nun auch die Töpferei revolutioniert.

Picasso, Françoise und Söhnchen Claude ziehen in die Villa La Galoise in Vallauris und dann in eine alte Parfümerie, das Atelier du Fournas, die zur Skulpturen-Werkstatt wird. 1950 wird Picassos Arbeit »L'Homme au Mouton« auf seinen Wunsch hin auf dem Marktplatz seiner Töpferstadt vor dem Schloss aufgestellt. Wer heute Passanten fragt, wo die Picasso-Skulptur steht, muss mit einem Schulterzucken rechnen. So selbstverständlich ist das – seinerzeit umstrittene – Kunstwerk. 1954 malt Picasso in der Kapelle im mittelalterlichen Schlossgewölbe »La Guerre et la Paix«, »Krieg und Frieden«, 10 m lang und fast 5 m hoch. Auf einer Seite rollt der schwarze Todeswagen auf einem Blutstrom, gegenüber lesen Frauen unter einem Orangenbaum. Picasso ist im Ort zu Hause, und man veranstaltet Corridas, Stierkämpfe, zu denen er als Ehrengast eingeladen wird.

VON CANNES ZU CÉZANNE

1955 erwirbt Picasso »La Villa Californie« in Cannes, ein großes Haus mit Platz für Papagei, Ziege Esmeralda (mit eigenem Zimmer) und Hund sowie viele Gäste und Bilder, die wie Möbelstücke herumstehen. Aber während der Filmfestspiele kommen sie alle, Brigitte Bardot und Gary Cooper, die Fotografen Robert Doisneau (von ihm stammt das berühmte Foto mit den Brot-Händen) und Robert Capa. Wo Picasso ist, sind die Fotografen. Cannes wird zu trubelig, Picasso kauft Schloss Vauvenargues bei Aix-en-Provence, »bei Cézanne« sagt er. Aber es ist einsam dort, und das Meer mit der seidigen Luft und dem tiefen Blau ist weit weg. Mougins ist näher. Und schöner. Dort stirbt Picasso. Es schneit, als sein Sarg nach Vauvenargues gebracht wird. Sein Gesamtwerk umfasst etwa 50 000 Gemälde, Zeichnungen, Grafiken, Plastiken und Keramiken.

SYLVETTE UND DIE FRIEDENSTAUBEN

2014 macht Sylvette in Deutschland Schlagzeilen, die Frau mit dem Pferdeschwanz, die Picasso als 19-Jährige in Vallauris gemalt hat – nur gemalt, nachdem ihn Françoise als erste Frau mit den Kindern 1953 verlassen hat. Die Bremer Kunsthalle stellt alle der 50 Sylvette-Bilder, derer sie habhaft wurde, aus, und auch Sylvette David kommt, 79 Jahre alt. Damals beherrschte die schöne Blonde die Titelseiten von »Paris Match«, »Life« und »Spiegel«. Sie lebt im englischen Devonshire und heißt jetzt Lydia Corbett. Sie malt nun selbst, und über ihre Bilder fliegen Picassos Friedenstauben.

CANNES UND UMGEBUNG

Croisette, Casino und Kongresse prägen die berühmte
Stätte der Schönen und Reichen. Der Ort Grasse duftet betörend,
die schönste Kunstlandschaft liegt in Saint-Paul-de-Vence,
und der Jazz lebt nach wie vor in Juan-les-Pins.

Die große Geschichte der Stadt **Cannes** begann erst mit der Cholera, jenseits des Flusses Var. Hier standen die Zöllner, als der ehemalige britische Schatzmeister Lord Henry Brougham im Jahr 1834 mit seiner kränkelnden Tochter Eleonore die Wintermonate im italienischen Nizza verbringen wollte, und verboten die Einreise. Brougham blieb in Frankreich, ganze 34 Jahre lang. In Cannes, einem Städtchen mit seinerzeit knapp 3000 Einwohnern, hatte er Unterkunft im Hôtel de la Poste gefunden. Die schöne unverbaute Landschaft gefiel dem Lord aus dem hohen Norden, und er ließ sich bald eine Villa in italienischem Stil errichten. Er war bald nicht mehr der erste Engländer, der sich mit einem eigenen Haus niederließ. Prosper Mérimée, Schriftsteller und damals oberster Denkmalschützer auf Inspektionsreise, spottete in einem Brief an den Architekten Viollet-le-Duc über die Backsteinhäuser der Engländer und stellte

◀ Das Cap de la Croisette bildet den östlichen
Abschluss der Bucht von Cannes (▶ S. 90).

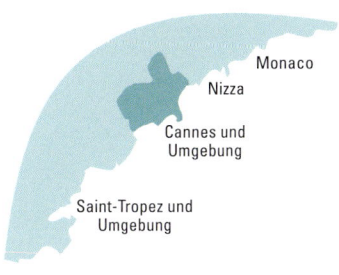

Monaco

Nizza

Cannes und
Umgebung

Saint-Tropez und
Umgebung

fest: »Sie haben sich hier eingerich-
tet wie in einem eroberten Land.«
Tatsächlich ist dem englischen
Lord die Entwicklung des Gebietes
zuzuschreiben, denn er ebnete den
Weg für den Zuzug von Königen
und Königinnen, Herzögen und
Prinzessinnen und in deren Folge Schriftsteller und Künstler. »Fürsten,
Fürsten, überall Fürsten!«, notierte Maupassant 1888 in seinem Tagebuch.
Chateaubriand, Victor Hugo, Stendhal, Renoir und Picasso kamen da-
nach. Nicht alle blieben in Cannes und an der Küste, sie suchten und
fanden Häuser im Inland und in den Bergen. Cannes wirkt heute wie der
Mittelpunkt einer Großstadt, deren Vororte in die Berge wachsen und
mit manchem mittelalterlichen Ort verschmelzen.

ZU KÜNSTLERN DER KÜCHE UND DER MALEREI

Picasso töpferte in **Vallauris** damals absonderliche Kreaturen. Das schöne **Mougins**, während des Filmfestivals Treffpunkt der Stars bei bestern-
ten Köchen, hat ihm, ebenso wie **Antibes**, ein Museum gewidmet. Reiche
Amerikaner lieben **Cap d'Antibes** bis heute, und Juan-les-Pins lässt vergessen, dass der Jazz seit Jahrzehnten totgesagt wird. In **Cagnes** spazieren
Besucher im Garten Renoirs und in **Vence** zur Rosenkranz-Kapelle, nun
als Chapelle Matisse bekannt. In **Saint-Paul-de-Vence** fanden die Kunst-
händler Maeght ein Grundstück, das sie zu einem der schönsten europäischen Museen gestalten ließen. Ein Buch über »Das Parfüm« von Patrick
Süskind beschert **Grasse** seit Jahren anhaltende Besucherströme.

CANNES ⚓ E 3

73 200 Einwohner
Stadtplan ▶ S. 91

Dafür, dass die Stadt als einer der mon-
dänsten Ferienorte der Welt berühmt
ist, an dem die wichtigsten Filmfestspiele stattfinden, elegante und teure
Boutiquen die Straßen säumen und eigentlich unbezahlbare Hotels in den

Himmel über dem Mittelmeer ragen,
scheint sie doch ziemlich normal. Touristen in kurzen Hosen schlendern über
die **Croisette**, das Smartphone locker in
der Hand und ständig auf der Suche
nach der Berühmtheit, die einen schnellen Klick auf den Auslöser wert ist. Wer
niemanden erkennt, begnügt sich dann
mit einem Selfie vor dem **Hotel Marti-**

nez, einem weißen Art-déco-Traum. Die Jachten im Hafen lassen erahnen, dass es ein Leben jenseits von normalem Beruf mit Jahresurlaub nicht nur für wenige gibt. Nicht jeder hat einen Blick für Haute Couture vor und in den Schaufenstern, da fallen eher die sorgfältig geschminkten und teuer gekleideten Russinnen auf, für die Shopping-Bibeln in kyrillischer Schrift in der Touristen-Info auflisten, wo »Film Star Style« erworben werden kann. Cannes ist eine Bühne, und dafür gibt es Kultur- und Business-Events am laufenden Band, Shopping- und Spielefestivals, Golf- und Jachtfestival, Pferde-, Pyrotechnik-und Designmesse. Jeder Event erhöht den Pulsschlag der Stadt für einen Moment. Bis der nächste beginnt. Jenseits des Boulevard d'Alsace leben die, die nicht dazugehören, sie schlafen auch dann und wann auf den Bänken der Croisette. Bis die Morgensonne die Palmengalerie erreicht und der Frühdienst der Hotels die Strände für die zahlenden Gäste vorbereitet. Wer nur zur Besichtigung nach Cannes kommt, stellt schnell fest, dass ein halber Tag genügt. Oder man setzt sich auf einen der Stühle im Schatten einer Palme und genießt den Blick aufs Meer.

Morgenstimmung an der Croisette von Cannes

Wenn es früh genug ist, umweht angenehme Kühle die Spaziergänger. Unter Palmen gibt es Schattenplätze, am Kiosk kann man eine Zeitung kaufen und sich einen Platz suchen, ganz umsonst – das ist der große Luxus in Cannes (▶ S. 13).

SEHENSWERTES

❶ Altstadt Le Suquet

Mehrere Wege führen hinauf auf den Hügel Suquet zur Wiege der Stadt Cannes. Einer von ihnen nimmt hinter dem Hafen seinen Anfang, gegenüber der Bushaltestelle mit der steilen Rue Saint-Antoine. Boutiquen und Restaurants säumen die Gasse, die abends zum Speisesaal unterm Sternenhimmel wird. Mit kurvigen Treppen sind die Sträßchen im Viertel verbunden. Auf der Place de la Castre erhebt sich die Kirche **Notre-Dame-d'Espérance** seit dem 17. Jh. Hinter dem Glockenturm hat man einen schönen Blick auf Meer, Inseln und Esterel. Das **Musée de la Castre** (▶ S. 92) ist das einzige in Cannes.

❸ La Croisette

1850 noch gab es nur einen kleinen sandigen Weg zwischen den Dünen. Aber dann wurde die Strandstraße nach dem Vorbild der Promenade des Anglais in Nizza gebaut und mit Palmen bepflanzt. Carlton, Martinez und Majestic heißen die grandiosen Hotelpaläste vom Beginn des 20. Jh., die längst in den Händen von reichen Katarern sind. Exklusive Strände mit feinstem Sand gehören dazu. Fürstliche Eintrittspreise – dafür gibt es Umkleidekabinen, man kann Liegen und Sonnenschirme zusätzlich mieten – sorgen dafür, dass sich hier nicht auch Krethi und Plethi ihr Sonnenbad nehmen. Im Osten endet die Croisette, wie alle sie nennen, an einem Kreuz, das der Promenade den Namen gab und wo die ersten Pilger ein Boot zur Insel Saint-Honorat bestiegen. Der Port Canto war Frankreichs erster Privatjachthafen. Der **Palm Beach Club**, 1929 auf der

Cannes

Super-
Cannes

Nice, Aéroport

Av. Maréchal Juin

Boulevard Alexandre III

Bd. E.

Tripet

Bd. de la Source

Gazagnaire

Bd.
Eugène

Av. de Lérins

Av. Jean Cresp

Av.
Reine Astrid

Casino
Palm Beach

Port de
Palm Beach

Port
Canto

Croisette

Av. Madrid

Bd. Général Vautrin

Pont des.
Gabres

Rue de Latour-Maubourg

Rue Pasteur

13 a

3

5

La Croisette

Boulevard d'Alsace

Rue du Canada

Plage de la Croisette

Rue
F. Amouretti

4

15

14

La Malmaison

Baie de Cannes

Rue
Molière

R.

Boulevard d'Alsace

Voie Rapide

Rue d'Antibes

Rue Hoche

Rue Jean Jaurès

Boulevard

Festivalpalast

Casino Municipal

Îles de Lérins

Îles de Lérins

Îles de Lérins

SNCF

Casino des
Fleurs

R. des
Serbes

R. des
Belges

Buttura

15

10

8

Jetée
Albert
Edouard

Gare
Maritime

2

Bd. Carnot

Rue Meynadier

Rue Félix Faure

Allées Liberté

La Pantiéro

Hafen

17

7

9

16

6

Le Port
Vieux

3

Qu.St-Pierre

Av. de Grasse

Voie Rapide

Rue Louis Blanc

Le Suquet

1

Rue
St-Antoine

11

12

Musée
de la
Castre

5

Rue du Pré

R. Georges Clemenceau

Bd. Jean Hibert

Fréjus

0   600 m

© MERIAN-Kartographie

Ruine eines Forts gebaut, wurde seinerzeit schnell zu einem Ort mondäner Abendveranstaltungen, an denen König Alphons XIII. von Spanien, Aga Khan, Winston Churchill und andere Berühmtheiten teilnahmen.

❷ Festivalpalast

Seine 24 Stufen werden jedes Jahr im Mai zum Mittelpunkt der Côte d'Azur. Hier präsentieren sich die Stars. Er ist weltberühmt, aber die Einheimischen nennen ihn »Bunker«. Das muss man nicht erklären. Aber er ist nicht nur das bekannteste Gebäude in Cannes, sondern auch das zweitgrößte Kongresszentrum ganz Frankreichs. Das **Palais des Festivals et des Congrès** ist nicht nur der Ort der weltberühmten Filmfestspiele, sondern auch ein wichtiger Wirtschaftsfaktor der Region und ein beliebtes Fotomotiv, außerdem Treffpunkt für Politiker, wie beim G20-Gipfel 2011, und Unternehmer aus aller Welt bei den Messen.

Vor dem Festivalpalast auf der Esplanade Pompidou und in den Gärten haben Regisseure, Schauspieler und andere Berühmtheiten aus der Filmwelt Handabdrücke und Unterschriften auf der **Allée des Lumières** hinterlassen.

La Croisette | Besichtigung ca. dreimal im Monat | Tel. 04 92 99 84 00 | 1,5 Std. | 4 €

❸ Hafen

Gleich hinter dem Festivalpalast im **Vieux Port** schaukeln die schönen Schiffe. Im Schatten der imposanten Jachten liegen aber auch ein paar bunte Fischerboote. 29 Fischer tuckerten 2014 noch im Morgengrauen hinaus, etwa 100 insgesamt sollen es an dieser Küste sein. Sie arbeiten noch wie ihre Großväter. Zu den typischen Fischen, die die Männer lebend aus ihren Netzen holen, zählen Goldbrasse, Rotbarbe, der große rote Drachenkopf, Seelachs, Stachelmakrelen und in Felsen lebende Arten, die vor allem für die beliebte Fischsuppe verwendet werden. Seltener verirren sich Langusten, Krabben und Wolfsbarsche in die Netze. In den exquisiten Restaurants kann man sie abends verspeisen. Bis dahin aber bummeln die Besucher um den Hafen und freuen sich an den pastellfarbenen Häusern der Altstadt oder legen mit einem der Schiffe ab zu den Lérins-Inseln. Oder nach Saint-Tropez.

MUSEEN UND GALERIEN

❹ La Malmaison

Wo der Galerist Aimé Maeght 1945 seine erste Ausstellung mit Bildern zeigte, sind heute zweimal jährlich wechselnde, meist hochkarätige Ausstellungen zeitgenössischer Kunst zu sehen.

47, La Croisette | Juli, Aug. tgl. 11–20, Fr bis 21, Sept. tgl. 10–19, Okt.–April Di–So 10–13, 14–18 Uhr, Mai, Juni geschl. | Eintritt 3,50 €, im Sommer 7 €

❺ Musée de la Castre

In der Burg aus dem 11. und 12. Jh. wurde eine archäologische und völkerkundliche Sammlung eingerichtet, die Einblick in die Kulturen im Himalaya, in der Arktis, im präkolumbianischen Amerika und in Ozeanien gewährt. Auch das alte Ägypten und die Zivilisationen der Antike werden gewürdigt.

Place de la Castre | www.cannes.com | Okt.–März Di–So 10–13, 14–17, April–Juni, Sept. bis 18, Juli, Aug. bis 19 Uhr | Eintritt 6 €, Schüler und Studenten frei, für alle am 1. So des Monats frei (Nov.–März)

Die Plages de la Croisette sind die exklusivsten Strände von Cannes und werden meist privat betrieben. Aber es gibt auch größere öffentliche Bereiche – etwa die Plage du Midi (▸ S. 96).

ÜBERNACHTEN

Es ist nicht leicht, außerhalb des Winters in Cannes ein bezahlbares Hotelzimmer zu finden, besonders wenn Festivals und Messen stattfinden. Mehr als die Hälfte aller Hotelzimmer befinden sich in Vier- und Fünf-Sterne-Häusern.

6 Hôtel des Orangers

In der Altstadt – In einem Wohnviertel gelegen, mit komfortabel ausgestatteten Unterkünften, in denen die Farben von Sonne und Meer den freundlichen Eindruck unterstreichen. Manche Zimmer sind klein, wer mehr Platz braucht, ist in denen mit Balkon oder Terrasse besser aufgehoben. Es gibt außerdem ein Schwimmbad (im Winter überdacht!), und im mediterranen Garten wird das akzeptable Frühstück serviert.
1, rue des Orangers | Tel. 04 93 39 99 92 | www.hotel-des-orangers-cannes.com | 52 Zimmer | €€€

7 Hotel Splendid ▸ S. 24

8 La Villa Tosca

Zentrale Lage – Charmantes kleines Hotel in einer Fußgängerzone, doch nahe an Croisette und Meer. Schön und praktisch eingerichtete Zimmer und freundliches Personal. Einige Unterkünfte haben sonnige Balkons.

11, rue Hoche | Tel. 04 93 38 34 40 | www.villa-tosca.com | 22 Zimmer | €€

ESSEN UND TRINKEN
RESTAURANTS

9 Le Caveau 30

Fischspezialitäten – Die beiden Gasträume erinnern an Brasserien in alten französischen Filmen, das Flair der 1930er-Jahre wird gepflegt. Neben der klassischen Mittelmeerküche liegt der Schwerpunkt der Speisekarte auf Fisch und Meeresfrüchten. Schön sitzt man auch auf der schattigen Terrasse.

45, rue Félix-Faure | Tel. 04 93 39 06 33 | www.lecaveau30.com | tgl. geöffnet | €€

10 Cocoon

Sogar vegetarisch – Unkomplizierte, immer frische Küche mit den Spezialitäten Salat mit Ziegenkäse, Lachslasagne, Gemüselasagne, Gemüse-Tarte. Die Angebote wechseln täglich, und immer sind mehrere vegetarische Gerichte dabei. Sehr gut schmeckt auch der hausgemachte Apfelkuchen.

18, rue Bivouac-Napoléon | Tel. 06 87 34 78 22 | Di–Sa, nur mittags | €

11 Fish & Chips 🚩

Very british – Da schlägt das Herz der vielen britischen Besucher höher: Ein Fish & Chips-Laden hat gleich an der Markthalle Forville gegenüber dem alten Hafen eröffnet. Backfisch und Pommes gehören bisher nicht zu den französischen Imbissspezialitäten, und so versammeln sich hauptsächlich –

Von Dienstag bis Sonntag öffnet vormittags der überdachte Markt von Forville (▶ S. 95) seine Pforten – eine ausgezeichnete Fundstelle für alles Gute aus Küche und Keller der Côte d'Azur.

glückliche – Engländer um die kleinen Tische. Die Idee zur zweifellos erfolgreichen Eröffnung hat die Waliserin Isabelle Mohnsame-Wigmore einem in Cannes lebenden Briten zu verdanken. So frittiert sie im Sommer täglich Kabeljau aus dem Nordatlantik.

2, place du Marché | Tel. 04 93 99 55 94 | tgl. mittags ab 11.30, Mi–Sa auch ab 18.30 Uhr | €

⓬ Le Mantel

Berühmt – Das nach dem Chefkoch, einem Ducasse-Schüler, benannte Restaurant liegt zwar in der kleinen Straße, die den Berg hinauf in die Altstadt führt, besitzt jedoch – für Abendgäste bedauerlich – keine Tische auf der Terrasse. Der Michelinstern lockt die Gourmets dennoch hierher, und sie nehmen einen Zwei-Schichten-Betrieb in Kauf. Dafür wird ihnen allerdings eine sehr schmackhafte und inspirierte Mittelmeerküche geboten.

22, rue Saint-Antoine | Tel. 04 93 39 13 10 | www.restaurantmantel.com | Fr–Mo 12–14, Mo, Di, Do 19.30–22, Fr–So 19.30–22.30 Uhr | €€€€

⓭ Miramar Plage ▶ S. 29

⓮ La Table du Chef

Schönes Bistro – Der Chef heißt Bruno Gensdarme und hat sein Pariser Restaurant vor Jahren für dieses charmante kleine Bistro in Cannes verlassen, ohne es zu bedauern. Seine Zutaten holt er frisch vom Markt, seine Inspirationen von Augenblick und Jahreszeit. Aus Sellerie mit Gänselebersauce wird ein Püree, eine Kürbiscreme wird mit Steinpilzen serviert und die Seebrasse mit Mangold. Reservierung ratsam.

5, rue Jean-Daumas | Tel. 04 93 68 27 40 | So, Mo geschl. | €€€

EINKAUFEN

EINKAUFSSTRASSEN

 La Croisette

Ob Chanel oder Prada, Hermès oder Bulgari, Chopard oder Fendi, Valentino oder Cartier – sie sind alle mit ihren kleinen und großen extravaganten Läden an der Promenade vertreten.

⓯ Rue d'Antibes

Die ehemalige königlich-kaiserliche Straße, die Toulon mit Antibes verband, ist längst eine Shoppingmeile. Die Einwohner der englischen Kolonie des 19. Jh. sollten hierher gelockt werden, also gab es Apotheken, Lebensmittelgeschäfte, Schneider. Das reicht heute nicht, alle großen internationalen Marken sind hier versammelt.

⓰ Rue Meynadier

Die Fußgängerzone führt auf den Altstadthügel Suquet und verband früher Alt- und Neustadt. Hier liegen Spezialitätengeschäfte wie der Käseladen Cénéri, Feinkost Ernest und Süßwaren von Jean Luc Pelé sowie viel Mode.

MÄRKTE

⓱ Blumenmarkt

In der mit alten Platanen umstandenen schönen Straße werden jeden Vormittag (außer montags) Blumen verkauft, am Wochenende kann man Kunst und Kunsthandwerk erstehen.

Allées de la Liberté

⓲ Forville

Die Markthalle Forville quillt geradezu über mit ihren unzähligen Gemüse-,

Obst- und Fischständen. Die Köche der Sterne-Restaurants sind meistens schon früh am Morgen unterwegs. Wer ein Picknick plant, kann sich hier wunderbar mit Proviant eindecken.

Place du Marché Forville | Di–So 7–13 Uhr, Mo 8–18 Uhr Antiquitätenmarkt

SERVICE

AUSKUNFT

Office de Tourisme

Palais des Festivals et des Congrès | 1, bd. de la Croisette | Tel. 04 92 99 84 22 | www.cannes-destination.fr

STRÄNDE

Frei zugängliche Strände gibt es am Rand der Croisette, in der Nähe des Festivalpalasts und vor dem Hafen Porto Canto. Die nicht so überfüllte **Plage du Midi** unterhalb der Küstenstraße mit öffentlichen und bewirtschafteten Strandabschnitten führt über 5 km fast bis Napoule.

VERKEHR

Ausflüge zur Lérins-Insel Sainte-Marguerite

Die Cannois packen gern ein Picknick und Badezeug ein, bevor sie sich am Morgen auf den Weg auf die 170 ha große Insel Saint-Marguerite machen. Ein Rundgang erstreckt sich über 9 km. Viel Wald bedeckt das Eiland, Aleppokiefern und Steineichen wachsen am Wegesrand, es duftet nach Kiefern und Eukalyptus. Der Teich Bateguier, in dem sich Meer- und Süßwasser miteinander vermengen, liegt in einem Vogelschutzgebiet. Wer bis zur Pointe de la Convention an der Westspitze spaziert, begegnet am Wegesrand Zistrosen, Geißblatt, Clematis und Myrten.

Das **Fort Royal**, jahrhundertelang ein Staatsgefängnis, beherbergte den Mann mit der eisernen Maske, einen Staatsgefangenen von Ludwig XIV., von dem bis heute nicht sicher ist, wer es gewesen ist. Dutzende Vermutungen wurden im Lauf der Jahre verbreitet, klar ist aber nur, dass die eiserne Maske aus Samt war und der Mann im Jahr 1703 im Pariser Gefängnis Bastille starb.

Das **Meeresmuseum** im Fort zeigt archäologische Fundstücke aus Schiffswracks sowie Ausgrabungen auf der Insel. Die Unterwasserfauna wird in Aquarien präsentiert. Zu beiden Seiten des Forts gibt es Restaurants. Fahrräder darf man nicht mitnehmen.

Vieux Port | Quai Laubeuf | Riviera Lines | Tel. 04 92 98 71 31 | tgl. 1. Abfahrt 7.30 Uhr, dann jede Stunde, Juli, Aug. alle 30 Min. | Fahrt ca. 20 Min. | Hin- und Rückfahrt 13 €

Bahnhof

Regelmäßige Verbindungen zu allen Bahnhöfen an der Küste.

Gare SNCF | Rue Jean-Jaurès | www.sncf.com

Busbahnhof

Busse in alle Orte der Küste, auch nach Grasse und Mougins.

Gare routière | neben dem Bahnhof und Place de l'Hôtel de Ville

Ziele in der Umgebung

◎ ANTIBES ⚑ E 3

75 600 Einwohner

Nichts deutet beim Bummel durch die nach Rosen duftenden Altstadtstraßen mit ihren plätschernden Brunnen darauf hin, dass Antibes am Meer liegt. Weder die Rückzugsgebiete der Rei-

Die Altstadt von Antibes (▶ S. 96) umschließt eine Festungsmauer aus dem 17. Jh., die Sébastien Le Prestre de Vauban im Auftrag von Ludwig XIV. anlegen ließ.

chen in den legendären Luxushotels am Cap d'Antibes noch der Tourismus prägen den Alltag der bemerkenswert schönen Stadt. In einer schönen Markthalle, einer luftigen Eisenkonstruktion am Cours Masséna, werden jeden Vormittag (außer montags) Obst, Gemüse, Blumen, Fisch und Fleisch verkauft.

Der exklusive Badeort heißt **Juan-les-Pins** und liegt auf der Halbinsel, in Antibes selbst gibt es keine nennenswerten Strände, aber Unmengen edler Schiffe ankern im größten Jachthafen der Küste **Port Vauban**. Tatsächlich ist die Festungsmauer am Meer nach ihrem berühmten Baumeister benannt.

Antibes, im 4. Jh. vor unserer Zeitrechnung von Griechen als Antipolis (»die Stadt gegenüber«, gemeint ist Nizza) gegründet, war in der Spätantike Bischofssitz. Im 14. Jh. wurde es zu einem strategisch wichtigen Ort an der Grenze Frankreichs zum Herzogtum Savoyen und erhielt einen Kriegshafen. Die Bastion **Fort Carré** wurde gebaut und später nach Plänen Vaubans verändert. Als die Grafschaft Nizza 1860 französisch wurde, war die Festung überflüssig und wurde ab 1894 abgebaut, bis auf die Wehrmauern der Altstadt.

Der Tourismus begann 1921 – mit der ersten Sommersaison amerikanischer Schriftsteller wie F. Scott Fitzgerald (»Zärtlich ist die Nacht«) und Hemingway, Gertrude Stein, Dos Passos und anderen, die als »Lost Generation« bekannt wurden – allerdings am Cap d'Antibes. Juan-les-Pins, einst Urlaubsort der Millionäre, heute mit eher kleinstädtischem Flair, aber nicht mit entsprechenden Preisen, wurde später berühmt. Zur Hochzeit der Saxofonlegende Sydney Bechet waren 1951 an die 200 Jazzmusiker vom Standesamt zum Strand gezogen, und in der Pinède, dem Pinienwäldchen, versammelten sie sich zum gemeinsamen Musizieren. Aber erst ein Jahr nach Bechets Tod, 1960, fand mit **Jazz à Juan** (▶ S. 46) das erste Jazzfestival in Europa statt. Seitdem sind alle Jazzgrößen an der Riviera aufgetreten, und in der zweiten Julihälfte wird der Jazz weiterhin gefeiert.

12 km östl. von Cannes

SEHENSWERTES

L'Église de L'Immaculée-Conception

Hinter der neoklassizistischen ockerfarbenen Fassade ist nur die Apsis der ehemaligen Kathedrale erhalten. Geschnitzte Flügel bilden das Holzportal von 1710, der Glockenturm ist ein ehemaliger Wachturm aus dem 12. Jh. Im Inneren sieht man im Chor ein Holzkruzifix von 1447, den aus einem einzigen Stein gehauenen Altar und ein Retabel, das Louis Bréa 1515 schuf.

Rue du St-Esprit

MUSEEN UND GALERIEN

Musée Peynet et du Dessin humoristique

In einer alten Schule sind mehrere Hundert Werke von Raymond Peynet ausgestellt, dem Zeichner der »Verliebten« (»Les Amoureux«). In Frankreich sind sie bekannt und beliebt, die Fische, die für die Verliebten Geige spielen, die Engel, die die Lampe besetzen, alle ein bisschen verträumt, ein bisschen kokett. Auch Arbeiten von Mordillo, Plantu und Dubout sind zu sehen.

Place Nationale | Di–So 10–12, 14–18, Juli, Aug. Mi, Fr bis 20 Uhr | Eintritt 3 €, bis 18 J. frei

Musée Picasso

Picasso-Freunde stellen enttäuscht fest, dass sie nach langer Sanierung des Museums jetzt in die Schenkung Hartung-Bergman (Malaval, Armand, Klein, Hans Hartung, Anna-Eva Bergmann) kommen, sie sich im ersten Stock in der Sammlung Nicolas Staël wiederfinden und die Picasso-Ausstellung nun im zweiten Stock beginnt. Im großen Saal stoßen sie dann auf sein altes Atelier und sind zufrieden. Die meisten der hier ausgestellten 23 Gemälde, 44 Zeichnungen und Studien sind in einer einzigen Saison entstanden, sie vermitteln seine Lebensfreude in dieser Zeit, aber auch den Mangel. Weil es keine Leinwand gab, sind »Les Clefs d'Antibes« direkt auf die Wand gemalt. Auf der Terrasse über dem Meer haben Skulpturen von Germaine Richter, Joan Miró sowie von Patrick und Anne Poirier Platz gefunden.

Château Grimaldi | Place Mariejol | Di–So 10–18, Juli, Aug. Mi und Fr bis 20 Uhr | Eintritt 6 €, bis 18 J. frei

ESSEN UND TRINKEN

RESTAURANTS

Colombier ▶ S. 28

Le Comptoir de la Tourraque

Romantisch – Sehr schönes, liebevoll eingerichtetes Lokal in der Altstadt, weder Bistro noch edles Restaurant, aber mit einer fantasievollen Küche, die Ausgefallenes mit Einfachem verbindet und so immer wieder eine neue Speisekarte kreiert. Unbedingt rechtzeitig reservieren!

1, rue de la Tourraque | Tel. 04 93 95 24 86 | www.lafourchette.com | Do–Di (nur abends) | €€

CAFÉS

La Caravane passe

Teesalon oder Kunst- oder Antiquitätenladen? Alles zusammen! Zum Tee werden im schönen Garten auch selbst gebackene Kuchen serviert.

37, rue Vauban

🕐 Sehr schön ist es, zur Teestunde auf ein Schwätzchen einzukehren.

SERVICE

AUSKUNFT

Office de tourisme

42, av. Robert Soleau | Tel. 04 22 10 60 10 | www.antibesjuanlespins.com

STRÄNDE

Die **Plage de la Salis** auf der Halbinsel Cap d'Antibes gehört zu den angenehmsten an diesem Teil der Küste. Auf der einen Seite hat man den Blick auf Mimosen und Pinien, auf der anderen auf Antibes mit seinem Schloss, die Engelsbucht und die Alpen.

◎ BIOT E3

9200 Einwohner

Mindestens zwei Gründe gibt es, das malerisch auf einer Bergkuppe gelegene Dorf (man sagt Biòtt) zu besuchen: das Museum Fernand-Léger – auf dem Weg dorthin passiert man ein Bonsai Arboretum, nach japanischem Gartenvorbild angelegt – und die Glasbläserei. Seit dem Mittelalter waren hier Töpfereien ansässig, und seit den 1950er-Jahren gibt es mit der Glasbläserei einen weiteren Handwerkszweig und eine Touristenattraktion. Man sollte jedoch nicht versäumen, den ausgeschilderten Weg durch das Dorf zu gehen, bis man am arkadengesäumten Marktplatz an-

Pablo Picasso hatte 1946 im Grimaldi-Schloss von Antibes zeitweilig ein Atelier. Seit 1966 ist in dem trutzigen Wehrbau aus dem 12. Jh. das Musée Picasso (▶ S. 98) untergebracht.

![Musée Picasso, Antibes]

Bereits gegen Ende des 16. Jh. verlegte man sich in Grasse (▶ S. 101) auf die Destillation von Duftstoffen. Der Roman »Das Parfüm« von Patrick Süskind hat den Ort weltberühmt gemacht.

gelangt ist. An dessen Ende steht die Kirche **Sainte-Madeleine** mit einem Meisterwerk Bréas, dem Retabel mit Maria und dem Rosenkranz.

18 km nordöstl. von Cannes

SEHENSWERTES

Marineland

Der größte europäische Meerwasserzoo mit ca. 4000 Tieren ist keineswegs nur ein Kinderparadies. In riesigen Becken tummeln sich Delfine, es gibt Robben, Haie und Zitterrochen, Seelöwen, Pinguine, aber auch Schmetterlingspark und Eisbären. Und wenn die dressierten Delfine vorgeführt werden, scheinen sie zu lächeln, woran mancher jedoch zweifeln mag.

Route de Biot (nahe Bahnhof von Biot) | www.marineland.fr | Okt.–März tgl. 10–18, April–Juni, Sept. bis 19, Juli, Aug. bis 23 Uhr, Jan.–Mitte Feb. geschl. | Eintritt: 39 €, Kinder (3–12 J.) 31 € | Parkplatz 7 €

MUSEEN UND GALERIEN

Musée national Fernand-Léger

Ein nüchternes Gebäude außerhalb des Zentrums, das der Maler, Bildhauer und Grafiker Léger (1881–1955) kurz vor seinem Tod gekauft hatte. Zwei riesige Mosaiken, nach Originalzeichnungen des Malers, schmücken die Außenwand. Eine ständige Sammlung seiner Arbeiten ist in zwei großen Sälen chronologisch angeordnet, ein Raum enthält biografische Informationen. Malraux hatte gesagt, nur Léger sei so genial, das Bild der Arbeit in Malerei umzusetzen. Léger hatte seine kubistische Periode nach dem Ersten Weltkrieg beendet und die mechanische begonnen, Kurbelwellen und Schrauben gemalt und schließlich eine Bilderreihe zur Welt der Großstadt.

316, chemin du Val-de-Pôme | www. musee-fernandleger.fr | Mi–Mo 10–18, Nov.–April bis 17 Uhr | Eintritt 5,50 €, für temporäre Ausstellungen im Sommer 6,50 €, für Europäer bis 25 J. frei, am 1. So im Monat für alle

Verrerie de Biot und l'Écomusée

Etwa 40 Menschen arbeiten hier, dazu gehören die Glasbläser, die man schon am Eingang sieht. Das kleine Museum zeigt die Geschichte und Technik der Glasbläserei. In der Galerie sind die Arbeiten zeitgenössischer Glaskünstler ausgestellt. Und dann gibt es natürlich auch einen Laden, in dem man die schönen Gläser mit Bläschen für alle Gelegenheiten und auch Messerbänkchen kaufen kann (▶ S. 36).

Chemin de Combes (an der D 4) | www.verreriebiot.com

 **GRASSE**   E 3

52 000 Einwohner

Erst kam Napoleons Schwester Pauline, ihr folgten andere Berühmtheiten wie Queen Victoria. Die Damen kamen zur Kur ins Hinterland von Cannes, in die Berge mit dem sanften, milden Klima,

mit Höhlen und schwindelerregenden Schluchten und uralten Dörfern an der Route Napoléon – das Meer als Winterreiseziel war seinerzeit noch nicht en vogue. Bereits im Mittelalter hatte man das reichlich vorhandene Wasser für Gerbereien genutzt und aus dem Leder Handschuhe hergestellt.

Es war im 17. Jh., als Katharina von Medici aus Italien die Mode parfümierter Handschuhe mitbrachte, und allmählich wurden aus Handschuhnähern Parfümeure. In riesigen Blumenfeldern wuchsen Veilchen, Rosen und Jasmin und in der Folge der Wohlstand. Man zog von der Anhöhe De Puy mit den engen Gassen vor die Stadt in die Hügel und ehemaligen Blumenfelder in neue Villen, die Stadt franste aus. Irgendwann siedelten sich Immigranten aus Nordafrika in der »Kasba« an. Ihnen folgten Boutiquen und Galerien, die alten Häuser leuchten in sonnigen Farben.

Längst lassen die meisten Parfümeure nicht mehr vor der Haustür pflücken, und in Grasse duftet es eher nach Vanille als nach Rosen. Die meisten der vielen Grassois, die in der Parfümindustrie arbeiten, beschäftigen sich heute mit Duftstoffen für Kosmetik, Waschpulver und Lebensmittelaromen. Aber Patrick Süskind hat seinen Bestseller »Das Parfüm« geschrieben, und die literarischen Weihen befördern seitdem die stetigen Touristenströme.

20 km nordwestl. von Cannes

MUSEEN UND GALERIEN

Galimard-Studio des Fragrances

Mithilfe einer gelernten »Nase« kann man sein eigenes Parfüm kreieren und mitsamt Urkunde und Flakon nach Hause tragen. Nur nach Anmeldung!

5, route de Pégomas (3 km Richtung Cannes) | Tel. 04 93 09 20 00 | ca. 2 Std. | 45 €

Musée international de la Parfumerie (MIP)

Das einzige Parfümmuseum Europas informiert seit 1989 über die Entwicklung der Parfümindustrie, dokumentiert den Aufstieg der großen Firmen Fragonard, Molinard und Galimard, zeigt all die verschiedenen Phasen des Herstellungsprozesses und stellt auch Flakons und Puderdosen aus.

2, bv. du Jeu-du-Ballon | www.musees degrasse.com | April–Sept. tgl. 10–19, Okt.–März Mi–Mo 10.30–17.30 Uhr (Nov. geschl.) | Eintritt 4 €, bei temporären Ausstellungen 6 €, bis 18 J. frei sowie am 1. So im Monat (im Winter)

ÜBERNACHTEN

Le Mas des Arts

Schöne Lage – Nur wenige Kilometer von Grasse entfernt in den Bergen befinden sich die freundlichen Chambres d'hôtes. Neben dem weiten Blick in die Umgebung beim Frühstück erfreut das tolle Schwimmbad.

Peymeinade, 7 km westl. von Grasse (Richtung Draguignan) | 219, av. de Peygros | Tel. 04 93 09 95 19 | www.bab33. com | 3 Zimmer | €

Die Gärten des Parfüm-museums von Grasse

Eine Zeitreise in die Blumenfelder, die einst die Grundlage aller Parfüme waren und es bei einigen heute noch sind, kann man hier bei einem Besuch unternehmen (▸ S. 14).

ESSEN UND TRINKEN

Lou Candeloun

Provenzalisch – Ein kleines Restaurant in der Altstadt, und im Sommer stehen auch zwei oder drei Tische vor der Tür. Serviert wird eine traditionelle gute Küche mit frischen Zutaten zu für diese Gegend zivilen Preisen.

5, rue des Fabreries | Tel. 04 93 60 04 49 | Di–Sa ab 12.30 und ab 19.30 Uhr | €€
🕐 Das Lou Candeloun hält stets ein günstiges Mittagessen bereit.

◎ MOUGINS E3

19 300 Einwohner

Was für ein schönes Dorf! Man sieht es schon von Weitem, weil es auf einem Hügel thront. Reste der Stadtmauer umgeben die kreisförmig angelegten Gassen. Es war wichtige Station auf der römischen Via Aurelia und hatte im Mittelalter eine größere Bedeutung als Cannes. Heute steht die Gastronomie im Zentrum, 2011 wurde die Stadt dafür ausgezeichnet. Im September treffen sich die besten Köche der Welt, **Les Etoiles de Mougins** heißt die illustre Veranstaltung. Für seine Künstler war Mougins längst bekannt, Pablo Picasso hatte es sich für seinen Lebensabend ausgesucht. Jean Cocteau, Paul Eluard, Fernand Léger, alle waren sie hier.

Kenner verabreden sich während der Filmfestspiele zum Essen in Mougins. Es gibt mehr als 40 Restaurants mit einer beachtlichen Auswahl an Gerichten der traditionellen und provenzalischen Küche. Sonntags sieht man auf dem großen Parkplatz die Autos der Familien, die in beschaulicher Atmosphäre durch die Galerien in der Rue des Orfèvres oder Lombards bummeln.

8 km nördl. von Cannes

Im Galimard-Studio des Fragrances (▶ S. 101) in Grasse gibt es Einführungskurse in Parfüm-kreation. Jeder Besucher kann sich dort sein ganz persönliches Parfüm zusammenstellen.

SEHENSWERTES

Notre-Dame-de-Vie

Nordwestlich des Ortes in lieblicher Landschaft – in der Nachbarschaft wohnte einst Picasso –, auf einer weiten Wiese und von Zypressen umgeben, steht diese Kapelle aus dem 17. Jh., die einstmals zum Kloster von Lérins gehörte. Im Inneren erfährt man einiges über ihre Geschichte. Einen Reliquienarm des hl. Honorat, des Klostergründers, findet man dort ebenfalls.

2,5 km südöstl. von Mougins über die Av. Notre-Dame-de-Vie

MUSEEN UND GALERIEN

Musée d'Art classique de Mougins

Verblüffend an diesem Ort: Auf vier Stockwerken lernt man, dass und wie die Schönheit der alten Welt die moderne und zeitgenössische Kunst beeinflusst hat. Skulpturen, Schmuck oder Vasen römischen und griechischen Ursprungs werden mit Bildern von Picasso, Chagall, Andy Warhol und sogar Damien Hirst konfrontiert. Und man versteht, was die Blaue Venus von Yves Klein mit der Göttin Athene zu tun hat.

32, rue du Commandeur | www.mougins musee.com | tgl. 9.30–20 Uhr, im Winter Mo geschl. | Eintritt 12 €, bis 17 J. 5 €

Musée de la Photographie André Villers

Stufe für Stufe klettern Besucher an Picassos Leben entlang, die Wände von einem Stockwerk in das andere sind dicht mit Fotos behängt. Der Fotograf und Freund Picassos hat sie dem Ort hinterlassen. Auch die Arbeiten anderer Fotokünstler kann man bestaunen: Doisneau, Lartigue, Duncan. Eine ganze Etage voller alter Fotoapparate gibt es noch, dazu Wechselausstellungen.

Porte Sarrazine | Juni–Aug. tgl. 10–12.30, 14–19, Sept.–Mai bis 18 Uhr, Jan. geschl. | Eintritt frei

ESSEN UND TRINKEN

L'Amandier

Provenzalisch – In einer Ölmühle aus dem 14. Jh. mit verschiedenen Räumen bleiben die gefragtesten Plätze doch die auf der beschatteten Terrasse mit herrlicher Aussicht auf die Umgebung. Aber auch der Blick auf die Teller lohnt, denn serviert wird hier eine klassische provenzalische Küche. Mittags (La Formule) wird jeden Tag eine Nizzaer Spezialität aufgeboten.

Av. Jean-Charles Mallet (am Eingang des Dorfes) | Tel. 04 93 90 00 91 | www.amandier.fr | €€

Le Cadran solaire

Exzellente Küche – Valbonne, das hübsche, schachbrettartig von den Mönchen von Lérins gebaute Städtchen auf dem Lande, ist nicht nur zum beliebten Wohnort derer geworden, die in Sophia-Antipolis, dem französischen Silicon Valley, arbeiten. Um die 50 Restaurants soll es hier geben, die Entscheidung fällt schwer. Wer von der zentralen Place des Arcades in der Altstadt in die Rue Eugène Giraud abbiegt und der Gasse bis zum Ende folgt, findet ein hübsches kleines Lokal, in dem man herzlich empfangen wird und ein hervorragender Koch die Gäste mit abwechslungsreichen französischen Gerichten erfreut. Das alles zu einem sehr guten Preis-Leistungs-Verhältnis.

Valbonne | 4, rue Eugène Giraud | Tel. 06 62 74 40 09 | www.lescadransdeval.

Dinieren mit Aussicht: Eine alte Mühle, die zu einem Restaurant umgebaut wurde, beherbergt das Amandier (▶ S. 104) in Mougins. Auf der Speisekarte steht eine köstliche Nizzaer Küche.

wix.com/le-cadran solaire | Mo–Sa abends, Fr, Sa auch mittags, So Brunch 10–15 Uhr (kein Brunch im Sommer, aber Restaurant geöffnet) | €€
6 km nördl. von Mougins

Le Moulin de Mougins ▶ S. 29

◎ **VALLAURIS-GOLFE-JUAN**   ⚑ E3
28 000 Einwohner

Sie scheinen so gar nichts miteinander zu tun zu haben, der vergleichsweise bescheidene Ferienort an der Küste mit schmalen, im Sommer überlaufenen Sandstränden und guten Fischrestaurants und das Töpferstädtchen im Hinterland, von Hügeln umrundet. Aber sie gehören heute zu einer Gemeinde, mit zwei unterschiedlichen Berühmtheiten in ihrer Geschichte.

Am 1. März 1815 ging Napoleon nach dem Exil auf Elba in **Golfe-Juan** an Land. Eine Stele an der Uferstraße kündet davon, und alle zwei Jahre verkleiden sich die Bewohner und spielen an einem Märzwochenende das Ereignis nach. Ein Stück weiter, an der Kreuzung der D 600 mit der CD 135 nach **Vallauris**, beginnt an der Säule mit Napoleons Büste die Route Napoléon.

Der Ehrenbürger von Vallauris heißt Picasso, der kam 1948 und lebte bis 1955 in der **Villa Galloise**, um das Töpfern zu lernen und auch auf den Kopf zu stellen. Im Museum und in der Töpferei wandelt man auf seinen Spuren.

7 km östl. von Cannes

SEHENSWERTES

Galerie Madoura

Seit 2013 ist die Töpferei, in der Picasso von 1947 bis 1953 arbeitete, als Galerie wieder eröffnet. Suzanne und Georges Ramié haben ihm damals alle Finessen der Keramik beigebracht, und Picasso dominierte bald mit seinen Faunen und Stieren den Alltag der Töpfer. An manchen Tagen hat er 25 Stücke geformt und bis zu seinem Tod 3500 Werke geschaffen. Einige sind hier ausgestellt, und da die Firma die Exklusivrechte für Picasso-Reproduktionen besitzt, ist so mancher Teller auch zu kaufen.

Quartier du Plan | www.madoura.com | wechselnde Öffnungszeiten

L'Homme au Mouton

Die Bronze »Mann mit Schaf« ist eine der wenigen öffentlich ausgestellten Skulpturen Picassos. Er hatte sie der Stadt, die ihn zum Ehrenbürger machte, geschenkt, und nun sieht sie vor dem Château zu bewundern.

MUSEEN UND GALERIEN

Château Musée

Drei Museen sind in dem Renaissancebau des Château Musée zu finden, dem ehemaligen Priorat des Klosters von Lérins, von dem jedoch nur die Kapelle aus dem 12. Jh. erhalten ist.

Das **Musée national Picasso La Guerre et la Paix** zeigt das monumentale Wandgemälde »Krieg und Frieden«. Picasso hat es 1952 in nur zwei Monaten in die Kapelle gemalt.

Traditionelle Keramik aus Vallauris, Art déco, Jugendstil und auch Keramiken von Picasso zeigt das **Musée de la Céramique**. Alle zwei Jahre (mit geraden Jahreszahlen) findet hier die Biennale zeitgenössischer Keramik statt.

47 Bilder des italienischen Malers Alberto Magnelli, der als einer der Pioniere der abstrakten Malerei gilt, sind im **Musée Magnelli** ausgestellt.

Place de la Libération | www.musee-picasso-vallauris.fr | Juli, Aug. tgl. 10–19, 15.–30. Juni, 1.–15. Sept. Mi–Mo 10–12.15, 14–18, sonst 10–12.15, 14–17 Uhr | Eintritt 4 €, frei bis 18. J. und für alle am 1. So im Monat

Musée de la Céramique Kitsch ⚑

Im Zentrum der Altstadt, nahe des Picasso-Museums, ist ausgestellt, was Gil Camatte über 40 Jahre lang gehortet hat, Hunderte Kreamikarbeiten, wie sie in den 1960er- bis 1980er-Jahren an Touristen verkauft wurden: Da leuchten rote Riesenfische, die mit Glühlampen bestückt auf Fernsehgeräten funkelten, und Bambis mit großen Kinderaugen, die als Mitbringsel für die Lieben daheim vom Ausflug in die Töpfermetropole zeugen sollten. Die bescheidenen Beispiele dieser Volkskunst allerdings sind manchem Angebot in den Schaufenstern der Stadt nicht unähnlich.

Rue de la Fontaine | Eintritt frei für Besucher des Keramikmuseums oder des Musée Magnelli im Schloss (Place Paul-Isnard) | Juli, Aug. tgl. 10–19, Juni, Sept. Mi–Mo 10–12.15, 15.30–18, sonst 10–12.15, 14–17 Uhr

ÜBERNACHTEN

Mas Samarcande

Tolle Lage – Zwischen Vallauris und Golfe-Juan, nur wenige Minuten von Cannes entfernt und mit wunderbarem Blick auf die Engelsbucht und die Alpen, gibt es schön möblierte Chambres d'hôtes mit großzügigen Bädern. Einige gewähren Blick auf den Garten, wo auch das gute Frühstück serviert wird. Und einen Parkplatz für das Auto gibt es auch. Und freundliche und äußerst hilfsbereite Gastgeber.

138, Grand-Boulevard-de-Super-Cannes | Tel. 04 93 63 97 73 | www.mas-samarcande.com | 5 Zimmer | €€

ESSEN UND TRINKEN

Nounou

Fisch am Meer – Näher dran kann man kaum sitzen, die Fische, die gerade noch schwammen, sind in köstlichem Zustand, wenn sie auf dem Teller liegen. Die Bouillabaisse wird gerühmt. Aber viele wissen das, und so kann sich einen Platz am Strand oder im Lokal nur sichern, wer rechtzeitig reserviert.

Golfe-Juan, bv. des Frères-Roustan | Tel. 04 93 63 71 73 | €€–€€€

EINKAUFEN

Nérolium

Die Landwirtschafts-Kooperative bietet eine gute Auswahl an Olivenölen, Honig und Konfitüren.

Vallauris | Av. Georges-Clemenceau oder Av. des Deux-Vallons

VENCE ⬣ E 3

19 200 Einwohner

Das provenzalische Städtchen, von zwei Schluchten umarmt und auf einem 300 m hohen Felsvorsprung des Berges Baou gelegen, war einst Bistum. Die Mauer der schönen Altstadt umgibt ein Oval von nur 200 m Länge und 150 m Breite. Der Alltag wird hier nicht vom Tourismus beherrscht. Schon früh am Morgen sieht man die Bewohner mit Taschen und Körben zum Markt auf die große Place du Grand Jardin über dem zentralen Parkhaus ziehen. Im mittelalterlichen Gassengewirr der Altstadt sind die Souvenirläden, Kunstboutiquen und Galerien nicht zahlreicher als Bäcker, Lebensmittel- und Ge-

Die Altstadt von Vence (▶ S. 106) thront auf einem Felsen und ist von einer Stadtmauer umschlossen – ein lauschiges Plätzchen und willkommene Abwechslung vom Trubel der Küste.

müsehändler oder Restaurants. Die Touristeninformation hält Wandervorschläge bereit (auch auf Deutsch).

Kurz, zum Teil aber auch schmal und fast immer kurvig sind die Wege zu den winzigen »villages perchés«, den wie Adlerhorsten an Felsen hängenden Dörfern in der Umgebung.

31 km nordöstl. von Cannes

SEHENSWERTES

Altstadt

Den mittelalterlichen Stadtkern betreten die meisten Besucher durch die Porte du Peyra von 1441 und werden von plätschernden Brunnen empfangen. Auf dem Forum der alten Römerstadt (Place du Peyra) lag der Stein, auf dem Verurteilte ihren Kopf verloren. Im einstigen **Schloss** (Château de Villeneuve) aus dem 17. Jh. zeigt die **Fondation Emile-Hugues** Wechselausstellungen zeitgenössischer Kunst. An der stillen Place Godeau, einst Friedhof, gibt es ein winziges Theater. Auf der kleinen Place Surinam werden freitags Produkte aus der Provence verkauft. Die Place Clemenceau mit Kathedrale und Rathaus wiederum ist die Bühne für Stadtfeste und Versammlungen.

Die Chapelle du Rosaire (▶ S. 108) gilt als eines der bedeutendsten Werke von Henri Matisse. Planung und Bau der Kapelle nahmen ihn vier Jahre lang fast ausschließlich in Anspruch.

Chapelle du Rosaire oder Chapelle Matisse

Henri Matisse (1869–1954) war nicht gläubig, aber dankbar und verliebt. Sechs Jahre hatte Monique Bourgeois den Maler nach schwerer Krankheit gepflegt und ihn als Nonne darum gebeten, einen Gebetsraum des Dominikanerklosters zu gestalten. Ein einfaches weißes Haus mit goldverziertem Kreuz wurde in den 1950er-Jahren zum Wallfahrtsort: In den schlichten weißen Raum fällt das Licht durch farbige Fenster, gelb für die Sonne, grün für die Natur und blau für den Himmel. Altar und Kultgegenstände hat Matisse geschaffen, drei Zeichnungen an die Wände gestrichelt (Kreuzweg, den hl. Domenikus und die Jungfrau mit Kind). Zur Einweihung 1951 konnte er nicht kommen, ließ jedoch übermitteln, dass diese Kapelle sein Meisterwerk sei. Pablo Picasso stichelte, es sehe aus wie ein Badezimmer. Der Reiseschriftsteller Kasimir Edschmid allerdings schrieb: »Die Chapelle ist eine Sensation geworden. Wagen auf Wagen mit Ausländerinnen im Badeanzug von der Côte d'Azur rollt herauf. Die religiösen Damen von der Archevêque von Nizza mögen das nicht.«

466, av. Henri Matisse | Di, Do 10–11.30, Mo–Do, Sa 14–17.30 Uhr, Messe So 10 Uhr, Mitte Nov.–Mitte Dez. und Feiertage geschl. | Eintritt 6 €

🕐 Vormittags fällt die Sonne wunderschön durch die Fenster.

Notre-Dame-de-la-Nativité

Vence hat eine kleine Kathedrale, war es doch bis 1801 das kleinste Bistum Frankreichs, in dem zwischen 374 und 1801 65 Bischöfe aufeinanderfolgten.

Der romanische Bau wurde oft verändert. Die Taufkapelle schmückte Chagall, der in Vence gelebt hatte, mit dem Mosaik »Moses aus den Fluten gerettet«.
Place Clemenceau

ÜBERNACHTEN

Chambres d'hôtes La Colline de Vence

Blick aufs Meer – Der morgendliche Blick auf das gar nicht so nahe Meer lässt vergessen, dass man gar nicht an der Küste übernachtet hat, sondern in den Bergen, am nördlichen Rand von Vence. Der Swimmingpool vor den geschmackvoll eingerichteten Zimmern in den Farben des Südens, alle mit eigener Terrasse, entschädigt aber. Und wer nicht Französisch spricht, freut sich über Tipps in deutscher Sprache.
808, chemin des Salles (D 2 Richtung Col de Vence) | Tel. 04 93 24 03 66 | www.colline-vence.com | 4 Zimmer | €€

La Maison du Frêne ▶ S. 24

La Victoire

Modern – Zentral gegenüber dem Eingang zur Altstadt liegt das Hotel auf drei Etagen, mit kleinen Zimmern, von den freundlichen Besitzern modern eingerichtet. Zum Frühstücken bieten sich jedoch die zahlreichen Lokale am Marktplatz und in der Altstadt an.
4, place du Grand-Jardin | Tel. 04 93 24 15 54 | www.hotel-victoire.com | 15 Zimmer | €€

ESSEN UND TRINKEN

Auberge des Seigneurs

Im Schloss – Modigliani, Soutine und Renoir waren schon zu Gast, und noch immer werden im großen Kamin Grill-

Spaziergang zum Gipfel des Montagne du Baou ⑦

Er thront über Vence und senkt abends seinen Schatten über den Ort. 673 m ist er hoch und einen teils auch mühevollen Spaziergang von 2,5 Stunden wert (▶ S. 14).

gerichte zubereitet. Die Küche ist traditionell mediterran – für Gäste des Hauses (6 Zimmer werden vermietet) und solche, die rechtzeitig einen Platz zum Abendessen reservieren.
1, rue du Docteur-Binet | Tel. 04 93 58 04 24 | www.auberge-seigneurs.com | So geschl. | €€€

Le Vieux Couvent

Charmant – In der Kapelle eines Priesterseminars aus dem 17. Jh. mit Pfeilern und Spitzbögen ist das elegante wie intime Restaurant eingerichtet. Eine ganz und gar nicht altmodische Küche, sehr gute Zutaten, nach Marktlage wechselnd, werden raffiniert zubereitet.
37, av. Alphonse-Toreille | Tel. 04 93 58 78 58 | www.restaurant-levieuxcouvent.com | Mi in der Saison, sonst Do mittags geschl. | €€

SERVICE

AUSKUNFT

Office de tourisme

8, place du Grand-Jardin | www.vence.fr

VERKEHR

Ausflüge

Lohnenswert sind Touren zum Col de Vence (10 km), eine Strecke mit fantastischen Ausblicken, und nach Courségoules, einem aus der Zeit gefallenen uralten Dorf, dessen Häuser von den heutigen Besitzern hauptsächlich als Ferienwohnungen genutzt werden. Im reizvollen Gourdon über steilen Felsen, mit Blick vom Esterel bis Nizza, reiht sich ein Souvenirladen an den anderen. Aber dazwischen liegen die **Gorges du Loup**, eine atemberaubende Schlucht, wenn im Frühjahr der Fluss ins Tal stürzt, den man in den meisten Sommern vermissen wird.

Ziele in der Umgebung

 **CAGNES-SUR-MER** 〽 E3

48 000 Einwohner

Die etwas merkwürdige Stadt besteht aus drei Teilen: einem belebten ehemaligen Fischerdorf mit einem 3,5 km langen Kiesstrand (Cros-de-Cagnes), einer gesichtslos-modernen Neustadt (Cagnes-sur-Mer) und einem herrlich gelegenen alten Dorf, der Oberstadt Haut-de-Cagnes. In dieser mittelalterlichen Oberstadt, autofrei mit kopfsteingepflasterten Gassen, überwölbten Treppen und Häusern aus dem 15. bis 17. Jh., liegt das ehemalige **Grimaldi-Schloss** (14. Jh.) mit einem Olivenmuseum und einem kleinen Museum mit Wechselausstellungen für moderne Kunst (Mi–Mo 10–12, 14–18 Uhr, Eintritt 4 €).

Für alle, die mit dem Auto kommen, endet der Weg an der Schranke eines Parkhauses. Das Fahrzeug fährt allein per Fahrstuhl in eins der 14 Stockwerke hinunter. Alle anderen bringt die Navette Nr. 44, ein kostenloser Shuttlebus, vom Gare routière im Zentrum.

Gut ausgeschildert führt der Weg zum Renoir-Museum in der Unterstadt. An der Küste liegt auch das **Hippodrome**, die Pferderennbahn mit Veranstaltungen von Mitte Dezember bis Mitte

März und im Juli und August mit abendlichen Events, die mit einem Feuerwerk enden (www.hippodrome-cotedazur.fr, Eintritt 4,50 €).

9 km südl. von Vence

MUSEEN UND GALERIEN

Musée Renoir

1898 hatte der Maler Auguste Renoir (1841–1919) aus Limoges Cagnes zum ersten Mal besucht, er mietete 1903 ein Haus, kaufte schließlich das mit Olivenbäumen bestandene Anwesen Les Collettes mit Blick auf das Meer und ließ ein Haus bauen, groß und mit dem damals üblichen Komfort ausgestattet. Hier wohnte er mit seiner Familie und malte bis zu seinem Tod, im Rollstuhl und den Pinsel zuletzt an seine vom Rheuma gekrümmte Hand gebunden. Dienstmädchen aus Cagnes waren seine Modelle, hingetuschte Figuren mit einem rosigen Schimmer auf der Haut. Matisse, Bonnard und Rodin kamen zu Besuch, und Cézanne, der von Renoirs fortschreitender Arthrose gehört hatte, meinte: »Er soll aufhören zu malen, wenn er es nicht kann.« 1960 kaufte Cagnes das Anwesen und eröffnete ein Museum, das eine Fülle von Arbeiten des Impressionisten zeigt. Rollstuhl und Pinselsammlung stehen im Atelier. Auf einer Auktion 2013 erworbene Fotos des Hauses, der Familie und der Skulpturen Renoirs wurden 2014 zum ersten Mal ausgestellt. Einige seiner Bildhauerarbeiten stehen im Garten.

Chemin des Colettes | Bus 49 | www.cagnes-tourisme.com | Juni–Sept. 10–13, 14–18 Uhr (Garten durchgehend geöffnet), Okt.–März 10–12, 14–17, April, Mai 10–12, 14–18 Uhr | Eintritt 6 €, frei bis 26. J., Kombiticket mit Château 8 €

Auguste Renoir lebte von 1903 bis 1919 in Cagnes-sur-Mer und ist dort auch begraben. Das Atelier mit dem Rollstuhl des Malers dient heute als Gedenkstätte und Museum (▶ S. 110).

ÜBERNACHTEN

Le Cagnard

Historische Mauern – Wer alte Mauern und romantische Orte liebt, wird sich in diesem kleinen und feinen Hotel gut aufgehoben fühlen. Das Haus aus dem 13. Jh. schmiegt sich an die Stadtmauer von Haut-de-Cagnes. Die romantischen Zimmer sind mit Büchern, Bildern und Antiquitäten ausgestattet. Schon die Beatles, Präsident Jacques Chirac und Robert De Niro haben sich hier wohlgefühlt.

54, rue Sous Barri | Tel. 04 93 20 73 21 | www.lecagnard.com | 12 Zimmer | €€€

ESSEN UND TRINKEN

Fleur de Sel

Bäuerlich-provenzalisch – Philippe Looses Liebe gilt den vergessenen Gemüsen und dem intensiven Geschmack vergangener Zeiten. So hat er nach Jahren in fremden Küchen mit seiner Frau Pascale ein eigenes Restaurant in Haut-de-Cagnes eröffnet. Die Speisen aus hochwertigen Zutaten, in der offenen Küche zubereitet, wechseln täglich.

85, montée de la Bourgade | Tel. 04 93 20 33 33 | www.restaurant-fleurdesel.com | Sommer tgl. ab 19 Uhr, sonst Mi, Do geschl. | €€€

◎ SAINT-PAUL-DE-VENCE  E3
3500 Einwohner

Ein zauberhafter mittelalterlicher Ort, und über die steilen, holperigen Gassen, mit Galerien, Mode-, Schmuck-, Kunst- und Kunstgewerbeläden, winden sich vom Frühjahr an die Besuchermassen. Vielleicht ist er Allerheiligen bis Ostern noch ein bisschen so wie vor 100 Jahren, als die Maler das sanfte Licht entdeckten, das so schnell wechselte, und Picasso, Miró, Utrillo, Matisse mit ihren Bildern im Gasthaus bezahlten. Saint-Paul ist mit seinen Befestigungsanlagen von 1537 aufs schönste erhalten. In der Rue Grande mit Häusern aus dem 16. und 17. Jh., erkennt man noch den früheren Reichtum des einstigen Grenzorts. Auf dem Friedhof, jenseits der Porte de Nice, ist Marc Chagall begraben.

5 km südl. von Vence

SEHENSWERTES
★ Fondation Maeght

Weiß schwebt das Gebäude über den Hügeln, das der Katalane José Lluis Sert geschickt in die Landschaft setzte. 1964 vom französischen Kulturminister André Malraux gegründet, von den Kunsthändlern Marguerite und Aimé Maeght geplant und finanziert, ist es mit Unterstützung zahlreicher Künstler ein offenes Museum des 20. Jh. geworden, in dem Bäume und Mauern zu Teilen des Kunstwerks wurden. Durch einen Skulpturengarten (Alexander Calder), begrenzt von einem Mauermosaik (Pierre Tal-Coat), und an Skulpturen in den Bassins gelangt man zum Eingang, der auf den Giacometti-Hof führt. Dann wieder hinaus zum Miró-Labyrinth, zum Wasserbecken, in dem Braques Fische schwimmen, zu Chagall

Die weithin sichtbare Silhouette von Saint-Paul-de-Vence (▶ S. 112) mit der nahezu unversehrten Befestigungsmauer ist von sanften Hügeln und grünen Tälern umgeben.

und Kandinsky, Léger und Guy und immer wieder, in Wechselausstellungen, zu zeitgenössischen Künstlern wie Del Re, Kelly, Mitchell, Monory, Tàpies und anderen. Im Gesamtkunstwerk haben auch Künstlerwohnungen, Ateliers, Büros und eine Bibliothek Platz gefunden.

St-Paul-de-Vence | 623, chemin des Gardettes | www.fondation-maeght.com | Juli–Sept. tgl. 10–19, Okt.–Juni 10–18 Uhr | Eintritt 15 €, Kinder bis 10 J. frei, Studenten und bis 18 J. 10 €

ÜBERNACHTEN

Hôtel les Messugues

Gute Lage – Schöner Garten, von Weinbergen umgeben, und einen Pool gibt es auch. Die freundlichen Zimmer haben Balkon oder Terrasse – und Türen aus einem alten Gefängnis. Und bis zur Fondation Maeght sind es höchstens 10 Minuten zu Fuß.

Impasse des Messugues | Tel. 04 93 32 53 32 | www.hotelmessugues.com | 15 Zimmer | €€€

Orion ▶ S. 24

ESSEN UND TRINKEN

La Colombe d'Or

Hausmannskost – Wo Weinetiketten von Chagall oder Picasso stammen können, kann auch die Hausmannskost schon etwas üppiger sein. Die Speisekarte ist hier nur von Hand geschrieben, da muss man keine großen Veränderungen erwarten. Wer die Terrasse durch das hölzerne Gartentor betritt, befindet sich am Ort einer Legende. An der Bar standen schon Jacques Prévert und Orson Welles. Als aber 1920 Paul Roux und seine Titine das Lokal gründeten, da hießen die Gäste Pablo Picasso,

Georges Braque, Jacques Bompard. Inhaber Paul malte und liebte die Kunst, und die Künstler, auch wenn sie das Essen nicht bezahlen konnten und ihre Bilder hinterließen. Die Künstler wurden berühmt und Freunde. Dann kamen die Schauspieler, und sie kommen immer noch. Yves Montand heiratete hier Simone Signoret. Die Zimmer im Hotel, die Terrasse sowie der Innenhof mit dem Swimmingpool sind mit zahlreichen Kunstwerken geschmückt. Bilder werden allerdings heute nicht mehr in Zahlung genommen.

Place Général-de-Gaulle | Tel. 04 93 32 80 02 | www.la-colombe-dor.com | €€€€

Le Tilleul

Einfach und gut – Unter der 100-jährigen Linde, die für den Restaurantnamen Pate stand, wird eine unkomplizierte, moderne Küche gepflegt. Am Nachmittag nimmt man hier beim Tee Kleinigkeiten zu sich.

Place du Tilleul | Tel. 04 93 32 80 36 | €€–€€€

◎ TOURETTES-SUR-LOUP E3

4150 Einwohner

Wie eine Stadtmauer grenzen die Häuser den mittelalterlichen Ort ab, der zu den schönsten Dörfern Frankreichs gehört und hoch oben auf einem Kalkfelsen liegt. Mit Veilchen für die Parfümindustrie wurde hier lange gutes Geld verdient. Dann zogen viele weg, der Ort drohte auszusterben. Mit jungen Leuten, Kunst und Kunsthandwerk, Töpfereien und Goldschmieden sowie dem Veilchenfest im März lockt er nun wieder Touristen an.

6 km westl. von Vence

Im Fokus
100 exklusive Jahre: das Hôtel du Cap-Eden-Roc

Als man noch hoffte, Dichter würden in schöner Umgebung die verlorene Inspiration wiederfinden, wurde ein Haus eigens für diesen Zweck gebaut. Als einträglicher hat sich allerdings der Betrieb eines Luxushotels erwiesen.

Mai 2014: Cap Antibes, als Insel der Milliardäre bekannt, konnte die Bauwut der letzten Jahre bislang nichts anhaben. Großzügige Grundstücke, Villen, umgeben von Orangenhainen und Palmengärten, meist von Industriellen, auch Oligarchen bewohnt. Hier und da wird gebaut oder saniert, ein Dach wird neu gedeckt, nur selten huscht ein Auto über die schmalen Straßen, wohl Personal. Größere Geschäftigkeit nehmen Besucher nur an der äußeren Kapspitze wahr, wo das weltbekannte und berühmte Hôtel du Cap-Eden-Roc heute Fremden den Zugang verwehrt.

Am nächsten Morgen beginnen die 67. Filmfestspiele in Cannes. Noch ist viel vorzubereiten. Alle 117 Schlüssel, lässt Hoteldirektor Philippe Perd die neugierigen Reporter der Zeitung »Nice Matin« wissen, sind vergeben. Die Gäste haben, wie üblich, für mindestens zwölf Nächte gebucht. Und selbstverständlich sei das Filmfestival kein Grund, die Preise zu er-

◀ Bereits 1914 hat das Hôtel du Cap-Eden-
Roc seinen Meerwasserpool eingeweiht.

höhen. Es ist also fast alles wie immer. Für 900 € schläft man im Doppelzimmer, für 15 000 in der Villa Eleana. Dann ist aber das Frühstück inbe-
griffen und besonderer Service auch. Natürlich gibt es auch sehr schöne
und luxuriöse Suiten für 4500 bis 6500 €.

HOLLYWOOD AM MITTELMEER

Für Sharon Stone ist die Suite Nr. 67 reserviert, mit Blick auf die piniengesäumte Promenade und auf das Mittelmeer. Olivier Dahan und seine
Equipe werden erwartet. Sie haben den Film »Grace of Monaco« reali-
siert, über den seit Wochen (nicht nur Gutes) geredet wird und mit dem
die Filmfestspiele eröffnet werden. Jeder Ort, der ein Kino hat, wird ihn
dann zeigen. Nur in Monaco will man ihn nicht sehen. Nicole Kidman
hat schon signalisiert, dass sie an den Ort zurückkehren wird, an dem
ihre Liebesgeschichte mit Tom Cruise begann. Bei aller gebotenen Dis-
kretion wird doch gemunkelt, Sylvester Stallone, Arnold Schwarzenegger,
Harrison Ford würden wieder im Eden-Roc eintreffen. Das Hotel mit
dem legendären Ruf wird, wie jedes Jahr im Mai, zum Hollywood am
Mittelmeer. Zur Gala der Zeitschrift »Vanity Fair« werden Carla Bruni
wie auch Heidi Klum und Lana Del Rey kommen.
Nein, das Hotel mit dem großen Ruf ist nicht auf die Filmfestspiele ange-
wiesen, auf Franzosen auch nicht. Finanzkrisen provozieren keine Ein-
brüche, die Gäste sind so privilegiert wie das Hotel. Sie mieten auch
schon mal das ganze Haus, wie für eine russische und eine chinesische
Hochzeit neulich. Für 150 000 € die Nacht kann das jeder haben.

EIN ORT DER INSPIRATION

Geplant war vor mehr als 100 Jahren alles ganz anders. Ein Haus für
Dichter auf der Suche nach der verlorenen Inspiration sollte an diesem
magischen Ort entstehen, eine private Residenz und ein Refugium zugleich. Der Schriftsteller Adolphe d'Ennery hatte die Idee gehabt, und
Hippolythe de Villemessant, der Verleger des »Figaro«, warb um Sponso-
ren. Ein Konsortium von französischen Geschäftsleuten und russischen
Aristokraten, darunter die Grafen Stroganoff und Plestcheyeff, kam für
die Baukosten von damals 636 121,62 Francs (etwa 130 000 US-Dollar)
auf. Die Villa Soleil entstand 1863. Ob es am Mangel an Dichtern lag
oder ob der gewaltige Anspruch sich nicht erfüllte, ist nicht überliefert.

1870 jedenfalls wurde die Villa zum Hotel umgewandelt und blieb auch als solches ohne Erfolg. Die Besitzer wechselten erneut.

Dann, im Oktober 1887, erwarb der Hotelier Antoine Sella aus dem Piemont das elegante, mittlerweile jedoch etwas baufällige Haus im Stil von Napoleon III., veranlasste eine Sanierung und Restaurierung und eröffnete es 1889 mit bodentiefen Fenstern, Holzläden und riesigen Balkons unter dem Namen Hôtel du Cap. Damit begann die märchenhafte Geschichte dieses Schmuckstücks am Mittelmeer, das in einem 9 ha großen Park liegt. Zwei Jahre zuvor hatte der Schriftsteller Stéphen Liégeard den genialen Einfall gehabt, der Küste mit einem Buchtitel den Namen »Côte d'Azur« zu verleihen. Die Eisenbahnlinie Paris–Marseille–Menton war fertiggestellt, und Luxuszüge rollten aus St. Petersburg und Wien über Cannes und Nizza in den Süden, Zeitungen schrieben, am Cap sei die »Residenz von ganz Europa« entstanden. Stammkunden sprechen bis heute, ganz liebevoll, vom Hôtel du Cap.

NOCH EIN ERFOLGSREZEPT

Die Gäste kamen vorwiegend aus England und Russland, im Winter, wie es damals an der Küste üblich war, um der heimischen Kälte zu entfliehen. Es gab kein elektrisches Licht, die Räume wurden mit Kaminen beheizt. Ein Gast aus Deauville soll Sella schließlich geraten haben, das Haus auch im Sommer zu öffnen, wolle er nicht sein Vermögen verlieren. Mit Dynamit ließ Sella ein Loch in die Basaltklippen sprengen, und 1914 entstand der bis heute berühmteste Meerwasserpool der Côte d'Azur. Das Wasser wird, wenn nötig, auf 25 °C aufgeheizt. Über eine Treppe ist das Mittelmeer erreichbar. Das Grand Hotel wurde um den Eden-Roc-Pavillon ergänzt, ursprünglich nur der Teesalon, heute mit Restaurants und Piano-Bar. Mit dem Pavillon wurde das Hôtel du Cap zum Hôtel du Cap-Eden-Roc. Er scheint über der Felsenküste zu schweben, die Terrasse mutet wie das Sonnendeck eines Kreuzfahrtschiffs an. Glastische, Teakholz und leinenbezogene Sessel bringen eine sommerliche Leichtigkeit auf die Schiffsplanken. Längst sind andere Gebäude dazugekommen – die Villa Eleana oder die Villa Les Cèdres –, und eine piniengesäumte Allee führt hinunter zum Meer und zu den 33 Cabanes, schlichten Holzhütten als geschützte Sonnenplätze am Meer, die für 500 € am Tag hinzugebucht werden können. Mancher lässt die links und rechts davon liegenden Hütten gleich mitreservieren, um wirklich ungestört zu sein.

Wäre das Hotel ohne seine illustren Gäste je zu einer Legende geworden? George Bernhard Shaw und Picasso waren hier, John F. Kennedy verliebte sich kurz vor seiner Hochzeit in ein Mädchen aus Schleswig-Holstein, F. Scott Fitzgerald und seine Frau Zelda hatten sich in die nahe Villa Saint-Louis eingemietet, heute Hôtel Belles Rives. Hier schrieb er seinen Roman »Tender is the Night« (»Zärtlich ist die Nacht«), in dem das Eden-Roc als Hôtel des Étrangers verewigt ist. Wallis Simpson, die spätere Herzogin von Windsor, war zu Gast, ebenso Tennessee Williams, Ernest Hemingway, Marlene Dietrich und John Lennon, Franklin D. Roosevelt und König Farouk. Ein eigener Schwimmlehrer, der Leistungssportler Fernand Schobel, brachte Charlie Chaplin das Schwimmen bei. Die Gästebücher von heute listen Henry Kissinger, Boris Becker und Pelé, Cate Blanchett und Martin Scorsese auf.

GELD UND ZEIT

Wer für viel Geld die Zeit anhalten kann, gewährt seinem Garten Eden wohl auch ungewöhnliche Sitten. Bis vor wenigen Jahren wurden Kreditkarten nicht akzeptiert, Anzahlung und Überweisung war üblich. Es gab keine Fernseher, die Welt blieb draußen, selbst Haartrockner erhielten Gäste nur auf Nachfrage. Hinter dem Rosengarten, unter Grabplatten aus weißem Marmor, wurden die Hunde der Gäste beigesetzt, die hier starben, und die Vögel in den Bäumen zwitscherten das Requiem. So lange sie lebten, nahm niemand Anstoß daran, wenn die vierbeinigen Begleiter unter dem Tisch im Hermès-Körbchen ruhten. Das ist vorbei. Tiere sind nun unerwünscht. Marmor schmückt die üppigen Bäder, es gibt Flachbildschirme, WiFi gehört zum Standard. Eine Minibar gibt es weiterhin nicht. Aber eine Champagner-Lounge und im Schatten der riesigen Aleppokiefern auch eine Juice & Icecream Bar. Und überhaupt verwöhnt das exzellente Personal die Gäste rund um die Uhr, auch mit Champagner.
1964 waren Maja und Rudolf-August Oetker zu Gast, Nachfahren des legendären Dr. August Oetker, der 1891 das Backpulver erfand und damit die Grundlage für ein weltweit operierendes Familienunternehmen schuf. Es gefiel ihnen, sie lobten die tadellose Wäsche und hatten Freude an den glänzenden Kupferkasserollen in der Küche. Fünf Jahre später kaufte Oetker das Hotel von André Sella, dem Sohn des Gründers. Jetzt gehört es zur Oetker Collection – wie sechs andere Hotels in Paris, Marrakesch, auf den Seychellen, in den französischen Alpen, in Baden-Baden und Vence, auf den Kleinen Antillen gibt es ein Eden Rock.
2014 wurde das 100-jährige Bestehen des Pavillons Eden-Roc gefeiert. Mit den drei besten Sommeliers der Welt und zehn Chefköchen aus der Collection. Das Gala-Dinner wurde für 700 € angeboten.

MONACO

Das steinerne Fürstentum am Mittelmeer ist keineswegs ein Operettenstaat, hat aber exotischen Reiz. Nicht nur für Steuersparer aus dem In- und Ausland gleicht Monaco die fehlende Fläche mit Hochhäusern aus und wächst beharrlich ins Meer hinein.

Côte d'Azur oder doch Hongkong? Belle Époque oder eher Kalifornien? Wer das erste Mal nach **Monaco** kommt, ist verblüfft und hat den nach dem Vatikan zweitkleinsten Staat Europas doch schon von Weitem gesehen. 90 m wächst die Résidence Le Simona in den Himmel über dem Mittelmeer, ganze 170 m die Tour Odéon, deren verglastes Penthouse mit 360-Grad-Rundumblick für mehr als 300 Mio. € 2014 als teuerste Wohnung der Welt notiert wurde. Die Skyline des Fürstentums erinnert daran, dass seine Fläche winzig klein ist, auch wenn die Fürstenfamilie **Grimaldi** sie von 1,6 qkm im Jahr 1297 auf 2,02 qkm vergrößert und dem Meer immer wieder Land abgerungen hat. Bis 2024 soll die Fläche um weitere 6 ha wachsen. Künstliche Molen und schwimmende Dämme ersetzen dabei den fehlenden Grund. Aufwendige Unterwasserkonstruktionen tragen die neuen Landmassen.

◀ Zwergstaat am Mittelmeer und beliebtes
Domizil der Hautevolee: Monaco (▶ S. 118).

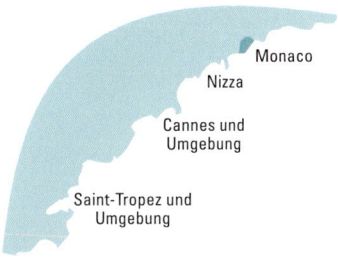

Nur 8675 Einwohner sind Mone-
gassen, die Staatsbürgerschaft er-
warben in erster Linie Franzosen,
Italiener und Amerikaner und bis
2012 auch 32 Deutsche. Die Hälfte
der Bewohner gelten als **Millionäre**. Der Reiz für die Residenten aus
119 Ländern liegt in der Steuerfreiheit, die allerdings aufgrund eines Steu-
erabkommens zwischen Frankreich und Monaco für Franzosen nicht gilt.
Mancher Betonturm ist nachts hell erleuchtet, weil die Eigentümer den
Finanzbehörden qua Stromrechnung ihre Präsenz nachweisen müssen.
Dienstboten dürfen für den Aufenthaltsbeweis viel und teuer telefonieren,
während die Mieter in Jachten über die Weltmeere schippern.
Fast 42 000 Menschen arbeiten im privaten Sektor und 3900 als Beamte,
34 000 Grenzgänger kommen täglich zur Arbeit. Die **Casinos** steuern nur
noch 3,8 % zum Einkommen bei, 52 % stammen aus Unternehmensbe-
steuerung, Gebühren und Zöllen, fast 9 % aus Immobiliengeschäften –
darum kümmern sich 50 Banken. Neue Residenten füttern die Pensions-
und Krankenkassen, und auch Kongresse und Tourismus werden immer
wichtiger. Luxuriös und teuer sind zwei Drittel der Hotels. Die meisten
Besucher sind Tagestouristen.

DER ÖKO-FÜRST

Wenn auch Beton und Reichtum für den ersten Eindruck sorgen und
während die Regenbogenpresse die Fürstenfamilie stets im Auge behält,
profiliert sich der seit 2005 regierende **Albert II.** immer mehr als ökologisch gesinnter Monarch. Er wirbt für staatliche Maßnahmen zur Ein-
dämmung der globalen Erwärmung, seine Umweltstiftung zeichnet Forscher aus, die sich mit Klimawandel und Artenvielfalt beschäftigen (auch
Jane Goodall gehörte zu den Preisträgern), und der Jachtclub von Monaco hat im Jahr 2014 das weltweit erste Solarbootrennen vor der Küste
ausgetragen. Leonardo DiCaprio gründete mit dem Sportwagenfabrikan-
ten Venturi einen Rennstall für eine neue Formel-E-Serie. Mit Mini-
Drohnen wird der rote Rüsselkäfer bekämpft, der die Palmen an der Côte
d'Azur bedroht, und während der Urlaubssaison verteilen freundliche
Damen am Strand Aschenbecher an die Gäste.

MONACO ⚓ F 2

36 500 Einwohner
Stadtplan ▶ S. 122/123

SEHENSWERTES

Monacos Verkehrsfläche ist mehr als zwölfmal so groß wie seine Grundfläche. So bringen Busse, Gratisaufzüge und Rolltreppen Besucher selbst zum höchstgelegenen Ort und an den zahlreichen Baustellen vorbei.

❶ Altstadt Monaco-Ville

Der Rocher, der Felsen, der sich aus dem Meer erhebt, führt in ein kleinstädtisch anmutendes Gebiet namens Monaco-Ville mit malerischen Gassen, in denen Geschäfte des täglichen Bedarfs, Lebensmittelhändler und Bäckereien sich mit Souvenirläden mit allerlei Kitsch abwechseln. Man sieht von oben die dem Meer abgerungenen Viertel Fontvieille und La Condamine mit Häfen, Monte Carlo und Italien.

Wer zu Fuß von der Place d'Armes kommt, erreicht über eine Rampe und durch drei Tore die Place du Palais mit dem **Fürstenpalast** mit mittelalterlichen Türmen und historisierenden Zinnen, im 13. Jh. auf einer alten Festung gebaut und im 16. Jh. erweitert. Und dann wird Monaco zum Operettenstaat: Pünktlich um 11.55 Uhr beginnt die **Wachablösung** der Palastwache, im Sommer weiß, im Winter schwarz gekleidet, vor dem Hauptportal und den Kanonen Ludwig XIV. vor zahlreichen Zuschauern. Die Besichtigung der Grands Appartements führt in den Innenhof mit Marmortreppe zu den Fresken der Galerie d'Hercule, zu Salons und Thronsaal. Daneben liegt das **Museum** mit Erinnerungen an Napoleon und den

Archiven mit Urkunden, die die Unabhängigkeit Monacos besiegeln (Place du Palais, Bus 1, 2, April–Juni, Sept. tgl. 10–18, Juli, Aug. 10–19, Okt. Mo–Fr 10–18 Uhr, Eintritt 8 €, Kinder 7 €).

Wenige Schritte weiter liegt die **Kathedrale**. Das neoromanische Gebäude vom Ende des 19. Jh., aus dem weißen Stein von La Turbie gebaut, ist ein weiterer Besuchermagnet, allerdings nicht so sehr wegen des Retabels von Louis Bréa, dem hl. Nikolaus geweiht. Im Chor liegen die **Fürstengräber**, und das Grab der 1982 tödlich verunglückten Fürstin Gracia Patricia ist immer mit Blumen geschmückt (4, rue Colonel Bellando de Castro).

❷ La Condamine

Das zweitälteste Viertel liegt als Miniatur-Manhattan wie ein Amphitheater am **Port Hercule**, in dem die teuren Jachten schaukeln. Mit schwimmendem Damm und Platz für 400 Parkplätze auf vier Etagen wurden Anleger für noch mehr Boote und für Kreuzfahrtschiffe geschaffen. Bis 2019 wird wieder gebaut, ein neues Haus für das Automuseum und ein unterirdisches Parkhaus mit 300 Plätzen. 2011 gab Jean-Michel Jarre hier vor 85 000 Zuschauern ein Hochzeitskonzert für Albert II. und Charlene Wittstock.

❸ Fontvieille

Das neueste der vier traditionellen Stadtviertel Monacos ist seit den 1970er-Jahren entstanden. Das Land im Westen wurde vollständig dem Mittelmeer abgewonnen, und 1981 legte Albert II., damals noch Erbprinz, den Grundstein für Fontvieille. Hier liegt das **Stadion Louis II.**, die Spielstätte des AS Monaco. Der Rosengarten Prinzessin Grace wurde angelegt, der Jardin Animalier mit einigen exotischen Tieren an der Südflanke des Rochers, außerdem gibt es eine Ausstellung alter Autos und ein Briefmarken- und Münzenmuseum. Ein Busbahnhof liegt 10 m unter dem Meeresspiegel, durch Tunnel hat man Anschluss zum französischen Straßennetz.

4 Monte Carlo

Es nützt nichts, sehr früh zu kommen. Niemand erschießt sich mehr, mittellos nach nächtlichem Spiel, im Morgengrauen vor dem **Casino**. Ohnehin verdecken luxuriöse Limousinen den Eingang. Und die Besitzerin, die Société des Bains de Mer (SBM), rekrutiert den Großteil der Einnahmen längst aus anderen Quellen (Place du Casino, Personalausweis, www.casinomontecarlo.com, tgl. 9–12.30 Uhr, Eintritt 10 €).

Das war anders, als 1863 das Casino gebaut, die Eisenbahnlinie Paris–Lyon–Mediterranée nach Monaco verlängert wurde und rundherum all die fantastischen Gebäude der Belle Époque wuchsen. Charles Garnier, Architekt der Pariser Oper, konnte zur Gestaltung des Hauses gewonnen werden. Eine kleine, sehr charmante Oper ist dabei auch entstanden. Da war das **Hotel de Paris** noch das beste Europas. Das Glücksspiel war in den Ländern nebenan verboten, und davon profitierte die SBM und mit ihr François Blanc, der Kasinodirektor des hessischen Kurorts Bad Homburg. Der hatte den Aufschwung begründet. Monte Carlo war zum Ziel der Wohlhabenden weltweit geworden. Die verschwende-

Arm oder reich werden – an allen Ecken und Enden winkt das Spiel mit dem Glück. Zuvor müssen die Kassen für die Spieltische im Casino von Monaco (▶ S. 121) bestückt werden.

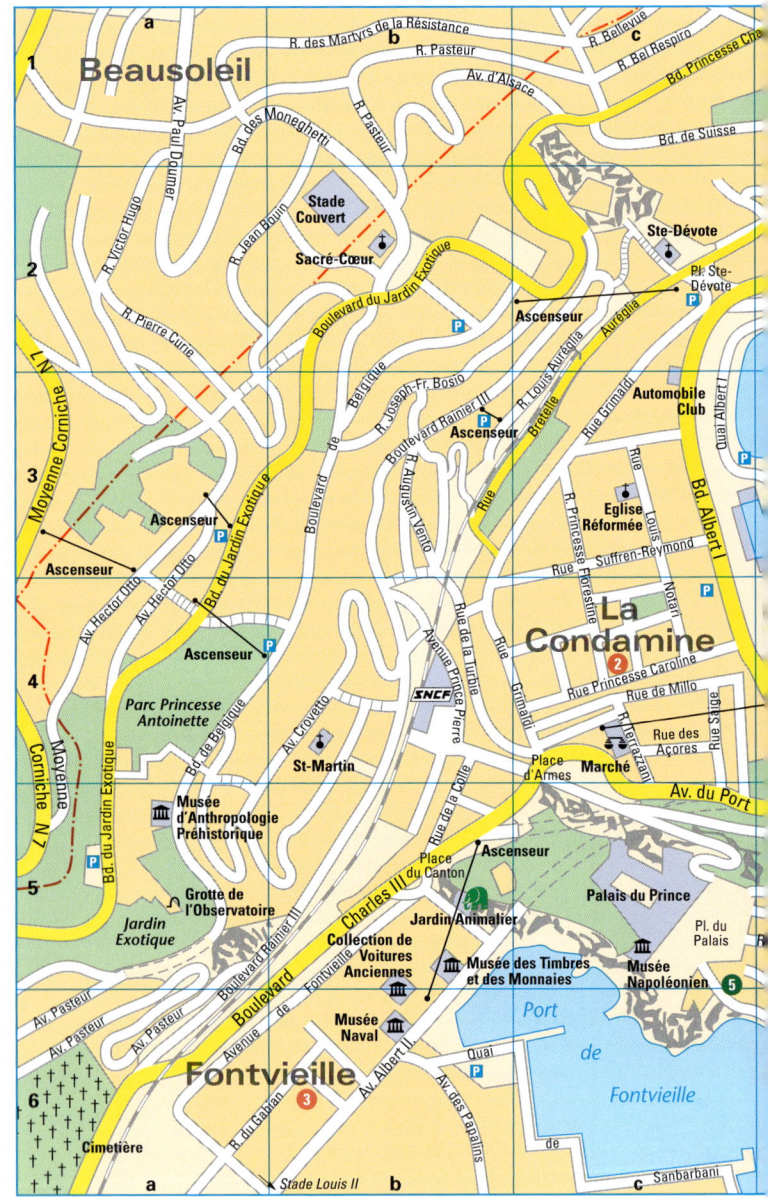

Monte Carlo
4
Bd. de Suisse
Av. de la Costa
Av. Princesse Alice
Av. de l'Hermitage
Sq. Beau-marchais
Place du Casino
e
Av. de Monte Carlo
Grand Casino
f
Larvotto
Grimaldi Forum, Sporting Monte Carlo
Monaco
1
Centre de Congrès, Auditorium
Pointe Focinana
Bu.
Ascenseur
P
seur
Av. d'Ostende
Bd.
Bd. Louis II
2
Av. Prés. J. F. Kennedy
Quai des Etats-Unis

Port Hercule
3

P
4
Théâtre du Fort Antoine
Yacht Club de Monaco
seur
Quai Antoine I
Av. de la Quarantaine
P

P
Av. de la Porte Neuve
Av. des Pins
Monaco
1
de Loth
Musée de la Chapelle de la Visitation
6
Altstadt Monaco-Ville
Av. St-Martin
Ascenseur
7
P
5
rial
ces
aco
Emile **Mairie**
5
Musée Océanographique

Jardins St-Martin
Pointe St-Martin

N
6
0   150 m
© MERIAN-Kartographie

d   **e**   **f**

risch eingerichteten Räume mit Onyx-
säulen, Fresken und Skulpturen, von
Garnier entworfen, lohnen auch heute
einen Besuch. Viele der schönen alten
Häuser rundum mussten inzwischen
aus Platzgründen Hochhäusern wei-
chen. Andere wie das Hôtel de Paris
haben eine Schönheitskur genossen.

MUSEEN UND GALERIEN

🟥 Musée Océanographique 👫

Mit diesem Meeresmuseum hat Fürst
Albert I., selbst ein renommierter Mee-
reswissenschaftler, sich 1910 einen
Traum erfüllt: Allein das Gebäude, mit
Wellen-, Quallen und Tintenfischreli-
efs, mit Mosaiken und breiten Treppen,
ist eine Betrachtung wert. Mit Steinen
aus La Turbie erbaut, überragt es die
Felsenküste. Seine Forschungslaborato-
rien reichen bis zum Meeresspiegel.
Aquarien mit mediterranen und tropischen Fischen im Tiefgeschoss führen
auf eine spannende Unterwasserreise,
die Haifischlagune lässt staunen. In
den oberen Stockwerken dann Skelette,
Schiffe sowie Alberts »L'Hirondelle«,
eines seiner Forschungsschiffe. Mit
»Liquid Galaxy« schließlich, die Tech-
nologie wurde von Google entwickelt,
können Besucher von den Tropen zu
den Polen fliegen, eine Kreuzfahrt erleben oder sich das Great Barrier Reef
ansehen. Diese virtuellen Reisen sollen
auf die Schutzbedürftigkeit der Meere
aufmerksam machen.
Auf der Terrasse gibt es die Schildkrö-
teninsel. Dort können Besucher auch
in 85 m Höhe Spaghetti vongole bei
traumhaftem Blick genießen. Weil die
Ausstellungsfläche von über 6000 qm
zudem Wissenschaft und Kunst als ge-
meinsames Erbe der Menschheit ver-

binden soll, sind immer wieder bedeutende Kunstausstellungen zu sehen.
Av. Saint-Martin (Monaco-Ville) |
www.oceano.mc | Juli, Aug. 9.30–20,
April–Juni, Sept. 10–19, Okt.–März 10–
18 Uhr | Eintritt 14 €, bis 18 J. 10 €

ÜBERNACHTEN

Appart'Hôtel Odalys ▶ S. 123, nördl. e 1

Modern und gut – Alle klimatisierten
Studios, ca. 30 qm groß, sind mit Kü-
chenzeile, Essbereich und Balkon – einige mit Blick zum Meer – ausgestattet.
Nach Monte Carlo und zum Strand
geht man eine Viertelstunde zu Fuß.
31, bv. du Général-Leclerc (Beausoleil) |
Tel. 08 25 56 25 62 | www.odalys-vacan
ces.com/location-mer/cote-d-azur/
beausoleil/les-hauts-de-la-principaute |
76 Zimmer | €€

Metropole ▶ S. 123, nördl. e 1

Luxuriös – Es ist schon ein bisschen
wie im Film, Palmen säumen den Weg
zum Haus aus der Belle Époque in der
Nähe des Casinos. Karl Lagerfeld hat
den Außenbereich mit Swimmingpool
gestaltet, drei Restaurants und eine Bar
stehen den Gästen zur Verfügung, dazu
ein Fitnessraum. Selbst die kleineren
Zimmer sind zweckmäßig eingerichtet
und die Bäder komfortabel.
4, av. de la Madone | Tel. 0 0377/93 15
15 15 | www.metropole.com |
133 Zimmer | €€€€

ESSEN UND TRINKEN

RESTAURANTS

🟢 Castelroc

Schöne Terrasse – Fürstlich speisen
kann man gegenüber dem Palais: Ja-
kobsmuschel-Carpaccio mit Sommertrüffeln, Lammkarree mit Artischo-

cken-Gratin oder ganz monegassisch Stockfisch – alles exzellent zubereitet.

Place du Palais (Monaco-Ville) | Tel. 003 77/93 30 36 68 | www.castelrocmonaco. com | So, Mo abends geschl. | €€€
🕐 Günstige Mittagskarte.

Fairmont 🚩 ▶ S. 123, nördl. f 1

Schönheitsessen – »Eat jourself beautiful.« So heißt das Konzept im Fairmont, und das heißt Antioxidantien, Enzyme, Omega-Fettsäuren und hochwertige Proteine. Prosaischer ist es auf der Speisekarte zu finden: Himbeer-Limette-Rote-Beete-Smothie, anschließend Jakobsmuscheln mit Orange und Kürbiskernen, gefolgt von Lachs mit Peru-Reis und Ingwersauce mit Gemüse. Das »Inside Outside Beauty«-Konzept hat Bestsellerautorin Daniele de Winter gemeinsam mit Chefkoch Philippe Joannès entwickelt. Es soll den maximalen Energie- und Glätte-Effekt für die Haut befördern.

Fairmont Hotel | 12, av. des Spélugues | Tel. 00 377/93 50 65 00 | €€€

6 La Montgolfière

Fantasievoll – Französisch, japanisch, taiwanesisch, monegassisch – der Koch mixt die typischen Geschmäcker und kann Zögernde überzeugen, vor und mit dem Essen. Ein kleines, feines Lokal, das immerhin im Sommer in der Fußgängerzone etwas mehr Platz hat.

16, rue Basse (Monaco-Ville) | Tel. 00 377/ 97 98 61 59 | www.lamontgolfiere.mc | Mi, So geschl. | €€€

BARS
Le Jimmy'z ▶ S. 123, nordöstl. f 1

Winzige Bar, winzige Tanzfläche, zahlreiche schöne Menschen, davon viele

berühmt wie das Lokal. Teuer ist es natürlich, aber was für eine Nacht!

Le Sporting Monte-Carlo | Av. Princesse-Grace | Tel. 00377/98 06 36 36 | http:// fr.jimmyzmontecarlo.com | Mai–Aug. tgl. ab 23.30, Sept.–April Do–So ab 23.30 Uhr

La Note Bleue ▶ S. 123, nordöstl. f 1

Der Name lässt schon erahnen, dass hier Jazz gespielt wird. Das ist so von Mitte Mai bis Ende August, und zwar direkt am Strand.

Plage du Larvotto | Av. du Princesse-Grace | Tel. 00377/93 50 05 02 | www.lanotebleue.mc | Mi–Sa | Jazzclub frei

EINKAUFEN

Espace Commercial in La Condamine: Um den Markt an der Place d'Armes liegt das größte Einkaufsviertel mit 200 Geschäften (Bus 1, 2, 4, 5, 6). In den Boutiquen des **Cercle d'Or** und der **Galerie du Park Palace** in Monte Carlo sind gegenüber den Casino-Gärten die namhaftesten Luxusmarken zu finden, 80 Boutiquen im Shopping Center **Le Métropole** (Bus 1, 2, 6). Luxusboutiquen reihen sich noch einmal hinter dem Larvotto-Strand an der Avenue Princesse-Grace aneinander (Bus 6).

KULTUR UND UNTERHALTUNG
7 Cinéma d'été 👫

Auf dem Felsen in Monaco-Ville erhebt sich das Open-Air-Kino **Monte-Carlo-Story**. Auf dem Rocher, in einem Kinosaal über dem Parkhaus, wird stündlich die ca. halbstündliche Geschichte der Dynastie bis zur Krönung von Albert II. gezeigt.

Terrasses du Parking des Pêcheurs

SERVICE

AUSKUNFT

Office de Tourisme de Monaco

Monte Carlo | 2a, bd. des Moulins |
Tel. 00377/92166116 | www.visit
monaco.com

STRÄNDE

Östlich von Monte Carlo liegt die kör-
nige **Plage du Larvotto**. Allerdings ver-
sinkt die Sonne schon nachmittags hinter hohen Häusern. Weil immer wieder
Quallen die Urlauber quälen, werden
im Sommer Netze aufgespannt, um die
Medusen fernzuhalten. Ein beheizter
Meerwasserpool liegt direkt am Hafen.
🕐 Vormittags scheint die Sonne.

VERKEHR

Bahnhof

Busverbindungen: Lignes d'Azur, Verbindungen zu anderen Küstenorten und
zum Flughafen Nizza (Autobahn).
Gare SNCF | Bd. Princesse Charlotte
(unterirdisch) | Bus 2, 4 | viele Verbin-
dungen nach Nizza und Menton

ÖPNV

Einfache Fahrt 1,50 €, Tageskarte 5 €

Ziele in der Umgebung

◎ **BEAULIEU-SUR-MER**  F3

3760 Einwohner

Von Bergen umschlossen, vor Winden
geschützt und daher als wärmster Ort
der Côte gepriesen – es gibt sogar ein
Viertel namens **Petite Afrique** mit tro-
pischer Vegetation. Zwischen Monaco
und Nizza hat sich an der Ameisen-
bucht (Baies des Fourmis) ein Stückchen Belle Époque mit schönen Häusern und Palmen und einem kleinen
Hafen erhalten. Mit der Eisenbahn wa-

ren Anfang des vorigen Jahrhunderts
illustre Gäste wie Gustave Eiffel gekommen. Die Touristen von heute wollen vor allem die Villa Kerylos sehen.
10 km westl. von Monaco

SEHENSWERTES

Villa Kérylos

Hat noch jemand anderes ein antikes
griechisches Gebäude, so offensichtlich
zwischen dem zweiten und ersten Jahr-
hundert vor unserer Zeitrechnung entworfen, im 20. Jh. gebaut? Es steht am
Mittelmeer auf einem Felsvorsprung,
weil ein Archäologe und Althistoriker
namens Théodore Reinach sich das
1902 wünschte. Den Namen erhielt das
Haus nach dem Eisvogel (auf Grie-
chisch), von dem es hieß, sein Flug be-
ruhige das Meer. Marmor, Bronze und
Elfenbein sind aufs Schönste verarbeitet worden, detailgetreu sind die Räume eingerichtet, und die berühmtesten
Statuen schmücken als Kopien die An-
tikengalerie. Oft soll der Bauherr nicht
hergekommen sein, um die Pracht zu
genießen. 1928 wurde das Haus mit
dem schönen Garten dem Institut de
France übergeben. Das hatte Reinach
so in seinem Testament festgelegt. Im
Juli gibt es hörenswerte Gitarrennächte.
Impasse Gustave-Eiffel | www.villa-kery
los.com | Juli, Aug. tgl. 10–19, März–Juni,
Sept., Okt. 10–18, Nov.–Feb. Mo–Fr 14–18,
Sa, So 10–18 Uhr | Eintritt 11,50

◎ **CORNICHES** F3–G2

Unterhalb der Autobahn führen drei
Straßen von Nizza nach Menton, und
Monaco liegt mittendrin. Alle drei sind
ähnlich lang, unterschiedlich schwierig
und unterschiedlich zeitaufwendig zu
befahren. Jede zeigt die Küste aus einem

Wie ein Adlerhorst thront Èze-Village hoch über dem Mittelmeer. Ein fantastisches Panorama genießt man vom Jardin exotique (▶ S. 128) auf den Ruinen einer alten Burg.

anderen Blickwinkel. Die **Grande Corniche** (Le Turbie, Roquebrune) führt von Nizza nach Norden in die Berge, über mehrere Pässe und über den Col d'Èze. Für diese Strecke muss man mit 2,5 Stunden rechnen. Schneller, trotz Tunnel und Pässen, ist die gleich lange **Moyenne Corniche** (Èze) mit schönen Blicken auf die Küstenorte. Nur 2 km länger ist die **Basse Corniche**, die untere Küstenstraße am Fuß der Steilhänge und durch fast alle Küstenorte (Villefranche-sur-Mer, Le Cap Ferrat, Beaulieu-sur-Mer, Monaco). In der Saison ist sie die am meisten befahrene und daher

nicht nur wegen zahlreicher Staus die langsamste – Dauer bis zu 6 Stunden.

◎ **ÈZE**  ⚑ F 2

2500 Einwohner

Kein Dorf an der Küste liegt so malerisch, nirgendwo ist die Aussicht so atemberaubend wie hier auf einem 429 m hohen Felssporn. Und nirgends quetschen sich in der Saison so viele Menschen an den Pechnasen des Tores durch den mittelalterlichen Wehrgang und über Steine, Treppen und Gässchen mit Boutiquen hinauf – immer wieder blockiert von den Kofferträ-

gern, die sich zu einem der traumhaft gelegenen edlen Hotels durchkämpfen. Trotzdem, man darf es nicht auslassen. Spät wird es still, und wer oben einen Tisch reserviert, hat die Chance, einen unvergesslichen Abend zu erleben. Der **Sentier Frédéric Nietzsche** verbindet Èze-Plage mit Èze-Village auf dem Berg.
8 km westl. von Monaco

Wollen Sie's wagen?

Èze ist ein Traumdorf, hoch oben auf dem Felsen. Unten an der Küste liegt Èze-Bord-de-Mer, und beide verbindet der Sentier Frédéric Nietzsche, so genannt, weil der deutsche Philosoph beim Aufstieg über Zarathustra sinnierte. Ein Teil des 1885 erschienenen Werks »Also sprach Zarathustra« wurde, so Nietzsche, »im beschwerlichsten Aufsteigen von der Station zu dem wunderbaren maurischen Felsenneste Eza gedichtet«. 1,8 km lang ist der Weg, der Höhenunterschied beträgt 400 steile und schweißtreibende Meter an Oliven und Kastanien vorbei und mit rotem Balken markiert. Mit 1,5 Stunden muss man rechnen.

SEHENSWERTES

Jardin exotique

Die Ruinen der mittelalterlichen Burg und überall Skulpturen zwischen Kakteen und Agaven, Euphorbien und Aloen, und bei klarer Sicht liegt ganz weit hinten Korsika. Seit 2014 ist auch die Nordseite, wo Schattengewächse gedeihen, mit zwei Höhlen geöffnet.
Juli–Sept. tgl. 9–20, Okt.–Juni bis 17.30 Uhr | Eintritt 6 €, erm. 2,50 €

Trophée d'Auguste

Vom Park, der die römische Ruine umgibt, hat man einen wunderschönen Blick auf Monaco und das Meer – ein idealer Picknickplatz (▶ S. 53).

ÜBERNACHTEN

La Bastide aux Camélias

Tolle Lage – In einem alten provenzalischen Haus befinden sich die großzügig und freundlich ausgestatteten Chambres d'hôtes mit luxuriösen Bädern. Ein Schwimmbad, Sauna und Hamam stehen den Gästen zur Verfügung. Im Angebot sind auch Massagen.
23 c, route de l'Adret (vom Col d'Èze ausgeschildert) | Tel. 04 93 41 13 68 | www. bastideauxcamelias.com | 4 Zimmer | €€

Château Eza

Traumblicke – Wer schon auf mehr als 400 m Höhe in so schöner Umgebung nächtigt, braucht Balkon oder Terrasse für die Aussicht und bekommt sie auch. Luxuriös ist die Ausstattung des rund 400 Jahre alten Schlosses mit der Natursteinfassade auch sonst. In manchem der schönen Zimmer gibt es sogar einen Kamin. Ein gutes Restaurant verwöhnt mit der Traumterrasse von Èze.
Tel. 04 93 41 12 24 | www.chateaueza. com | 12 Zimmer | €€€€

ESSEN UND TRINKEN

Le Nid d'Aigle

Einfach – Neben dem Jardin exotique gelegen und mit einer schönen Terrasse ausgestattet, von Wein und alten Bäumen umgeben, werden unkomplizierte mediterrane Speisen serviert.
1, rue du Château | Tel. 04 93 41 19 08 | Juli, Aug. tgl., sonst abends und Mi geschl. | €€

◎ MENTON

28 850 Einwohner

G 2

Es ist, wie schon Flaubert beschrieb: »Italien beginnt«. Die sonnenfarbenen Häuser, die Zitronen- und Mandarinenbäume in den Straßen, die Kaffeehaustische auf den Terrassen selbst im Januar vor leise ans Kiesufer schwappendem Meer – und gleich dahinter die Berge. Der schottische Satiriker Thomas Carlyle nannte Menton »das größte britische Sanatorium im Ausland«.

Und tatsächlich suchten vor 100 Jahren viele vergeblich Heilung, etwa Katherine Mansfield von ihrer Schwindsucht. Aber sie schrieb hier einige ihrer berühmtesten Kurzgeschichten. Engländer, Russen und Amerikaner liegen auf dem Friedhof der Altstadt am Berg begraben. Aber die Winterflüchtlinge haben mehr hinterlassen, Gärten mit kirchturmhohen Zypressen, bunt bepflanzten Urnen und Amphoren und immer grün. Kondition und bequeme Schuhe muss mitbringen, wer nur einige sehen will. Und dann ist da noch das neue Cocteau-Museum, die Collection Séverin Wunderman. Nirgends gibt es eine bedeutendere Cocteau-Sammlung.

10 km nordöstl. von Monaco

SEHENSWERTES

Basilique Saint-Michel-Archange

Die Barockkirche mit zweistöckiger Fassade, durch Säulen gegliedert, ist im Inneren von Genuas Kirche der Verkündigung inspiriert, geschmückt mit Fresken und Stuck. Auf dem Vorplatz erinnert das Grimaldi-Wappen als Mosaik an die einstigen Herren Mentons.

Parvis Saint-Michel | Mo–Fr 10–12, 15–17, Juli, Aug. 16–18 Uhr

Im Grenzstädtchen Menton (▶ S. 129) erkennt man die warmen Erdfarben aus dem benachbarten Ligurien wieder. Napoleon III. hat den Ort einst den Grimaldis abgekauft.

Friedhof

Oben auf dem Berg, auf dem Cimetière du Vieux Château, mit einmalig schönem Blick, sind die Gräber derer, die in Menton ihr Leben ließen. Sie sind über vier Terrassen verteilt, die einzelnen Konfessionen zugeordnet sind.

Place du Cimetière | tgl. 7–18, Mai–Sept. bis 20 Uhr

Gärten

Manche Gärten sind zeitweise nur mit Führung zugänglich. Informationen hält der Service du Patrimoine bereit. Der **Jardin de Biovès** liegt mitten in der Stadt, neben dem Palais d'Europe mit der Tourist-Information. Den Park zieren Palmen, Blumen, Brunnen und Zitronenbäume. Jedes Jahr beginnt hier im Februar das Zitronenfest (▶ S. 48).

Av. Boyer

Jardin Botanique Exotique de Val Rahmeh

Die botanische Weltreise führt über 1 ha an Terrassen, von Percy Radcliff, Gouverneur Maltas, zu Beginn des 20. Jh. über der Bucht von Garavan angelegt. Man begegnet mehr als 700 verschiedenen tropischen und subtropischen Pflanzen, einer Vielzahl von Nutzpflanzen wie Kiwis, Avocados und Bananen, Farnen und kanarischen Palmen, Gewürzen wie Pfeffer und Kardamom und dem mystischen Baum der Osterinseln, dem Toromiro, der bereits als ausgestorben galt und hier bestens gedieh. Der botanische Garten wurde 1966 dem Staat übereignet und gehört heute zum Naturhistorischen Museum.

Av. Saint-Jacques | Mai–Aug. Mi–Mo 10–12.30, 15.30–18.30, Sept.–April bis 17 Uhr | Eintritt 6 €, erm. 4 €

Seerosenbecken im Jardin Botanique Exotique de Val Rahmeh (▶ S. 130). Durch die klimatisch bevorzugte Lage des Gartens gedeiht hier eine besonders üppige Pflanzenpracht.

Jardin Serre de la Madone

Von seinen Reisen nach Asien, Australien und Afrika brachte der englische Gartenarchitekt Sir Lawrence Johnston (1871–1958) zahlreiche Pflanzen mit und legte auf seinem etwa 6 ha großen Grundstück im Gorbio-Tal einen Garten an. Das Klima im Windschatten der Alpen lässt sie alle gedeihen, Wassergarten und Brunnen schaffen eine zauberhafte Atmosphäre.

74, route de Gorbio | www.serredela madone.com | Di–So 10–18, Dez.–März bis 17 Uhr, Nov. geschl. | Eintritt 8 €, bis 12 J. frei

Salles des Mariages

Im Rathaus hat Cocteau 1957/1958 einen ungewöhnlichen Hochzeitssaal gestaltet, der sich von den üblichen Standesämtern unterscheiden sollte. In einer allegorischen Hochzeit verband er Fischer und Zitronenpflückerin unter der Sonne mit einem Strich, eine Inszenierung in Gelb und Gold. In spanischem Stil gestaltete Stühle und ein Pantherfell hinter dem Hochzeitstisch vervollständigen das ungewöhnliche Ambiente.

Hôtel de Ville | Rue de la République | Mo–Fr 8.30–12, 13.30–17 Uhr (außer bei Trauungen) | Eintritt 2 €, bis 18 J. frei

MUSEEN UND GALERIEN

Musée Jean Cocteau Collection Severin Wunderman

Jean Cocteau (1889–1963) vereinte alles, was den Mythos der Côte d'Azur über Jahrzehnte ausmachte: Er war Poet, Maler, Zeichner, Regisseur, Töpfer, Schriftsteller, Dramaturg, es gab kein kreatives Gebiet, das er nicht beherrschte. Und er war der Verrückte, der Liebhaber von Männern und Frauen, an vielen Orten zu Hause. Sein Verehrer Wunderman, der Zeit seines Lebens Werke von Cocteau gesammelt hatte, schenkte sie der Stadt Menton, 990 von Cocteau und mit ihnen 450 von Picasso, Modigliani, Bérard sowie 360 Arbeiten, die Sarah Bernhardt gewidmet waren. Für diese Sammlung baute Menton ein neues Museum, gegenüber der Bastion, in der Cocteau selbst ein Museum eingerichtet hatte und in dem seine Arbeiten von 1950 bis 1963 gezeigt werden: Zeichnungen, Fantasietiere und Keramiken seiner Mittelmeer-Periode. Im neuen Museum, einem auffälligen, von Rudy Ricciotti entworfenen Bau, wird seit 2011 in jährlich wechselnden Ausstellungen die Sammlung Wunderman gezeigt.

2, quai Monléon | www.museecocteau menton.fr | Mi–Mo 10–18 Uhr | Eintritt (mit Bastion) 8 €, bis 18 J. frei, für alle am 1. So im Monat

ÜBERNACHTEN

Napoleon

Luxuriös – An der Gavaran-Bucht steht das elegant ausgestattete Haus mit sonnenbeheiztem Swimmingpool, Fitnessräumen und Lounge. Die Zimmer mit Meerblick haben eine Terrasse. Es sind etwa 10 Minuten zu Fuß in die Stadt.

29, porte de France | Tel. 04 93 35 89 50 | www.napoleon-menton.com | 44 Zimmer | €€€

Riva

Modern – Die Zimmer im zentral gelegenen Hotel sind geschmackvoll und praktisch eingerichtet. Das Schönste: Alle Zimmer haben einen Balkon. Das Spa auf dem Dach ist 2014 ausgezeichnet worden.

600, promenade du Soleil | Tel. 04 92 10 92 10 | www.rivahotel.com | 40 Zimmer | €€

ESSEN UND TRINKEN

A Braijade Méridiounale

Rustikal – Unverputzte Steinmauern, provenzalische Muster, loderndes Feuer, und die Spezialität des Hauses sind flambierte Spieße. Fisch und Fleisch, einfach und schmackhaft zubereitet.

66, rue Longue | Tel. 04 93 35 65 65 | www.abraijade.fr | €€

Les Sablettes Beach

Am Meer – Schickes Strandlokal, ein wenig französisch, ein wenig italienisch (es gibt auch Pizza), Salat, gegrillte Fische, Ravioli, unkompliziert und gut.

2, promenade de la Mer | Tel. 04 93 35 44 77 | Nov., Dez. geschl. | €€

EINKAUFEN

DELIKATESSEN

Confitures Herbin

Über die Stadt hinaus bekannt ist dieser Familienbetrieb, in dem seit Generationen Konfitüren hergestellt werden, dazu Honig, Senf und Essig. Die Manufaktur kann man besichtigen.

2, rue du Vieux-Collège | Mo–Fr 9.15–12, 15–17 Uhr, mit Führung Mo, Mi, Fr 10.30 Uhr

Au Pays du Citron

Alles, was sich mit Zitronen aromatisieren lässt: Pastis, Wodka, Olivenöl, Konfitüren. Im Laboratorium darf man zusehen, wie Zitronenkuchen entsteht, Lemon Curd, Zitronenschokolade …

22, rue Saint-Michel | tgl. 10–19, Juli, Aug. bis 24 Uhr, Fabrikation Mo, Do 10.15 und 11.15 Uhr

Prestige de Menton

Alles Zitrone: die Seifen, Shampoos, das Duschgel und »Eau de Menton«.

19, rue Saint-Michel | 9–19, im Sommer bis 23 Uhr

MÄRKTE

Die Markthalle in florentinischem Stil ist nicht nur der Treffpunkt der Köche und Hausfrauen. Rundherum breiten sich die Stände aus, an denen man heiße »socca« (Kichererbsenpfannkuchen), »barbajuan« (große Ravioli) oder »fougasse« (ein Gebäck mit Orangen- oder Anisgeschmack) kaufen kann.

SERVICE

AUSKUNFT

Office de Tourisme

Palais de l'Europe | 8, av. Boyer | Tel. 04 92 41 76 76 | www.tourisme-menton.fr

Service du Patrimoine

Im Angebot sind geführte Themenwanderungen (6–10 €) und Führungen in den Gärten, außerdem Gartenpläne.

Palais Adhémar-de-Lantagnac | 24, rue Saint-Michel | Di–Sa 10–12.30, 13.30–17.30 Uhr, Nov. geschl.

VERKEHR

Busbahnhof

Busse fahren die westlich gelegenen Küstenorte an, ebenfalls von Menton zu erreichen sind sehenswerte Dörfer in den Bergen: **Sainte-Agnès** (mit Bus Nr. 10), 650 m über der Küste und nur 10 km entfernt; das mittelalterliche **Castellar** (Nr. 6), 7 km entfernt; **Sospel** in einem Tal zwischen Bergen und Meer, 18 km entfernt; und mit derselben Buslinie **Castillon** (Nr. 15) nach 12 km, das sich zum Künstler- und

Kunsthandwerkerdorf entwickelt hat. Im Juli und August bietet die Touristeninformation günstige Tagesfahrten zu den umliegenden Dörfern an.

Wanderer finden im 800 m hoch gelegenen **Tende** (60 km, Bus 905) im Roya-Tal nahe der italienischen Grenze einen guten Ausgangspunkt für Gebirgstouren. Von dort aus sind auch Fahrten in den Mercantour-Nationalpark mit dem **Tal der Wunder** (Vallée des Merveilles) und uralten Felszeichnungen möglich (www.mercantour.eu).

Gare routière | Av. de Sospel

◎ ROQUEBRUNE-CAP-MARTIN
 G 2

12 500 Einwohner

Der Wehrturm der Burg ragt über die Grande Corniche, wo Frankreichs einziger befestigter Ort aus der Karolingerzeit erhalten ist, ein schön verschachteltes mittelalterliches Dorf mit reichlich Kunstgewerbeläden. Erst mit Beginn des Tourismus vor 150 Jahren wurde das bewaldete Cap Martin an der Küste bebaut, und als der exklusive Ferienort wuchs – und sich schließlich von Monte Carlo bis Menton als feinste Wohngegend ausbreitete –, wurde auch das Dorf auf dem Felsen zu neuem Leben erweckt. Seine Zierde ist ein Olivenbaum, 10 m hoch und mit 18 m Umfang, dem ein Alter von 1000 oder 2000 Jahren oder mehr nachgesagt wird.

Vor dem Baum führt eine Treppe zum Friedhof, auf dem Le Corbusier (1887–1965) begraben liegt. Der bedeutende Architekt hat sich 1952 am Mittelmeer ein hölzernes Ferienhäuschen gebaut, eine Ferieneinheit entworfen nach seinem »Modulor«, der auf den menschlichen Maßen basiert. Mit 3,66 m Seiten-

länge nimmt es tatsächlich nicht viel Raum ein. Für eine offizielle Führung, Di und Fr 9.30 Uhr, bedarf es der Anmeldung beim Office de Tourisme (Tel. 04 93 35 62 87, Eintritt 10 €).

7 km nordöstl. von Monaco

Wollen Sie's wagen ?

Nur 10 km von Menton entfernt, aber 650 m hoch liegt das alte Dörfchen Sainte-Agnès, und bei gutem Wetter kann man bis nach Korsika sehen. Die Häuser zu Ihren Füßen, das ist Menton. Von der Kapelle auf dem Hügel von Saint-Sébastien führt ein Fußweg hinunter.

ESSEN UND TRINKEN

Les Deux Frères

Schöne Lage – Auf einem Belvedere am Eingang des alten Dorfes mit fantastischem Blick steht die alte Schule, in der ein Holländer ein kleines Hotel und Restaurant eingerichtet hat. Zehn Zimmer werden vermietet, aber es ist auch ein angenehmer Ort zum gut Essen.

1, place des Deux Frères | Tel. 04 93 28 99 00 | www.lesdeuxfreres.com | So abends, Di mittags und Mo geschl. | €€€

◎ LA TURBIE   ⚑ F 2

3200 Einwohner

Um eine kleine Altstadt mit Resten einer mittelalterlichen Stadtbefestigung wachsen moderne Häuser, und die Lage an der Grande Corniche ermöglicht schon von Weitem den Blick auf die Sehenswürdigkeit des Ortes, die Trophée d'Auguste (▶ S. 53).

8 km nordwestl. von Monaco

SAINT-TROPEZ UND UMGEBUNG

Hier haben sie alle Platz, die großen und die kleinen Stars in Saint-Tropez, die feinen Leute wie die Rentner in Bormes-les-Mimosas, die Familien in Sainte-Maxime und Fréjus, die Sportler in Saint-Raphaël.

Wie unterschiedlich sie sind, die Côte d'Azur im Département Var – durch das der Fluss Var nicht fließt! – und die Küste im Département Alpes-Maritimes. Hier das **Massif des Maures**, nur 300 bis 500 m hoch und damit nicht genug, die Küste vor stürmischen Winden und gelegentlichem Mistral zu schützen, zudem das **Massif de l'Esterel**, dessen rot leuchtende Porphyrfelsen schroff ins Meer stürzen, beide über lange Strecken unbewohnt. Und dort im Osten die schmale Küste mit den vergleichsweise großen Städten im Schutz der meist schneebedeckten Alpen, an der die Orte oft nicht mehr als einen Fußmarsch voneinander entfernt sind. Aber die Entfernung zwischen Saint-Tropez und Menton ist nicht all zu groß, und die Straßen, die beide Teile verbinden, sind von großer Schönheit. Sonnenanbeter und Wassersportler werden den Var mit den Sandstränden vor dem Massif de Maures vorziehen, Bormes-les-Mimosas, die familiären Badeorte Sainte-

◀ Blick auf den Hafen des mondänen Saint-Tropez (▶ S. 134) mit seiner barocken Kirche.

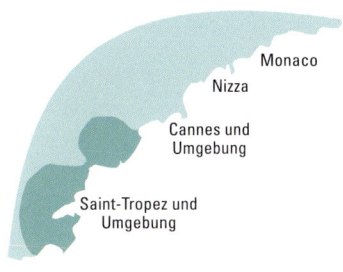

Maxime, Fréjus und Saint-Raphaël mit den winzigen Buchten wie Le Dramont am Fuß des Esterel mit Sand, und den **Calanques**, den Steinen, gegen die die Wellen toben, dass man sich am Atlantik wähnt. Unbestrittene Königin dieser Küste aber bleibt **Saint-Tropez**, das nicht zu beschreiben ist, ohne Klischees zu verwenden, in dem manche immer noch das alte Fischerdorf sehen, während die Stadt längst auf ihrer Vergangenheit als Handelshafen beharrt. Unbestritten ist jedoch, dass hier nicht Winterflüchtlinge aus England und Russland den Landstrich entdeckten und seinen Ruhm begründeten.

VON FRANZOSEN ENTDECKT

Guy de Maupassant (1850–1893) schrieb 1887 von seiner Bootsfahrt zum wilden, weglosen und unbewohnten Land, durch die Berge von Frankreich getrennt, und von seiner Hauptstadt mit den Häusern, in deren Höfen Palmen wuchsen, die über die Dächer ragten. Fünf Jahre später segelte der Maler Paul Signac nach Saint-Tropez, fasziniert von dem Licht, das er im Pointillismus auf die Leinwand tupfte. Nicht mehr der Künstler mischte die Farben, sondern das Auge des Betrachters. Mit Camoin und Manguin folgten die nächsten Maler, später Matisse und Bonnard, schließlich auch Picasso. Colette schrieb hier seit 1926, und nach dem Krieg entdeckten Pariser Existenzialisten den Ort. Das Ende seiner Einsamkeit aber begann 1955, als Roger Vadim hier mit Brigitte Bardot den Film »**Et Dieu créa la femme**« (»Und immer lockt das Weib«) drehte. Der Film kam ins Kino – und »le tout Saint-Germain« nach Saint-Tropez, wo das Leben wild und frei sein sollte und wurde. Die Playboys und die Starletts trafen ein, die Rocksänger, die Schriftsteller und die Reichen. Und irgendwie ist es immer noch so.

⭐ SAINT-TROPEZ ◥ D 5

4600 Einwohner
Stadtplan ▶ S. 137

Saint-Trop sagen sie in Frankreich. »Trop« heißt »zu viel«. Zu viele sind es, die das Städtchen lieben, aber wer täte das nicht? Zu viele, die sich im Sommer in den schmalen Straßen drängeln, zu viele, die die schönen, feinsandigen Strände bevölkern, zu viele, die auf der einzigen Straße an das östliche Ende der Halbinsel am Golf von Saint-Tropez in die Stadt wollen, essen, gucken, tanzen, feiern. Erfahrene Jet-Setter kommen mit dem Heli(kopter). Oder mit dem Boot. Da muss, wer nicht auf andere Jahreszeiten ausweichen kann, früh aufstehen oder eben auch mit dem Schiff kommen, von Sainte-Maxime beispielsweise. Dann präsentiert sich gleich die Bilderbuchsilhouette, die jeder kennt, mit den ockerfarbenen Häusern und dem rotgelben Kirchturm. Kein Hochhaus ist weit und breit zu sehen. Die Deutschen hatten die Häuserfront im Krieg gesprengt, die Franzosen haben sie wieder aufgebaut. Autofahrer sollten den Wegweisern zu den Parkplätzen folgen. Bis zu 100 000 Besucher kommen täglich hierher.

Im Herbst wird es ruhig, und wenn im September die letzte Segelregatta beendet ist, sind die wenigen Einwohner fast wieder unter sich. Durchsichtige Planen gegen den Regen hängen noch eine Weile vor den Terrassen der Restaurants an der **Place des Lices**. Die Einheimischen spielen Boule, und Saint-Tropez ist wieder ein Dorf, dessen Bewohner im Mai voller Ernst und mit Kostümen und Kanonendonner ihre Bravade (▸ S. 48) feiern. Wenig später kommen wieder die Touristen. So viele schöne Boote und Menschen. Alle schlendern um den alten Hafen, wo diensteifriges Personal bei flotter

Musik die Metallverzierungen luxuriöser Jachten poliert. Und man erzählt sich, dass sie gar nicht denen gehören, die sich abends unter staunenden Blicken der Zuschauer die üppigen Menüs an Deck bringen lassen. Nur geliehen, für viel Geld von Einheimischen, soll manches edle Boot sein und nicht mehr Wasser als das des Hafens gesehen haben. In den Cafés gegenüber nippen Touristen an zu teurem Café. Das **Sénéquier**, das Café mit den legendären roten Stühlen, auf denen schon Jean-Paul Sartre saß, hat einen neuen Chef. Der hat in Paris gelernt, dass die Leute den legendären Sitzplatz und nicht den Café bezahlen. Er hat neues altes Parkett legen und eine Brasserie im Stil der Jahrhundertwende einrichten lassen, für deren Karte Maurice Guillouet, Ex-Chef des Ritz, verantwortlich ist. Rote Stühle auf der Terrasse gibt es weiter und Champagner-Cocktails bis nach Mitternacht.

Von den unzähligen Staffeleien, die Maler mitsamt ihren Bildern schon morgens an den Hafen stellen, nehmen die meisten nur flüchtig Notiz, und das **Musée de l'Annonciade** ist bei Regen gut besucht. Die schönen Straßen mit Blumenkübeln und eleganten Geschäften verlocken auch zum Bummel. Wer sich treiben lässt, verläuft sich kaum, zu klein ist das Städtchen. An der Place de Lices trifft sich an den Markttagen Dienstag und Samstag halb Saint-Tropez, und abends klacken die Boulekugeln. Die Rue François-Sibilli beginnt hier, an der es eine ganze Reihe von Luxusboutiquen gibt. An der Porte du Revelen von 1550 kommt man von der mittelalterlichen Stadt in das Fischerviertel **La Ponche**. Liebevoll ist das

Rund um Saint-Tropez 8

Bei einem Spaziergang am Wasser sieht man vieles, das den Zauber der Gegend ausmacht – und bleibt vielleicht einfach irgendwo sitzen zum Träumen (▸ S. 14).

Meeresmuseum in der Zitadelle neu eingerichtet worden und gehört jetzt zu den schönsten an der Küste. Dahinter liegt einer der romantischsten Friedhöfe Frankreichs – mit Blick aufs Meer.

SEHENSWERTES

Vieux Port, den alten Hafen, sollte man auf jeden Fall besuchen. Das Städtchen selbst lockt mit den schönen Geschäftsstraßen Rue Laugier, Rue Gambetta, Rue François-Sibilli und Rue Clemenceau sowie der Place de Lices, dem Markt- und Bouleplatz.

MUSEEN UND GALERIEN

1 La Maison des Papillons

Hier flattert nichts mehr. Dany Lartigue hat sein Schmetterlingshaus mit 35 000 Exponaten, davon mehr als die Hälfte selbst gefangen, dennoch zu einem poetischen Ort gestaltet. Alles, was in Frankreich flattert, dazu Vogelfalter aus Neu-Guinea und Morphos aus Südamerika sind in Vitrinen zu sehen, selbst so seltene Spezies wie der schwarze Apollo aus dem Mercantour. 9, rue Etienne-Berny | Mitte Feb.–Okt. Mi, Do, Sa 10–12.30, 14–18, Fr 14–18, So bis 17 Uhr | Eintritt 3 €, Kinder bis 10 J. frei

2 Musée de l'Annonciade

Eine Kapelle aus dem 16. Jh. wurde zum Kunstmuseum für die Stiftung Georges Grammont, der seine einzigartige Sammlung 1955 Saint-Tropez schenkte. So kann man auf Gemälden von 1890 bis 1940 die nachimpressionistische Zeit erleben: ein Gewitter über dem Hafen von Saint-Tropez von Paul Signac, die Frau am Fenster von Henri Matisse, die Landschaft von Estaque von Paul Braque. Den Fauvismus repräsentieren Dufy, Manguin, Vlaminck, auch Expressionisten wie Utrillo sind zu sehen, dazu Skulpturen und Vasen. Im Sommer gibt es im Erdgeschoss Wechselausstellungen. Place Grammont | Mi–Mo 10–13, 14–18 Uhr, Nov. geschl. | Eintritt 6 €, erm. 4 €

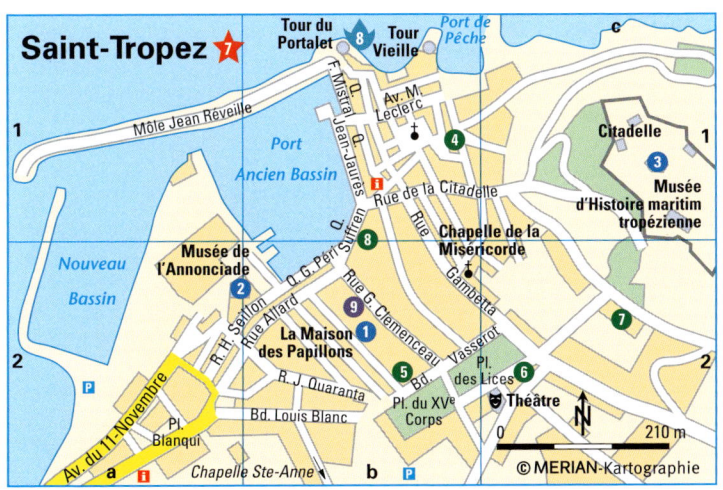

Eine ganze Reihe von Malern bevölkert mit ihren Staffeleien den Hafen von Saint-Tropez (▶ S. 135), der vielen als eine der wichtigsten Sehenswürdigkeiten an der Côte d'Azur gilt.

❸ Musée d'Histoire maritime tropézienne 👫🚩

In der Zitadelle aus dem 16. Jh., östlich der Stadt, ist deren Geschichte von Fischern und vom Schiffbau zu erfahren, von Handelswegen für Kork und Olivenöl über Kap Hoorn bis zu entfernten Häfen auf anderen Kontinenten, von Schiffen, die zu Schlachten ausliefen, und von großen Feldherren wie dem »Bailli de Suffren«, dessen Denkmal am Quai Suffren am alten Hafen steht. Traumhafter Blick vom Dach.

Montée de la Citadelle | www.saint-tropez.fr/fr/Culture/Musées/Citadelle

deStTropez | April–Sept. 10–18.30, Okt.–März 10–12.30, 13.30–17.30 Uhr | Eintritt 3 €

ÜBERNACHTEN

La Bastide des Salins 👫 ▶ S. 137, östl. c2

Ruhig – In einem 2 ha großen Garten mit Swimmingpool erhebt sich dieses schöne provenzalische Haus. Große, angenehme Zimmer und ruhige Nächte sind, 2 km vom Ort entfernt, garantiert. Mit Parkplatz.

Chemin des Salins | Tel. 04 94 97 24 57 | www.bastidedessalins.com | 14 Zimmer | €€€€

Hôtel Mas Bellevue ▶ S. 137, südöstl. c 2

Charmantes Landhaus – Die gepflegten Unterkünfte sind auf verschiedene Gebäude im Grünen verteilt, einige haben eigene Terrassen, es gibt zwei Schwimmbäder, ein gutes Frühstück und einen privaten Parkplatz.

Chemin de la Belle-Isnarde (2 km außerhalb auf der Route zur Plage Tahiti) | Tel. 04 94 97 07 21 | www.masbellevue.com | 44 Zimmer | €€€

Lou Cagnard ▶ S. 137, südl. b 2

Zentral – Provenzalisches Haus, einfach und mit allem Notwendigen ausgestattet. Die meisten Zimmer verfügen über eine Klimaanlage, und es gibt Parkplätze im Hof, außerdem einen wunderbaren Garten zum Frühstücken. Wer in der Saison kommt, sollte mindestens eine Woche bleiben.

18, av. Paul-Roussel | Tel. 04 94 97 04 24 | www.hotel-lou-cagnard.com | 19 Zimmer | €€

ESSEN UND TRINKEN

RESTAURANTS

⑤ Le Bistro Canaille

Mit Tapas-Bar – Eine frische Küche mit Anleihen aus verschiedenen Ländern, dazu werden gute Weine gereicht. Freundliches Personal.

28, rue des Remparts | Tel. 04 94 97 40 96 | So, Mo in der Saison mittags geschl., sonst auch Mo abends | €€€

La Pomme de Pin ▶ S. 137, südöstl. c 2

Gut und schön – Zwar in Ramatuelle gelegen, aber von Saint-Tropez aus leichter zu erreichen ist dies überraschende Restaurant, das ein Garten oder Gewächshaus im Pinienwäldchen sein könnte. Auf den Tisch kommt eine gute italienische Küche mit einem für die Gegend verblüffenden Preis-Leistungs-Verhältnis. Eine rechtzeitige Reservierung wird empfohlen!

Route de Tahiti | Tel. 04 94 97 73 70 | April–Okt. tgl. | €–€€

CAFÉS

⑤ La Tarte Tropézienne

Günstig – Was isst man im Café? Natürlich die Tarte Tropézienne, die der polnische Konditor Alexandre Micka erfand und die die Bardot so schätzte. Die Brioches mit Orangengeschmack, gefüllt mit der als Geheimnis gehandelten Creme (ein bisschen wie Bienenstich), sind aber nicht das Einzige, was hier verkauft wird. Den Namen führt längst eine Ladenkette, die neben Backwaren auch Frühstück, sehr gute Sandwiches und bezahlbare schmackhafte Mittagessen anbietet.

Place des Lices

BARS

⑥ Le Café

Hier sitzt man und kann wunderbar all denen zusehen, die Boule spielen, die sich unterhalten, die Neuerwerbungen vorführen, einen Aperitif oder Digestif zu sich nehmen und beratschlagen, wo der Abend ausklingen soll.

Place de Lices

⑦ Les Caves du Roy

Seit mehr als 40 Jahren eine unverändert berühmte und beliebte Adresse für sommernächtliche Aktivitäten, so man – und frau ganz besonders – die feine Gesellschaft schon äußerlich zu bereichern verspricht.

Hôtel Byblos | Av. Paul-Signac | Ostern– Anfang Sept.

8 Sube

Ein winziger Balkon vor dem Saal des Hotels, aber was für eine Aussicht! Unten, vor dem Suffren-Denkmal, liegen die Jachten der Milliardäre, Touristen zücken das Smartphone fürs Foto, vielleicht färbt Abendrot den Himmel …

15, quai Suffren

EINKAUFEN

Saint-Tropez ist klein, doch es gibt alles, vom Edeljuwelier bis zum Fischverkäufer, vom Fachhandel für handgemachte Ledersandalen bis zu den Prachtboutiquen internationaler Nobelmarken.

La Grande Braderie ▶ S. 37

9 Rondini

Hier werden sie verkauft, die berühmten Sandales tropéziennes, wenig verändert seit 1927: ein dünner Streifen Leder, manchmal auch zwei oder gar drei, in Handarbeit in einen Schuh verwandelt und daher zu einem fürstlichen Preis.

18, rue Georges-Clemenceau

KULTUR UND UNTERHALTUNG

Les nuits du Château de la Moutte

⚑ D 5

Klassik, Flamenco, Tango oder auch Jazz, 25 hochwertige Konzerte im August in zauberhafter Atmosphäre im Palmengarten, rund 300 m vom Strand Plage de Canebiers entfernt.

Karten (45 €) bei der Touristinformation

SERVICE

AUSKUNFT

Office de Tourisme

Quai Jean-Jaurès | Tel. 08 92 68 48 28 (0,35 €/Min.) | www.sainttropeztourisme.com

STRÄNDE

Es gibt zwar einige kleinere Strände in der Nähe des Ortes, aber alle wichtigen und/oder berühmten liegen in Ramatuelle (▶ S. 143).

VERKEHR

Les Bateaux verts

Schiffsverbindungen nach Sainte-Maxime, Cogolin und Port Grimaud.

7, quai Jean-Jaurès | Tel. 04 94 49 29 39 | www.bateauxverts.com

Ziele in der Umgebung

◎ **HALBINSEL VON SAINT-TROPEZ**

⚑ D 5

Einige Ortschaften verstecken sich in den Hügeln der Halbinsel und gehören doch zu Saint-Tropez, Refugien ehemaliger Stadtbewohner wie Brigitte Bardot, die den Trubel nicht mehr genossen. Die berühmten »Strände von Saint-Tropez« liegen in Ramatuelle (▶ S. 143), und mancher Urlauber bevorzugt Hotels und Restaurants in den Dörfern, wenn im August in Saint-Tropez kaum ein bequemes Bett unter 500 € für die Nacht zu finden ist.

◎ **COGOLIN**

⚑ C 5

11 100 Einwohner

Das Städtchen am Fuß des Massif des Maures, hat, obwohl es wächst, einige Häuser seiner mittelalterlichen Altstadt erhalten wie in der Rue de la Résistance und der Rue du Piquet. Cogolin lebt nicht vom Tourismus, es gibt Industrie und Handwerk, Teppiche, Möbel und Pfeifen werden hier produziert. **Port-Cogolin** verfügt über einen Sandstrand und einen großen Jachthafen mit ca. 1800 Liegeplätzen.

10 km westl. von Saint-Tropez

SEHENSWERTES

Pfeifenfabrik Courrieu

Das Holz für die handgearbeiteten Bruyère-Pfeifen kommt aus dem Massif des Maures. Seit 200 Jahren schon wird die Tradition in Cogolin gepflegt. Man darf die Herstellung besichtigen, die Führungen sind gratis.

58, av. Georges-Clemenceau | Mo–Sa 9–12, 14–18, So 9–12 Uhr

Teppichmanufaktur

Seit 1924 werden hier Teppiche gewebt, alle sind Handarbeiten, sie liegen im Weißen Haus, im Élysée-Palast, in Versailles wie im Palast in Monaco. Die Manufaktur kann man nicht besichtigen, sich aber im Verkaufsraum die ausgestellten edlen Stücke ansehen.

6, bd. Louis-Blanc | Mo–Fr 9–12, 14–17 Uhr, zwei Wochen im Aug. geschl.

◎ GASSIN ◢ D 5

2800 Einwohner

Gassin gehört zu den schönsten Dörfern Frankreichs mit Resten einer Festung aus der Sarazenenzeit, liegt etwa 4 km vom Meer entfernt und 200 m hoch und bietet doch, vor allem von der Place deï Barri, eine traumhafte Sicht über den Golf. Wenn es unten heißt ist, weht oben ein frisches Lüftchen, ideal für ein Glas Wein unter dem Sternenhimmel. In der Saison erwachen die Kunst- und Souvenirgeschäfte, sonst lebt Gassin nicht nur vom Tourismus und kultiviert einen guten Wein.

8 km südwestl. von Saint-Tropez

ÜBERNACHTEN

Bello Visto

Traditionell – Das alte Haus hält, was der Name verspricht. Die einfachen

Die Küstenorte Port-Cogolin (▶ S. 140) und Port Grimaud im Golf von Saint-Tropez. Letzterer ist von Kanälen durchzogen, sodass jeder sein Boot direkt vor der Haustür festmachen kann.

Klein und fein oder auch kilometerlang sind die herrlichen Strände rund um den mondänen Ferienort Saint-Tropez. Besonders berühmt: Plage de Pampelonne (▶ MERIAN TopTen, S. 143).

Zimmer sind der Zeit angepasst und klimatisiert. Vor dem Haus gibt es das Restaurant mit dem »bello visto« und einer angenehm unprätentiösen mediterranen Küche. An der Bar treffen sich die Dorfbewohner.

Place deï Barri | Tel. 04 94 56 17 30 | www.bellovisto.eu | Ostern–Okt. | 9 Zimmer | €€ | Restaurant Di und Sa in der Saison mittags geschl., sonst Di | €€

ESSEN UND TRINKEN

Au Vieux Gassin

Schöne Terrasse – Auch innen ein sehr schönes Restaurant, aber ab Mai möchte man von der Terrasse aus Platz und Blick genießen. Serviert wird eine traditionelle provenzalische Küche.

Place deï Barri | Tel. 04 94 56 14 26 | April–Okt. | €

◎ RAMATUELLE   🔖 D 5
2240 Einwohner

Umgeben von Weinbergen und mit Häusern, die es wie eine Mauer umschließen, ist Ramatuelle außerhalb der Saison ein bildschönes Dorf mit engen, blumengeschmückten Gassen. Dann setzt der Ausflugsverkehr zu den Stränden ein – vor allem zur fast 5 km langen Plage de Pampelonne (▶ S. 143), der sicher berühmtesten Frankreichs.

10 km südl. von Saint-Tropez

ÜBERNACHTEN

Chambres d'hôtes Leï Souco

Ruhig – Es ist schon ein Glück, 7 km von Saint-Tropez entfernt eine so angenehme Unterkunft mit schönen großen Zimmern in einem Bauernhaus auf großem Grundstück zu finden, dazu zu einem für die Gegend verblüffenden

Preis. Man kann Tennis spielen oder auch ein Elektrofahrrad ausleihen.

Quartier Le Plan | Route des Plages | Tel. 04 94 79 80 22 | www.leisouco.com | April–Mitte Okt. | 5 Zimmer | €€

SERVICE

STRÄNDE

8 La Plage de Pampelonne

Das Paradies ist ein 4,5 km langer Laufsteg, 2,5 km südlich von Saint-Tropez, mit feinem Sand und klarem Wasser, mit angenehmer Brise und legendären Strandcafés (Club 55) mit ebenso legendärem Publikum. Die Jachten liegen im Meer vor Anker, in der Hochsaison so viele, dass sie den Horizont verdecken. Stars und Sternchen, Millionäre und Adlige lassen sich von kleinen Booten abholen, um sich im richtigen Café, Club, Restaurant zu präsentieren. Cafés wie im Kino, die Bedienung so schön wie im Film – um die 600 finden in der Saison hier Arbeit in mehr als zwei Dutzend Lokalen. Bis zu 25 000 Besucher wurden hier schon an einem Tag gezählt. Und jetzt hat die Regierung manchen Cafébesitzer aufgeschreckt. Es soll überprüft werden, wie viele Lokale dieses Stück Küste verträgt, die Zahl der Konzessionen soll begrenzt werden.

Von den Parkplätzen, bis 17 Uhr kostenpflichtig, führen kleine Wege zum Strand. Wer kein Auto hat, nimmt den Bus, Nr. 7703–7705 vom Gare routière in Saint-Tropez (3 €)

La Plage de l'Escalet

Weiter südlich, zwischen Cap Camarat und Cap Taillat, lässt der Trubel nach, Sandstrand wechselt sich mit Felsen und tiefem klaren Wasser ab. Über einen kleinen Weg zu erreichen.

Wollen Sie's wagen?

Ein bisschen Mut gehört wohl dazu – aber warum nicht an den schönen Stränden von Pampelonne, die Hunderte belagern, Stand-up-Paddeln lernen? Wer keine Angst hat, sich zu blamieren, fährt eine Runde Wasserski.

MASSIF DES MAURES

B 5–D 4

Über mehr als 60 km zieht sich das Gebirge im Hinterland der Côte d'Azur zwischen Hyères und Fréjus. Mit dem benachbarten Massif d'Esterel (▶ S. 148) gehört es zu den erdgeschichtlich ältesten Gebirgsformationen Frankreichs, von wenigen Straßen durchschnitten, kaum mehr als 700 m hoch. Über weite Strecken karg, dann wieder Kastanienwälder, Aleppokiefern, Korkeichen, Ginster. Vom provenzalischen »maouro« (dunkel für einen undurchdringlichen Wald) leitet sich der Name ab. Wenige nutzen die Straßen durch das Gebirge, Wanderer treffen auf Einsamkeit, wie sie wenige Kilometer südlich an der Küste kaum vorstellbar ist.

Viele Bewohner haben bis Ende des 19. Jh. von der Korkindustrie gelebt. Korkeichen, die sowohl Wärme als auch Feuchtigkeit brauchen und bis in 500 m Höhe gedeihen – man erkennt sie an den schwarzen Eicheln und der rissigen Rinde –, können nur alle zehn Jahre »geschält« werden, die Rinden müssen sich dann wieder über einen so langen Zeitraum erneuern. Die Rinde eines Baums ergibt um die 800 Korken, ein mühsames Geschäft, das kaum noch ausgeübt wird. Längst ernten ausländische Fir-

Chartreuse de la Verne 9

Welten scheinen zwischen dem Trubel von Saint-Tropez und der Kartause zu liegen. Seit 1983 wird der Bau wieder von den Schwestern von Bethlehem bewohnt (▸ S. 15).

men den Kork, der aber in Collobrières, Le Muy und Gonfaron nach wie vor verarbeitet wird. Geblieben ist in den Dörfern die Verwertung von Kastanien, und besonders Collobrières ist das Zentrum der Kastanienmus-Herstellung, zudem berühmt für seine »marrons glacés«, kandierte Esskastanien.

Wollen Sie's wagen?

Mit dem Pferd durch das Massif de Maures? Man muss davon ausgehen, dass man längere Zeit allein – nein, natürlich zu zweit unterwegs ist.

BORMES-LES-MIMOSAS ⚑ C5

7300 Einwohner

Eins der schönsten Dörfer dieser Küste, das ein Hügel vom Meer und vom Fort von Brégançon trennt, liegt am Ende einer Straße zum Col du Canadel. Von dort windet sich die kurvige D 27 durch Wälder und Felsen, und in dem Schloss, das man schon von Weitem sieht, hat der Schriftsteller Saint-Exupéry einen Teil seiner Kindheit verbracht. Der Blick vom 267 m hohen Col reicht bis zu den Hyères-Inseln.

Bormes-les-Mimosas, das schon im Februar die Mimosenblüte feiert und in Terrassen zum Gebirge ansteigt, duf-

tet später auch nach Rosen, Oleander und Zypressen. In der Altstadt unterhalb der Kirche klettern die Besucher auf steilen Sträßchen, die auch »rompicou« (Halsbrecher) genannt werden, an Boutiquen und Souvenirgeschäften vorbei, biegen zu überdachten Passagen aus dem 12. und 16. Jh. ab und kehren an einem der herrlichen Plätze in ein Café oder Restaurant ein. Vielleicht sitzt sogar die belgische Königsfamilie nebenan. Auf angenehme Art altmodisch wirkt dieser Ort, bei dem der Begriff »Sommerfrische« wieder zu passen scheint. Zum Dorf gehören 17 km Strand, von der Bucht von Brégançon bis Le Lavandou – die schönsten sind Pellegrin, Cabasson und l'Estagnol (▸ S. 145). Es gibt einen Jachthafen und ein Wassersportzentrum.
34 km südwestl. von Saint-Tropez

SEHENSWERTES

Fort Brégançon

Ende einer Legende: Der Sommersitz der französischen Staatschefs wurde 2014 vom Zentrum für nationale Denkmäler übernommen und somit öffentlich. 1968 war die Festung auf dem Inselchen vor Bormes-les-Mimosas zur offiziellen Residenz der Präsidenten der Republik geworden. Pierre-Jean Guth, Architekt der Marine, mit dem Grand Prix de Rome ausgezeichnet, verwandelte sie in ein behagliches Sommerhaus, die alten Mauern blieben erhalten. Die historische Festung auf malerischem Felsenriff war bisher nicht gerade eine Touristenattraktion, zumal das Volk sich ihr nur einmal im Jahr, während der nationalen Denkmaltage, nähern durfte. Jetzt wird es Besuchern offenstehen. Einheimische fürchten, dass

vor dem zum Schutz der Sommergäste unbebauten Idyll, das sich als Naturparadies mit schönsten feinsandigen Badebuchten erhalten hat, finanzkräftige Investoren Schlange stehen werden.
Route Léoube

Plage de l'Estagnol

Feiner weißer Sand, Schatten spendende Pinien, keine Souvenirläden – der paradiesische Strand ist wohl einer der schönsten Frankreichs, überragt nur vom **Château de Bregançon**, das im Privatbesitz ist und deren Besitzer den Strand pflegen lassen. Es stehen eine Dusche, Toilettenhäuschen und Abfalleimer bereit. Um 20 Uhr wird abgeschlossen, aber wer zum Abendessen in das einzige Lokal am Strand möchte, wird dennoch eingelassen.
Route Leoube | Parken je Auto 8 €

ÜBERNACHTEN
Le Grand Hôtel

Meerblick – Es ist 100 Jahre alt, und man nimmt dem Haus am Hang über der Altstadt das Grandhotel nicht ganz ab. Es ist groß für ein Dorfhotel, die Zimmer sind es auch, und in freundlicher Atmosphäre wird der Geist von Gastfreundschaft von gestern bewahrt. Vom dritten Stock aufwärts gibt es den Blick auf das Meer dazu.
167, route du Baguier | Tel. 04 94 71 23 72 | www.augrandhotel.com | 42 Zimmer | €

Villa Naïs

Ruhig – Einige Kilometer außerhalb, in einem familiären Haus, liegen die freundlich eingerichteten Zimmer, die günstigeren ohne Klimaanlage und TV. Es gibt einen Swimmingpool, und man kann Tennis spielen.

Nomen est omen: Gärten mit Mimosen in Bormes-les-Mimosas (▶ S. 144). Das mittelalterliche Städtchen am Fuß des Massif des Maures ist bekannt für sein üppig-grünes Erscheinungsbild.

1588, route de Martegasse (6 km Richtung Hyères und D 98 Richtung Saint-Tropez) | Tel. 04 94 71 28 57 | www.villanais.com | 9 Zimmer | €€–€€€

GRIMAUD ⚑ C 5

4300 Einwohner

Bougainvillea, Glyzinien und Wein bedecken die Hauswände des 900 Jahre alten schönen Dorfes. Besucher, die mit dem Auto kommen, finden gegenüber dem Parkhaus neben der Touristinformation einen Fahrstuhl, mit dem sie die erste Etappe ins Zentrum nehmen können, denn dort wartet der Aufstieg zur Burgruine aus dem 11. Jh. Viel ist nicht zu sehen, aber der Blick auf den Golf von Saint-Tropez und das Massif des Maures ist großartig.

11 km westl. von Saint-Tropez

ESSEN UND TRINKEN

Le Pâtissier du Château

Kleine Leckereien – Gute Adresse vom Frühstück bis zur Kaffeezeit. Nicht nur die Zitronentarte ist köstlich, mittags gibt es gute Quiches und Sandwiches.

19, bd. des Aliziers | Do–Di 7–19 Uhr

LE LAVANDOU ⚑ C 5

6000 Einwohner

Der Reiz des familiären Badeortes liegt am Wasser oder an seinen zwölf ausgedehnten Sandstränden. So gehören ca. 10 km am Meer, über Cap Nègre hinaus, zum Stadtgebiet.

39 km südwestl. von Saint-Tropez

PORT GRIMAUD ⚑ D 5

Ganz am Ende des Golfs, auf ca. 100 ha sumpfigen Landes, ist 1966 ein pastellfarbenes provenzalisches Städtchen mit 2500 Häusern, 7 km befahrbarer Wasserstraßen und 12 km Quais entstanden, vom Elsässer François Spoerry als Urlaubsparadies entworfen. Das moderne Klein-Venedig wurde schnell ein Erfolg. Die Boote liegen vor der Haustür, Brücken verbinden Straßen und Plätze, sogar eine Kirche gibt es, deren Fenster Vasarély gestaltet hat und von dessen Turm man den Golf überblicken kann. Vom Marktplatz legt man zur Kanaltour ab. Autos müssen auf dem kostenpflichtigen Parkplatz bleiben.

7 km westl. von Saint-Tropez

ESSEN UND TRINKEN

La Table du Mareyeur

Fischküche – Die Tische stehen im Sommer am blumengeschmückten Kanal, Meeresfrüchte und gute Fischgerichte sind Spezialitäten des Hauses.

10–11, place des Artisans | Tel. 04 94 56 06 77 | Nebensaison Mo, Di, Sa mittags, Hochsaison Mo–Mi mittags, Fr, Sa abends geschl., nur Mitte März–Okt. | €€€

SAINTE-MAXIME 👫 ⚑ D 4

13 500 Einwohner

Mit dem Massentourismus ist dieser Familienbadeort gewachsen. 11 km lang sind die Sandstrände und erfreuen Sonnenanbeter und Wassersportler, für Kinder gibt es eine Segelschule. Ob Windsurfen, Wasserski, Jetski oder Tauchen, der Ort ist darauf eingerichtet. Für 800 Jachten gibt es Platz in zwei Becken. Am Fischerkai im Zentrum liegen die letzten bunten Kähne der Fischer. Auch außerhalb des Wassers gibt es Gelegenheiten für fast jede Sportart. Auf der Promenade Aymeric Simon-Lorière, im Schatten von Palmen und Pinien, sind die Handabdrücke berühmter Sportler zu sehen. Galaabende

Traumstraße Corniche d'Or (▶ MERIAN TopTen, S. 148): Nirgends ist die Côte d'Azur zwischen den winzigen Buchten so abwechslungsreich wie im Küstenabschnitt des Massif de l'Esterel.

im Théâtre de la Mer erfreuen die Sommergäste im Juli und August.

14 km nördl. von Saint-Tropez

ÜBERNACHTEN

Hotel Royal Bon Repos

Zentrale Lage – Kaum angekommen, werden Gäste ihrer Fingerabdrücke beraubt? Hier ist es die einfache Lösung für ein Urlaubsproblem: Sie können die Schlüssel nicht verlieren oder vergessen. Auch sonst wird hier versucht, den Gästen mit gut ausgestatteten Zimmern mit Kitchenette und reichlich Tipps einen angenehmen Urlaub zu ermöglichen. Das kleine Hotel liegt in der Altstadt, im Zentrum hinter der Tour Carrée und nah beim Hafen.

11, rue Jean-Aicard | Tel. 04 94 96 08 74 | www.hotelroyalbonrepos.fr | 22 Zimmer | €€€

ESSEN UND TRINKEN

Chante-Mer

Traditionell – Gerade einmal 100 m abseits der Touristenströme auf der D 559 liegt das schöne kleine Restaurant mit Terrasse, guter provenzalischer Küche und einer freundlichen Bedienung. Das Meer allerdings plätschert auf der anderen Straßenseite.

Les Issambres | Place Ottaviani | Village provençal | Tel. 04 94 96 93 23 | www. chantemer.com | Mo mittags geschl., in der Nebensaison auch Mo abends | €€

8 km nördl. von Sainte-Maxime

SERVICE

AUSKUNFT

Office de tourisme

1, promenade Simon-Lorière | Tel. 08 26 20 83 83 (0,15 €/Min.) | www.ste-maxime. com

VERKEHR

Les Bateaux verts

Schiffe nach Saint-Tropez verkehren fast das ganze Jahr über, von April bis Oktober sehr häufig.

Stadthafen gegenüber der Tour carrée | 15 Min. | 7,30 € (Hin- und Rückfahrt 13 €)

Gare SNCF

VarLib-Busse fahren nach Grimaud, Port Grimaud, Cogolin, Saint-Tropez, Fréjus und Saint-Raphaël (3 €).

MASSIF DE L'ESTEREL 🌿 D/E 4

Nur zwei Straßen über knapp 30 km führen durch das – besonders bei Regen – rot leuchtende Vulkangebirge, einst von dichtem Stein- und Korkeichenwald bedeckt, durch Waldbrände zum großen Teil vernichtet. Mit 614 m ist der **Mont Vinaigre** die höchste Erhebung. Auf Betreiben des Touring Club de France wurde erst 1903 die traumhaft schöne Küstenstraße **Corniche d'Or** ⭐ angelegt, die nach La Napoule und zum Département Alpes-Maritimes führt. Winzige Badebuchten gibt es an der sonst unberührten Felsenküste. Le Dramont, das Cap du Dramont und die Île d'Or sind sicher die schönsten Flecken, die auch zum Wandern verleiten. Der Strand von Agay liegt an der Straße, aber von der D 100 kann man auch Richtung Col Belle-Barbe abbiegen und zum Pic du Cap Roux mit überwältigendem Blick laufen.

40 km nordöstl. von Saint-Tropez

FRÉJUS 🚶 🌿 D 4

51 500 Einwohner

An den Ausläufern des Esterel gelegen, erschließt sich das Sehenswerte der

Fréjus war jahrhundertelang ein bedeutender Bischofssitz. Der mittelalterliche Kathedralbezirk (▶ S. 149) umfasst die Kirche mit dem Baptisterium, das Propsthaus und den Kreuzgang.

Stadt nicht auf den ersten Blick. Doch die kleine Altstadt auf einem Hügel lohnt einen Besuch für jene, die nicht nur die Strände suchen. Die Sehenswürdigkeiten aus römischer Zeit, als Fréjus noch einer der wichtigsten Mittelmeerhäfen war, liegen im Norden. Im Mittelalter eine aufstrebende, aber auch von Sarazenen und Piraten zerstörte Stadt, schließlich ein exotischer Militärhafen, ist sie voller Spuren aus verschiedenen Epochen. Im Dezember 1959 brach der Staudamm der Barrage de Malpasset. Die Überschwemmung forderte damals über 400 Tote.

Die kleinstädtisch-ruhige Atmosphäre und ein langer Sandstrand machen die Stadt zum Ferienort für Familien, die Sonne und Wasser mit günstiger Unterkunft verbinden möchten. Wenig charmant sind die modernen Häuser rund um den neuen Jachthafen Port Fréjus

37 km nordöstl. von Saint-Tropez

SEHENSWERTES

Der Fréjus-Pass für 6,60 € (ohne den Kreuzgang 4,60 €) erlaubt die Besichtigung aller hier genannten musealen Einrichtungen.

Amphitheater

Vor den Toren des römischen Fréjus liegt das Amphitheater, im 1. Jh. für die römischen Soldaten erbaut und daher nicht so spektakulär wie die Arenen von Arles und Nîmes. Es bot jedoch Platz für etwa 10 000 Personen. Heute ist es Veranstaltungsort für Stierkämpfe, Rockkonzerte und das sommerliche Theaterfestival.

Rue Henri-Vadon | April–Sept. Di–So 9.30–12.30, 14–18, Okt.–März Di–Sa bis 16.30 Uhr | Eintritt 2 €

Am Cap du Dramont 10

Wer von Saint-Raphaël über die Küstenstraße Corniche d'Or (D 559) nach Cannes fährt, wird Seitenblicke kaum vermeiden können, so aufregend leuchten die roten Felsen über blauem Meer (▶ S. 15).

Buddhistische Pagode Hong-Hien

In einem kleinen Park haben 1917 die für Frankreich kämpfenden indochinesischen Truppen des 4. Regiments der kolonialen Infanterie eine Pagode nach vietnamesischem Vorbild gebaut. Der Tempel ist nur Buddhisten zugänglich, aber man kann im Park spazieren und den Garten mit Statuen besichtigen.

13, rue Henri-Giraud (1,5 km vom Zentrum, Richtung Cannes) | April–Sept. tgl. 10–19, Okt.–März 10–12, 14–17 Uhr | Eintritt 2 €

Le Groupe Épiscopal

Fréjus war seit 1370 Bischofssitz. Der Kathedralbezirk im Zentrum entstand im 11. bis 14. Jh. Der **Kathedrale** mit zwei Schiffen, einem romanischen und einem frühgotischen, ist eine Halle vorgesetzt, der im 16. Jh. ein Glockenturm angefügt wurde. Der innenbewehrte Turm über der Apsis schützte früher das **Bischofspalais**. Das Baptisterium (5. Jh.) ist eines der ältesten Frankreichs. Wer das Ensemble nicht besichtigen will, kann dennoch einen Blick auf den schönen Kreuzgang werfen. Der Zugang zur Kathedrale ist frei, alles übrige kann nur mit Führung besucht werden.

58, rue de Fleury | Tel. 04 94 51 26 30 | Juni–Sept. tgl. 10–12.30, 13.45–18.30, Okt.–Mai Di–So 10–13, 14–17 Uhr, Kathedrale tgl. 8–18.30 Uhr | 5,50 € inkl. Führung

MUSEEN UND GALERIEN

Musée Archéologique

Es sind römische Fundstücke über dem Kreuzgang zu sehen, darunter Marmor- und Bronzestatuen und ein römisches Mosaik mit Leopard sowie der 1970 ausgegrabene doppelgesichtige Hermes, das Wahrzeichen der Stadt.
Place Calvini | Öffnungszeiten und Eintrittspreise wie Amphitheater

Musée d'Histoire locale

Ein bewegender Film zeigt die Tragödie von Malpasset, bei der 1959 nach heftigem Regen die Staudammmauer im Reyran-Tal brach, eine 40 m hohe Flutwelle sich auf Malpasset und Bozon ergoss und, immer noch meterhoch, Fréjus erreichte. Ein Denkmal auf der Esplanade erinnert an die Katastrophe.
153, rue Jean-Jaurès | Di–So 9.30–12.30, 14–18, im Winter 9.30–12, 14–16.30 Uhr | Eintritt 2 €

ÜBERNACHTEN

Hotel Arena

Im Zentrum – Ein schönes Haus in provenzalischem Stil, ein ehemaliges Postgebäude, in warmen Farben mit einem Garten, in dem man am Swimmingpool frühstücken kann. Schön eingerichtete, nicht sehr große Zimmer.
139–145, rue du Général-de-Gaulle | Tel. 04 94 17 09 40 | www.hotel-frejus-arena.com | 32 Zimmer | €€

ESSEN UND TRINKEN

Cadet Rousselle

Crêperie – Kleines Haus mit großer Karte, mehrere Crêpes, Galettes und Pizzen sind hier im Angebot.
25, place Agricola | außerhalb der Hochsaison Mo und Do mittags geschl. | €

SERVICE

AUSKUNFT

Office de Tourisme

249, rue Jean-Jaurès | Tel. 04 94 51 83 83 | www.frejus.fr

FREIZEIT

Aqualand

Es lockt eine riesige Badelandschaft mit einer Fülle von Attraktionen von Wasserrutschen bis zum Wellenbad, außerdem viele Restaurants und Bars.
Le Capou | Ende Juni–Anfang Sept. tgl. 10–18, Juli, Aug. bis 19 Uhr | Eintritt 23 €, Kinder bis 110 cm 8 €, 110–140 cm 16,50 €, Familien (2 Erw., 2 Kinder) 75 €

SAINT-RAPHAËL D 4

34 500 Einwohner

Römischen Ursprungs wie Fréjus, war das Fischernest damals nur eine Art Vorort. Bedeutung erhielt die Siedlung mit dem Eisenbahnbau und kam als Badeort in Mode, den Fitzgerald besuchte. Die künftige Elisabeth II. soll bei den Rothschilds geurlaubt und Charles Gounod hier »Romeo und Julia« komponiert haben. Der Glanz gehört der Vergangenheit an, das Casino auf den Resten einer römischen Villa, die neobyzantinische Basilika und die Strandpromenade vor einer zubetonierten Stadt erinnern daran.
Als Station Voile bietet Saint-Raphaël eine Fülle von Wassersportmöglichkeiten. Es gibt gute Zugverbindungen nach Cannes und zu den Bahnhöfen der Corniche d'Esterel mit den schönen Badebuchten Le Dramont, Agay, Anthéor und Le Trayas. Busse fahren nach Saint-Tropez sowie zum Flughafen Nizza, Schiffe setzen nach Saint-Tropez über.
39 km nordöstl. von Saint-Tropez

Literarische Streifzüge durch die Welt –
mit beliebten Autoren die schönsten Regionen
und Metropolen entdecken.

MERIAN

erzählt

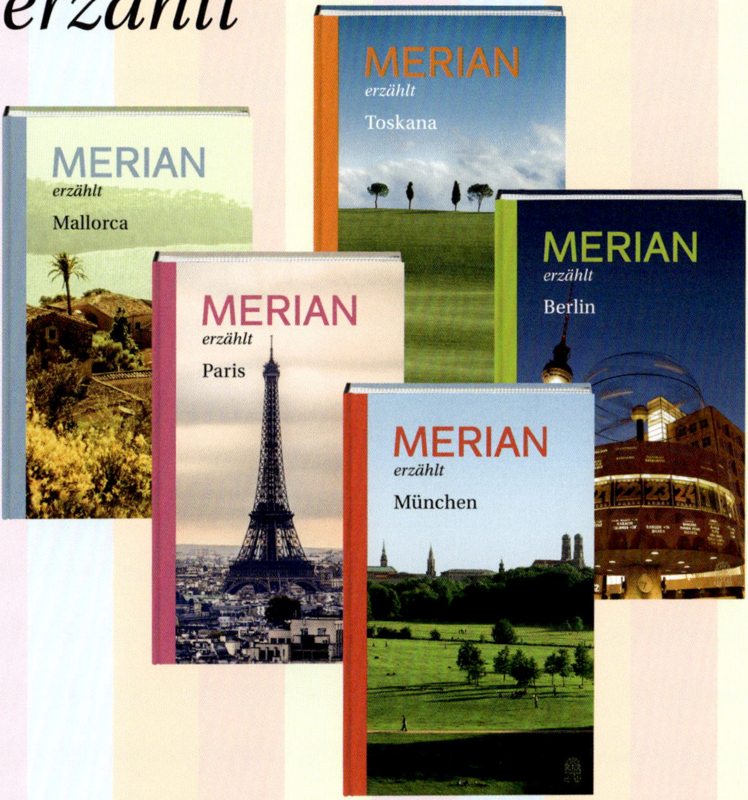

MERIAN

erzählt

Toskana

MERIAN

erzählt

Mallorca

MERIAN

erzählt

Berlin

MERIAN

erzählt

Paris

MERIAN

erzählt

München

Hoffmann und Campe

1781

Im Fokus
Zuflucht im Süden

Für viele Juden, vor allem verfemte Dichter und Maler, wurde die im Zweiten Weltkrieg lange kriegsfreie Zone im Süden Frankreichs zum willkommenen Exil. Ein Urlaubsgefühl, wie zu Hause gemunkelt wurde, wollte sich jedoch nicht einstellen.

Im Sommer 1934 wird das Haus Nr. 121 in der Petite Rue de la Californie, an der Ecke zur Promenade des Anglais in Nizza, von Deutschen bewohnt. Im Parterre schreibt Hermann Kesten (1900–1996) an seinem Roman »Ferdinand und Isabella«, im ersten Stockwerk arbeitet Joseph Roth (1894–1939) an seinem Napoleon-Buch »Die hundert Tage«. Heinrich Mann (1871–1950) hat sich in der kleinen Wohnung in der zweiten Etage eingerichtet und quält sich mehr oder weniger erfolgreich an einem Buch über »Die Jugend des Henri Quatre«.

Kesten hat Deutschland 1933 gleich nach der Machtergreifung verlassen und wird in den nächsten Jahren zu den Emigrantenrunden in Sanary-sur-Mer, in Nizza, in Ostende gehören. Er war früher Lektor des Gustav Kiepenheuer Verlags und arbeitet nun in der deutschen Abteilung des Exilverlags Allert de Lange. Der Markt für deutsche Texte im Exil ist klein, die Arbeit mühsam, aber Kesten versucht, gute Laune zu behalten und zu verbreiten. Die Schriftsteller im Exil schreiben vor allem historische Ro-

◀ 1934: Auf Nizzas Promenade des Anglais
(▶ S. 66) drängeln sich auch viele Flüchtlinge.

mane. Denn was wird man veröffentlichen können, wenn die Dichter weggezogen und die Leser zu Hause geblieben sind? Ihre Themen sind mächtige Personen, Emporkömmlinge, Judentum, Humanität, Freiheit. »Nach dem Essen geht man in eins der großen Cafés an der Place Masséna, wo die emigrierte Literatur fast ebenso reichlich vertreten ist wie in den Deux Magots am Boulevard Saint-Germain«, wird Klaus Mann in »Der Wendepunkt« erzählen. Und Kesten schreibt in seinem Erinnerungsbuch »Meine Freunde, die Poeten«: »An blauen Abenden standen wir auf unseren Balkons und sahen, wie die Sonne im Meer unterging und ihr Abendschein die Wellen und den Himmel und die Wangen unserer Frauen rötete.« Und dann wandern sie am Meer entlang und diskutieren über die Gesetze des historischen Romans. Und sie leiden am Exil.

VORLÄUFIGE SICHERHEIT IN DER ZONE LIBRE

Der Südosten Frankreichs gehört während des Zweiten Weltkriegs zur »Zone libre«, und so wird das unbesetzte Gebiet sehr schnell zum Sammelbecken für politisch und ethnisch Verfolgte. Gleich nach der Bücherverbrennung kommen jüdische Schriftsteller nach Sanary-sur-Mer und Nizza, nach Le Lavandou und Saint-Tropez. Die deutsche Offensive gegen Frankreich beginnt am 10. Mai 1940, aber schon 22. Juni wird der Waffenstillstand in Compiègne unterzeichnet. Im Juli 1940 gibt die Nationalversammlung Marschall Philippe Pétain in Vichy die Regierungsvollmacht. Von da an sind »Juden französischer Nationalität« vom öffentlichen Leben ausgeschlossen. Am 24. Oktober beschließt das Vichy-Regime die »Collaboration d'État« mit Deutschland. Aber das hat noch kaum Konsequenzen.

UNRUHIGES EXIL

Der 1868 geborene Sexualwissenschaftler Magnus Hirschfeld, dessen Institut für Sexualwissenschaften in Berlin verwüstet und geschlossen worden ist und der mehrfach von Rechtsradikalen verprügelt wurde, kommt 1933 nach Nizza und stirbt, schwer krank, zwei Jahre später.

Die in Litauen gebürtige Anarchistin Emmi Goldmann hat 1925, als sie zum ersten Mal in Südfrankreich ist, Marguerite »Peggy« Guggenheim kennengelernt. Im folgenden Sommer mietet sie in Saint-Tropez zusammen mit ihrem Partner Alexander Berkman ein kleines Häuschen in dem hübschen Dorf, »Bon Ésprit«, und schreibt ein Buch. Peggy Guggenheim, amerikanische Jüdin mit deutschen Vorfahren, deren Vater 1912 mit der »Titanic« untergegangen ist und deren Ehe kriselt, findet in Goldmann eine kluge Gesprächspartnerin. Außerdem unterstützt die reiche Erbin die mittellose Feministin und lässt sie das Haus kaufen. Die Freundschaft zerbricht, wohl wegen eines nicht aufgeklärten Missverständnisses. Berkman erschießt sich 1936 in Nizza, und Goldmann fährt nach Spanien. Guggenheim flieht 1942 aus Frankreich nach New York und eröffnet eine Galerie für zeitgenössische Kunst.

Die in der Ukraine geborene Avantgardekünstlerin Sonia Delaunay war 1906 nach Paris gekommen, hatte auch fürs Theater und als Designerin gearbeitet und ist mit ihrem Mann nach Montpellier geflohen, wo Robert Delaunay 1941 stirbt. Sie geht nach Mougins, zieht dann nach Cannes und schließlich zu Freunden nach Grasse, wo das aus Deutschland geflohene Künstlerpaar Sophie Taeuber-Arp und Hans Arp sowie der italienischen Maler Alberto Magnelli und seine jüdisch-deutsche Gefährtin Suzie Gerson leben. Sie arbeitet mit Arp und Magnelli an Lithografien, aber größere Arbeiten entstehen nicht.

EINE ZEIT ZWISCHEN HOFFEN UND BANGEN

Franz Schoenberner, bis 1933 letzter Chefredakteur der Satirezeitschrift »Simplicissimus«, ist über die Schweiz nach Roquebrune-Saint-Martin geflüchtet und erfährt in Antibes, dass das Personal des Lagers, in dem er sich melden soll, von nichts weiß. Das Fort-Carré am Hafen ist Anfang September 1939 zum Centre de Rassemblement, zum Sammellager des Départements Alpes-Maritimes für alle feindlichen Ausländer (Deutsche und Österreicher), erklärt worden. Marc Chagall traut dem Frieden nicht und flieht über Marseille nach New York. Er wird erst 1946 nach Frankreich zurückkehren, erst in Vence, dann in Saint-Paul-de-Vence wohnen.

Walter Hasenclever irrt, als seine Bücher auf den Verbotslisten des NS-Regimes stehen, zwischen Le Lavandou, Menton, Nizza, Florenz, Beaulieu-sur-Mer, Antibes und wieder Nizza umher. Noch im Jahr 1932 hatte Kurt Tucholsky sich neben dem Dramatiker Hasenclever in Le Lavandou eingemietet, und zusammen hatten sie die satirische Komödie »Christoph Kolumbus oder Die Entdeckung Amerikas« geschrieben. Tucholsky, der auch hier mit seinem chronischen Nasen- und Atemwegsleiden hadert, ist nach Zürich zur Behandlung abgereist. Hasenclever schreibt im Mai 1933 aus Cagnes-sur-Mer an Helen Wolff in Nizza: »Ich hatte eine sehr trübe Stunde hinter mir – Verbannung, Sinnlosigkeit der Arbeit, Lebensangst.« Er wird mehrfach interniert, zuletzt in Les Milles bei Aix-en-

Provence, und nimmt sich im Juni 1940 nach der Niederlage Frankreichs verzweifelt das Leben. Jean Moulin, einer der wichtigsten Widerstandskämpfer, eröffnet in Nizza eine Kunstgalerie als Stützpunkt der Résistance. Sie wird schließlich rund 200 000 Personen umfassen.

Als Reaktion auf die Invasion der Alliierten in Nordafrika marschieren am 11. November 1942 die Italiener in die östlich der Rhône liegenden Départements ein, während die Deutschen die bisher freie Zone Frankreichs okkupieren. Auch das hat weder für die französischen noch für die ausländischen Juden negative Folgen. Die Italiener haben nicht die Absicht, sich den Anordnungen des Vichy-Regimes zu fügen oder den deutschen Nationalsozialisten. Im März 1942 hatten zwischen Nizza und San Remo rund 12 000 Juden, davon 7000 mit ausländischem Pass gelebt, nun ist ihre Zahl auf 40 000 bis 50 000 angewachsen.

Im Frühjahr 1943 schickt Mussolini auf Drängen des NS-Außenministers Ribbentrop Guido Lospinoso, den Polizeichef von Bari, nach Nizza. Er soll alle Juden verhaften und in einem Lager konzentrieren. In Zusammenarbeit mit dem jüdisch-italienischen Bankier Angelo Donati und der Résistance werden stattdessen Hunderte jüdischer Flüchtlinge in Wohnungen, Hotels und Pensionen im Land untergebracht und so versteckt.

Am 23. Mai 1943 wird Theodor Wolf, einst Chefredakteur des »Berliner Tageblatts«, für dessen Feuilleton Kurt Tucholsky, Alfred Kerr wie Albert Einstein schrieben, wie viele andere in Nizza verhaftet. Er war schon 1933 in der Nacht des Reichstagsbrandes (27./28. Februar) geflohen. Er wird den Nationalsozialisten übergeben und nach Deutschland deportiert.

LANGSAME RÜCKKEHR ZUR NORMALITÄT

Am 15. August 1943 entscheiden Italien und Deutschland in Bologna, dass Italien sich aus Frankreich zurückzieht. Am 8. September kapituliert Italien. Die deutsche Wehrmacht marschiert mit dem 60. Panzergrenadierbataillon in Nizza ein. Bis Dezember gehen 28 Deportationskonvois zum französischen Durchgangslager nach Drancy. Am 15. August 1944 beginnen alliierte Landungstruppen an einem 50 km breiten Küstenabschnitt östlich von Toulon mit der Eroberung Südfrankreichs. In der letzten Augustwoche endet die Besetzung Nizzas mit einem Generalstreik und mit einem Aufstand gegen die Besatzer. Der Zweite Weltkrieg ist hier zu Ende. Nizza bleibt bis Januar 1946 Stützpunkt der US Army. Genaue Zahlen darüber, wie viele Fluchten an die Côte d'Azur glücklich endeten, gibt es nicht. Die Geschichte der Juden im französischen Süden hat Alexander Kluy in »Jüdisches Marseille und die Provence« 2013 veröffentlicht.

Dichter Lärchenwald in der Vallée de Fontanalba im Nationalpark Mercantour (▶ S. 162).

TOUREN AN
DER CÔTE D'AZUR

INS BERGDORF COARAZE

CHARAKTERISTIK: Auto- oder Busfahrt zum »village perché« über Nizza **LÄNGE:** 75 km **DAUER:** ½ Tag **ANFAHRT:** Bus von Nizza (Gare routière) Nr. 303 (nur So) **EINKEHRTIPP:** Bar Les Arts, 19, place Alexandre-Mari, Tel. 04 93 79 34 90 **AUSKUNFT:** Office de Tourisme Coaraze, Place Portal, Tel. 04 93 79 37 47, wwwcoaraze.eu, Mo–Sa 10.30–12.30, 16–18 Uhr in der Saison

F 2

Wer **Nizza** in nördlicher Richtung auf der D 2204 (Autobahn Nice-Est Richtung Sospel) verlässt und bei Cauvini links auf die D 15 (Richtung Contes) abbiegt, findet sich hinter dem Örtchen Contes schon in einer Landschaft, die unendlich weit vom Trubel der Küste entfernt zu sein scheint. Der Paillon, der in Nizza gebändigt wird, fließt hier putzmunter Richtung Meer. Oliven, Mimosen, Eichen und Zypressen wachsen im grünen Tal, links und rechts sind die Berge bereits über 1000 m hoch.

Auf einem Felsen, 650 m hoch, ist im Mittelalter das Dorf **Coaraze** gebaut worden – man schätzt 1108 –, das heute zu den schönsten in Frankreich gehört. Im Hochsommer wollen sich allzu viele davon überzeugen, dass es stimmt, so sind andere Jahreszeiten für diesen Ausflug besser geeignet.

In Serpentinen windet sich die Straße hoch, doch dann ist man noch nicht angelangt, und es geht zu Fuß weiter. Romantisch präsentiert sich das Mittelalter, das sich in Coaraze so wunderbar erhalten hat, dass manche Franzosen hier ihre Zweitwohnung eingerichtet haben. Es geht über gepflasterte Gassen und blumengeschmückte Plätze, auf denen Brunnen plätschern. Man erkennt, wie in vielen Dörfern, »pontis«, wie man in Nizza die überwölbten Durch-

gänge bezeichnet, die auf engem Raum Platz für weitere Wohnungen schufen.

Wo die Stunde scheint

Den Kirchplatz schließlich schmückt, was dem Dorf den Beinamen Village du Soleil eintrug, eine ganze Reihe von **Sonnenuhren**. Bunt sind sie und recht unterschiedlich, die Künstler hatten freie Hand. Sie sollten das sonnenbeschienene Dorf nur um etwas bereichern, das andere nicht hatten.

Am **Rathaus** hinterließ Jean Cocteau seine Uhr, auf der Eidechsen sich auf sonnengelber Wand wohlig räkeln. Henri Goetz und Valentin, Ben, Sosno, Barre, Moya und Macheroni beteiligten sich, heute geben elf Sonnenuhren in Coaraze die Stunde an.

Ungewöhnliche Kirchen

Die **Kirche** aus dem 14. Jh., dreimal zerstört und wieder aufgebaut, verfügt über manches ungewöhnliche Barockelement, Trompe-l'œil-Malerei, Stuck und viele Engel. Am Dorfrand steht die Blaue Kapelle, **La Chapelle Bleue**. Bis 1965 hieß sie Notre-Dame-des-Sept-Douleurs, dann kam Ponce de Léon, ein Künstler, der die leuchtend blauen Wandbilder schuf und grün-buntes Glas in die Fenster setzte. 1,5 km geht es den Maultierpfad hinter der Bar Les Arts hinunter. Aber dort muss man ohnehin erst nach dem Schlüssel fragen.

Am Rand des malerischen Bergdorfs Coaraze steht die Chapelle Bleue (▶ S. 158) – so genannt seit sie der Künstler Ponce de Léon mit leuchtend blauen Wandbildern ausgeschmückt hat.

Es ist eine herrliche Strecke, und die 20 Minuten Fußweg werden mit schönem Blick auf Dorf und Tal belohnt. Wer nicht gerade sonntags oder in der Mittagspause kommt, kann sich im Office de Tourisme eine Broschüre mit 30 **Wanderrouten** besorgen. Die gelb markierten Routen sind gepflegt. Zwei Stunden etwa brauchen Wanderer zur 1501 m hohen **Cime de Rocca Sierra** im Norden, an den Ruinen von **Rocca Sparvièra** vorbei. An der Straße des Col Saint-Roch führt ein Wanderweg zum Bach **Plan Faë**, einem kleinen Paradies mit einer Schlucht und einer Abfolge kleiner Wasserfälle, die in Bassins mit kristallklarem Wasser stürzen. Leider ist das Baden hier verboten – und es ist auch gefährlich.

Über Lucéram zurück

Um zumindest ein Stück auf einem anderen Weg zurückzufahren, geht es zuerst weiter nach Norden auf der D 15 und nach 13 km rechts ab nach **Lucéram**, auch ein »village perché« mit mittelalterlichen Mauern, das mit seinen hohen, gedrängt stehenden Häusern wie aus dem steilen Fels gewachsen scheint. D 2526 und D 2204 führen zurück nach Nizza.

AUF DIE ÎLE DE PORQUEROLLES

CHARAKTERISTIK: Schiffs- und Fahrradtour **LÄNGE:** nach Lust und Laune **DAUER:** 1 Tag **ANFAHRT:** Schiffsfahrt von Le Lavandou (Vedettes Îes d'Or, 35 €) oder der Presqu'Île de Giens (La Tour Fondue, 19,50 €) südl. Hyères (Bus nach Hyères 3 €); es gibt ein Dutzend Fahrradverleihe am Hafen und im Ort (ca. 15 €/Tag) **EINKEHRTIPP:** L'Alycastre, 1, rue de la Ferme, Ostern–Mitte Okt. Di–So, €€ **AUSKUNFT:** Office de Tourisme d'Hyères – Antenne de Porquerolles, Carré du Port, Tel. 04 94 58 33 76, www.porquerolles.com

B 6

Wenn es nicht Juli oder August ist – dann stürmen bis zu 10 000 Tagestouristen die 7 km lange und 2,5 km breite Insel, und die 350 ständigen Bewohner atmen erst abends auf, wenn die letzten Schiffe abgelegt haben –, wenn möglichst der Mistral nicht weht, dann lohnt der Besuch dieser paradiesischen Insel mit vielen Bäumen, schattigen Wegen und wunderschönen Stränden. Vor 100 Jahren mag es hier ähnlich ausgesehen haben. Sie haben genug zu essen und zu trinken für diesen Ausflug dabei, denn außerhalb des Dorfes wird es keinen Laden und keinen Imbiss geben. Rauchen ist übrigens abseits des Dorfes verboten. Zwei Karten, eine mit eingezeichneten Wegen, gibt es bei der Touristeninformation.

Schöne Geschenke

Wenn sich das Idyll gegenüber dem **Fort Bregançon**, dem ehemaligen Sommersitz des Staatspräsidenten, so ursprünglich erhalten hat, dann sicher auch, weil die Insel zweimal verschenkt worden ist, erstmals 1600, als Henri IV. Maria de Médici heiratete. 1912 überreichte der belgische Ingenieur François-Joseph Fournier sie seiner Frau Sylvia zur Hochzeit. Eine lukrative Beteiligung am Bau des Panamakanals und Goldfunde in Mexiko hatten ihn reich gemacht, und als die beiden bei einer Rivierareise die Insel entdeckten, die gerade für 1 Mio. Francs angeboten wurde, griff Fournier zu. Hier wollten sie wohnen und verwandelten das Eiland bald in eine mexikanische Hacienda. Fournier ließ Familien aus Italien kommen, um Landwirtschaft zu betreiben, er ließ Wein anbauen, Olivenhaine anlegen, Pampelmusen, Orangen und Mandarinen pflanzen, eine Schule einrichten, elektrischen Strom erzeugen.

Vor der Bebauung gerettet

Nach Fourniers Tod kaufte Georges Pompidou den zerstrittenen Kindern einen großen Teil des Besitzes für den französischen Staat ab und kam damit dem Club Med zuvor, der schon Baupläne für ein Feriendorf hatte. Ein absolutes Bauverbot wurde erlassen, und längst ist die Insel wie **Port Cros** nebenan ein Naturschutzgebiet.

Etwa 1 km westlich des Hafens liegt der **Silberstrand** (La Plage d'Argent) mit feinem Sand, klarem Wasser und von Bäumen umgeben. 4,5 km sind es bis zur **Plage du Grand-Langoustier** am westlichen Inselende auf einer Halbinsel unter dem Fort du Petit-Langoustier. Östlich des Hafens findet sich mit

Trotz der vielen Tagesbesucher hat Porquerolles (▶ S. 160) seinen ursprünglichen Charme bewahrt. Georges Pompidou hatte die Insel 1971 für den Staat erworben und unter Schutz gestellt.

der langen **Plage de la Courtade** der meistbesuchte Strand, schön und mit Eukalyptusbäumen und Pinien. 3 km nach Osten läuft man bis zur **Plage Notre-Dame**, dem größten Inselstrand, sehr urwüchsig und Lieblingsplatz der Sonnenanbeter. Cap des Mèdes ist ein Militärgebiet. An der zerklüfteten Südküste mit dem Leuchtturm am **Cap d'Arme** kann man auf den Klippen zu den **Gorges du Loup** wandern, wo das Baden extrem gefährlich wäre.

Von den drei Forts der Insel lässt sich nur **Sainte-Agathe** am Hafen vom Mitte Juni bis Mitte September und mit Führung besichtigen (4 €). Das **Conservatoire botanique** in der Inselmitte, am Ortsausgang an der Route du Phare, beherbergt einige bedrohte Tierarten und mediterrane Pflanzen, die aussterben drohen. Man kann es nicht besichtigen, aber der angeschlossene Garten mit seinen medizinischen und Aromapflanzen steht Besuchern offen. Und wenn nicht gerade Hochsommer ist, genießt man paradiesische Stille. Aber die gab es hier nie wirklich. Vor den Touristen fanden sich die griechischen Fischer, die römischen Seefahrer, die Mauren, die Piraten ein …

RICHTUNG ALPEN NACH TENDE

CHARAKTERISTIK: Teils kurvige Fahrt von Menton in die Berge und ins Roya-Tal; Alternative: Bus Nr. 905 nach Tende (über Breil-sur-Roya und Saint-Dalmas-de-Tende), Mo–Fr (1 Std. 15 Min.) **LÄNGE:** 120 km **DAUER:** ½ bis 1 Tag **EINKEHRTIPPS:** Saorge, Le Bellevue, 5, rue Louis-Périssol, Tel. 04 93 04 51 37, Mo abends und Di geschl., Restaurant und Teesalon mit Spezialitäten und tollem Blick auf die Roya-Schluchten, € | Tende, L'Auberge Tendasque, 65, av. du 16-Septembre-1947, Tel. 04 93 04 62 29, Di geschl., tolle Forellen, €

🏞 G 2–G 1

Von **Menton** geht es zunächst 15 km jenseits der Autobahn auf der D 2566, einer landschaftlich schönen Strecke, nach Norden Richtung **Sospel**. Das Städtchen südlich des Mercantour-Nationalparks und im Tal der Bévéra am Kreuzungspunkt mittelalterlicher Handelsstraßen gelegen, präsentiert sich wie aus dem Bilderbuch mit turmbewehrter Brücke aus dem 11. Jh. Einige schöne Häuser mit Trompe-l'œil-Malereien stehen am rechten Ufer, dahinter liegt der historische Stadtkern. Das Zentrum ist mit Kieseln gepflastert, Arkaden säumen die Place Saint-Nicolas. Bei der Schneeschmelze im Frühjahr und Regengüssen im Herbst kann der Fluss so gewaltig anschwellen, dass er die alte Brücke in der Vergangenheit schon mehrfach schwer beschädigt hat.

Sospel ▸ Breil-sur-Roya

Zum 21 km entfernten **Breil-sur-Roya**, wo das Roya-Tal beginnt, führt die D 2204 durch eine der schönsten Landschaften im Hinterland der Küste, einst Jagdgebiet König Viktor Emmanuel II. Damals verbrachten italienische Adlige ihre Sommer gern hier. Heute wird nicht mehr gejagt, das Mediterrane der Küste ist noch im Olivenanbau zu finden. Menschen aus aller Welt kommen zum Wandern her oder zum Angeln. Der Mittellauf der Roya bei Breil ist auch bei Kajakfahrern und Raftern beliebt. Das hübsche Städtchen ist übrigens genauso weit vom Meer wie vom Hochgebirge entfernt.

Saorge ▸ Dalmas-de-Tende

Die nächste Station, nun 7 km auf der D 6204 (E 74) entfernt, verläuft zum Teil durch Tunnel, und am Ende der links liegenden Schlucht Gorges de Saorge sieht man **Saorge**, das schönste Städtchen im Roya-Tal, hoch über dem Hang am Felsen kleben. Hinter Saorge, bei **Fontan**, kann man abbiegen und parken. Häuser aus dem 15. bis 17. Jh. sind geradezu aufgetürmt, Balkons ragen ins Leere, die schmalen Gassen zwischen ihnen sind Treppen, Eingänge liegen auf unterschiedlichen Ebenen. Das barocke Franziskanerkloster **Notre-Dame-des-Miracles** ist wegen seiner Fresken berühmt.

Es ist nicht mehr weit bis Tende, aber vorher liegt **Dalmas-de-Tende** am Weg – mit dem riesigen Bahnhof, den Mussolini bauen ließ (am Dorfeingang). Seinerzeit war dies ein Grenzbahnhof zwischen Italien und Frankreich, zwischen Cuneo und Nizza. Die D 91 links führt in den Nationalpark und ins Tal der Wunder (Vallée des Merveilles) zum Mont Bégo (2872 m). Aber dann muss man das Auto stehen lassen und die nächsten Stunden zu Fuß (und passend ausgerüstet) weitergehen.

Tende und Mont Bégo

Tenda hieß bis 1947 **Tende**, da war es noch italienisch. 876 m hoch liegt das Städtchen und galt in den 1930er-Jahren als beliebte Sommerfrische. Der **Col de Tende** legt noch einmal 1000 m an Höhe dazu. Steile Schieferdächer bedecken die Häuser, damit der Schnee abgleiten kann. Reste einer Burg fallen auf. Einer der Türme ist zum Campanile geworden, und wer die Stufen daneben hochgeht, kommt zum Friedhof, der in Terrassen bis über den Ort ansteigt. Eine »Via ferrata« verbindet zwei Berge, es mutet hier schon alpin – und etwas düster – an. An der Hauptstraße

liegt das auffällige **Musée des Merveilles** (Avenue du 16-Septembre-1947, Di geschl., Eintritt frei), das man nicht verpassen sollte. Zwölf parallele Motivsäulen machen neugierig und deuten schon an, was man im Museum sehen wird. 40 000 Felszeichnungen gibt es in der **Vallée des Merveilles** auf 3600 Felsen, Zeugnisse der ligurischen Urbevölkerung aus Kupfer- und Bronzezeit, im Museum kann man originalgetreue Abgüsse bestaunen. Archäologische Funde und Dioramen erzählen vom Leben 2500 Jahre vor unserer Zeitrechnung.

Mancher wird hier Lust bekommen, das Tal der Wunder am 2872 m hohen **Mont Bégo**, ein Freilichtmuseum der Frühgeschichte, zu besuchen. Es trägt noch heute die Gravierungen der Pilgerreisen aus der frühen Bronzezeit, als der Berg eine Kultstätte war.

Über insgesamt 48 enge Kehren geht es die Südrampe des Col de Tende (▶ S. 162) bis auf 1871 m Höhe hinauf. Die Passstrecke zählt zu den atemberaubendsten Straßen der Alpen.

ZUR DOMAINE DU RAYOL ⭐ 🔟

CHARAKTERISTIK: Spazieren in einem Weltgarten **LÄNGE:** 17 km südwestl. von Saint-Tropez **DAUER:** mindestens 2 Std. **EINKEHRTIPP:** Café des Jardiniers in der Domaine **AUSKUNFT:** An der Domaine du Rayol

🔷 C 5

Irgendwann, auf der Küstenstraße in Richtung Le Lavandou, hinter **Cavalaire-sur-Mer**, ist das Schild zu sehen. Die Abfahrt verpasst? Es kommen weitere Wegweiser, und man sollte ihnen folgen, schmale Sträßchen, den Berg hinauf und wieder hinunter. Der Parkplatz ist nicht mehr als ein kurzer Sandstreifen an einem Zaun. Aber hier ist man richtig und stellt schnell fest, dass es zu schade wäre, die Domaine du Rayol verpasst zu haben.

Alles hat damit begonnen, dass der Pariser Bankier **Alfred Théodore Courmes** 1910 einen Garten anlegen und sich ein Haus auf dem Felsvorsprung über der Feigenbaumbucht bauen ließ. Agaven, Dattelpalmen, Eukalyptus und Mimosen umgaben die Pergola. 1940 kaufte der Flugzeugbauer **Henry Potez** das Gelände und ließ 400 exotische Gewächse pflanzen. Nach dem Zweiten Weltkrieg wechselten die Besitzer, und der Garten verwilderte zunehmend. Erst 1989 übernahm die Küstenschutzbehörde (Conservatoire du Littoral) das Land und beauftragte Gilles Clément mit der Neugestaltung des Geländes.

Von Chile nach Australien

Längst ist ein Garten der Welt geschaffen worden, Besucher bewegen sich zwischen Kalifornien und Australien, Chile und Neuseeland, riesigen Baumfarnen und Korkeichen und Kakteen. Als »Jardin Planétaire« vereint die Domaine tatsächlich Pflanzen, die irgendwo auf dem Planeten heimisch sind, an die mediterranen Bedingungen angepasst und ökologisch bewirtschaftet werden. Sie müssen die mild-feuchten Winter, in denen ca. 65 % des Niederschlags fallen und in denen es selten Frost gibt, genauso aushalten wie die trocken-heißen Sommer.

Ein Garten in Bewegung

Es ist kein botanischer Garten, und die Bäume sind nicht beschildert. Wild wachsende Gräser zwischen den Bäumen werden nicht als Unkraut entfernt. Sie bilden die Vegetationsschicht, die der Bodenerosion entgegenwirkt. Manche blühen im Frühjahr und tragen zur Schönheit des Gartens bei. Das heißt nicht, dass alles geduldet wird, die Gärtner geben dem Garten jedoch »Raum für Bewegung«. Er ändert sich auch dadurch, dass auf Gräserinseln ausgewählt wird, was wachsen soll, und gemäht wird, was sich nicht durch Blüte und Fruchtbildung vermehren soll.

Treppen und verschlungene Wege führen zu Bänken, über denen Bienen in bunten Blüten summen. Man kann sich einer Führung anvertrauen oder selbst, mit einem Plan in Hand, die Pflanzen und Düfte entdecken oder sie einfach genießen, hier sitzen bleiben oder dort eine Rinde befühlen oder auch Spinnen beim Netzbau zusehen. Vor dem kleinen Strand liegen die **Hyères-Inseln**.

Seit 1989 untersteht das Anwesen Domaine du Rayol (▶ MERIAN TopTen, S. 164) der Küsten-schutzbehörde, die dort eine vielfältige exotische Flora aus allen Weltgegenden kultiviert.

Kein Museum gebändigter Natur

Was man nicht gleich sieht: Der Garten ist zugleich ein Ort für Experimente wie für Pädagogik. Gilles Clément ist Dozent an der École Nationale Supéri-eure du Paysage in Versailles und be-gleitet die Entwicklung nach wie vor. Er ist Gärtner, Botaniker und Land-schaftsarchitekt zugleich und entwi-ckelte eine neue Herangehensweise an die künstlerische Gartengestaltung. Als aufmerksamer Beobachter der Natur in aller Welt kreiert er Gärten, die sich der Dynamik ihrer Pflanzen anpassen. Für ihn ist ein Garten kein Museum gebän-digter Natur, in dem man Pflanzen-sammlungen ausstellt. Für ihn geht es um Lebendigkeit, um entdecken und bewundern, um so zwei Lebenswelten miteinander in Einklang zu bringen, die des Menschen und die der Pflanzen.

INFORMATIONEN

Domaine du Rayol

Rayol-Canadel-sur-Mer | Av. des Belges (gut ausgeschildert) | Tel. 04 98 04 44 00 | www.domainerayol.org | tgl. 9.30–17.30 (Jan.–März, Nov., Dez.), 9.30–18.30 (April–Juni, Sept., Okt.), 9.30–19.30 Uhr (Juli, Aug.) | Eintritt 10,50 €

DIE CÔTE D'AZUR
ERFASSEN

Helle Tupfer in tiefem Blau: ankernde Jachten
vor der Küste der Îles de Lérins (▶ S. 96).

AUF EINEN BLICK

Hier erfahren Sie alles, was Sie über die Französische Riviera wissen müssen – kompakte Informationen über Land und Leute, von Bevölkerung und Geografie über Politik und Verwaltung bis Wirtschaft.

BEVÖLKERUNG

Die Einwohnerzahl wächst, vor allem im Département Var, dort, wo die Immobilienpreise nicht so hoch sind. Schwach angestiegen ist sie in den vergangenen Jahren im Département Alpes-Maritimes, wo vor allem die Einwohnerzahlen in den größeren Städten wie Nizza sinken. Immobilien- und Mietpreise übersteigen die Möglichkeiten einer einkommensschwächer werdenden Bevölkerung. Rund 20 % der Haushalte haben weniger als 60 % des Durchschnittseinkommens (977 €) zur Verfügung. Vor allem junge Leute beleben die Dörfer im Hinterland. Viele Franzosen aus anderen Regionen wählen an der Küste ihren Alterssitz, sodass manche Gemeinden überaltern. Die große Zahl von Zweit- oder Ferienwohnungen führt aber auch dazu, dass mancher Ort außerhalb der Ferienzeit nur wenig bewohnt wirkt. Zwei Drittel der mehr als 150 000 Zweitwohnungen gehören allerdings Ausländern. Immer mehr Nobelvillen an der Küste werden von reichen Russen wie auch von Arabern aufgekauft.

◀ Zeit für ein besinnliches Päuschen an der Uferpromenade von Nizza (▶ S. 60).

GEOGRAFIE UND LAGE

Die Côte d'Azur, eigentlich eine Erfindung des späten 19. Jh., wird nach wie vor unterschiedlich eingegrenzt. Das Kerngebiet mit einem etwa 130 km breiten Küstenstreifen reicht von Saint-Tropez bis zur italienischen Grenze bei Menton und schließt das Fürstentum Monaco mit ein. Verwaltungstechnisch gehört es zur Region Provence-Alpes-Côte d'Azur (PACA). Der Versuch, die Region kürzer und werbewirksam neu zu benennen, hat bisher zu keinem Ergebnis geführt. Geografisch bilden die einzelnen Teilregionen keine Einheit.

Im Nordosten liegen die Seealpen, die sich bis über 3000 m erheben und zur Küste steil abfallen, im Westen die Mittelgebirge Massif des Maures und Massif de l'Esterel. Die Seealpen (Alpes Maritimes) geben der Küste Schutz, der Temperaturunterschied zwischen Bergen und Meer beträgt etwa 7 °C.

Mit 300 Tagen Sonnenschein im Jahr darf man an der Küste rechnen, dabei wird es im Sommer oft über 30 °C, und auch die Nächte sind um 20 °C mild. Die Berge bedeckt eine Schneedecke bis ins Frühjahr hinein. Die Hauptniederschläge fallen in den Herbstmonaten und führen dann auch oft zu Überschwemmungen in den Flusstälern.

Von Februar an blühen Mimosen, dann duften die Rosen, aus denen das Rosenöl für die Parfümherstellung gewonnen wird. In den Seealpen leben Steinadler und Steinbock, die griechische Landschildkröte hat sich am Massif des Maures angesiedelt. Im Mercantour-Nationalpark wurden Wölfe ausgewildert.

POLITIK UND VERWALTUNG

Die Côte d'Azur, zur Region Provence-Alpes-Côte d'Azur gehörig, gliedert sich in die beiden Départements Alpes-Maritimes und Var. Im traditionell konservativen Süden ist der rechte Front National nach den Kommunalwahlen 2014 in vielen Stadtparlamenten vertreten und hat im Var sogar drei Rathäuser erobert. Monaco als konstitutionelle Monarchie wird von Fürst Albert II. regiert.

WIRTSCHAFT

Tourismus gehört zu den großen Wirtschaftsfaktoren an der Küste. Mit fast 11 Mio. Besuchern im Jahr und rund 70 Mio. Übernachtungen ist die Côte nach der Hauptstadt Paris das zweitwichtigste Ferienziel im Land, allerdings beherbergen vier von 163 Gemeinden etwa 70 % der Feriengäste.

Im französischen Silicon Valley Sophia-Antipolis bei Valbonne wächst seit 1969 eine »Technopole«, dazu gehören Pharmafirmen wie auch die Auto- und die Softwareindustrie. Universität, Forschungsinstitute und Fachhochschulen ergänzen das Projekt. Auf Kongresstourismus haben sich Nizza, Cannes, Grasse und Monte-Carlo eingestellt.

AMTSSPRACHE: Französisch
EINWOHNER: 1,9 Mio., Monaco 36 500
FLÄCHE: 31 400 qkm, Monaco 2,02 qkm
GRÖSSTE STADT: Nizza (345 000 Einwohner)
HÖCHSTER BERG: Monte Argentera (3297 m)
INTERNET: www.tourismepaca.fr
RELIGION: vorwiegend katholisch
WÄHRUNG: Euro

GESCHICHTE

Die Geschichte der Côte d'Azur beginnt mit der Steinzeit, und Zufallsfunde wie Ausgrabungen belegen eine frühe hoch entwickelte Kultur. Das Land zog Kolonisten wie Räuber an. Geändert haben sich im Lauf der Zeit nur die Formen der Eroberung.

4000 v. Chr. Erste Felsmalereien

Von Feuerstellen wusste man, von Werkzeugen – und damit waren die Kenntnisse um die frühen Siedler der Küste eigentlich erschöpft. Bis 1991, als der Tauchlehrer Henri Cosquer in den Calanques bei Cassis eine sensationelle Entdeckung machte. In einer Grotte, deren Eingang unter dem Meeresspiegel liegt, fand er, in die Wände geritzt und gemalt, Jagdszenen. Nicht so reichhaltig wie in Lascaux, aber Beleg dafür, dass es auch hier eine früh entwickelte hohe Kultur gab.

600 v. Chr. Stadtgründungen

Die Sage verrät, wie es gewesen sein könnte: Griechische Fischer aus dem kleinasiatischen Phokäa hatten sich auf die Reise gemacht, um die Prophezeiungen der Göttin Artemis zu hören, waren an einem schönen Platz gelandet und hatten beschlossen, dort zu bleiben und den Ort Lacydon zu nennen. Der Zufall wollte, dass ein Fest stattfand: Der König Nann wollte seine Tochter verheiraten, die sich sofort in einen griechischen Fischer verliebte, und die beiden gründeten Massalia (Marseille). Bald folgten mit Antipolis (Antibes) und Nicäa (Nizza) die nächsten Gründungen. Wahr ist, dass keltische Ligurer, Phönizier und Etrusker bereits Handel im Mittelmeerraum betrieben und die Griechen sich, wohl ohne größere Konflikte, dazugesellten.

Um 600 v. Chr.

Griechische Kolonisten gründen Monaco, Nizza und Antibes.

50 v. Chr.

Julius Caesar erobert Massalia (Marseille). Römische Veteranen werden in Fréjus angesiedelt.

6 v. Chr.

Augustus unterwirft die Alpenstämme. Als Siegeszeichen wird in La Turbie die Trophée d'Auguste gebaut.

50 v. Chr. Ein folgenschweres Bündnis

Massalia hatte sich während der Punischen Kriege zwischen Karthago und Rom auf die Seite der Römer gestellt und später im Streit zwischen Pompeius und Cäsar auf die Seite Pompeius'. Das erwies sich als folgenschwer, denn Cäsar siegte nach sechsmonatiger Belagerung der Stadt, ließ erst Massalia besetzen, schließlich wurde der gesamte Süden in die römische Provinz Gallia Narbonensis integriert.

855 Das Königreich Provence

Seit geraumer Zeit bedrohten die in Spanien herrschenden islamischen Sarazenen Südfrankreich, es gab immer wieder Überfälle, auch wenn Karl Martell sie zwischendurch zurückgeschlagen hatte. Es gelang ihnen sogar, sich im Massif des Maures niederzulassen. Trotzdem gründete der Karolinger Boson 855 das Königreich Provence. Aber erst Wilhelm Graf von Arles gelang es 974, die Piraten endgültig zu vertreiben, und der »Befreier« rief daraufhin die Grafschaft Provence ins Leben.

1763 Der erste Badegast

Der schottische Arzt und Reiseschriftsteller Tobias Smollett, der erste Tourist, der aus gesundheitlichen Gründen im Meer badete, berichtet von einer Reise nach Nizza: »Die Armut der Menschen in diesem Landstrich, wie überhaupt im Süden von Frankreich, kann man an der äußeren Erscheinung ihrer Haustiere ablesen. Die Zugpferde, Maultiere und Esel der Bauern sind bemitleidenswert mager … Erstaunlicherweise sind die Hunde friedfertig und fressen keine kleinen Kinder.
Es gibt einen weiteren Beweis für diese Bedürftigkeit, die unter dem gemeinen Volk herrscht: Man kann den ganzen Süden von Frankreich durchqueren, genauso wie den Bezirk Nizza, wo kein Mangel an Hainen, Wäldern und Anpflanzungen herrscht, ohne irgendwo den Gesang von Amsel, Drossel, Hänfling, Stieglitz oder sonst einem Vogel zu hören. Die armen Vögel sind vernichtet oder haben in anderen Landstrichen Zuflucht gesucht …«. Tobias Smollett verbrachte seine letzten Jahre in Italien, wo er 1771 starb.

Der hl. Honoratius aus Trier gründet auf einer Insel vor Cannes eines der ersten Klöster des Abendlandes.

855–879 Die Provence bildet gemeinsam mit Südburgund ein selbstständiges karolingisches Königreich.

410 n. Chr.

736–739 Sarazenische Invasion in Südfrankreich. Schutzsiedlungen entstehen in den Bergen (»villages perchés«).

1308 Die genuesische Familie Grimaldi kauft Monaco.

1822 Die Promenade des Anglais entsteht

Ein strenger Winter lässt die meisten Orangenbäume erfrieren. Die in Nizza ansässigen Engländer veranlassen in einer Art Arbeitsbeschaffungsmaßnahme für die Einheimischen den Bau eines palmenbestandenen Weges direkt am Meer, den Camin dei Anglès, der später zur Promenade des Anglais werden sollte. Klaus und Erika Mann empfinden sie später im abendlichen Lichterglanz wie ein Schmuckstück, das »hinaus ins schwarze Meer geworfen ist«.

1834 Cannes wird entdeckt

Der britische Schriftsteller und Rechtsanwalt Lord Brougham wird von Zöllnern am Flüsschen Var an der Grenze zu Nizza, das zu Sardinien gehört, gestoppt. In Frankreich ist die Cholera ausgebrochen. Auf der Suche nach einem Nachtquartier landet man in Cannes im Hotel de la Poste – das einzige in diesem abgelegenen Fischerort mit 3000 Einwohnern. Das gesunde Klima und die unverbaute Landschaft gefallen den Engländern sehr, und sie beschließen zu bleiben. Der Lord versteht es, auch andere Landsleute nach Cannes zu locken, und bald bauen die Engländer ein Haus nach dem anderen, Fürsten sind in den Straßen unterwegs, und die Franzosen amüsieren sich über sie. Prosper Mérimée notiert die große Zahl der »unverheirateten und unverheiratbaren englischen Fräulein«, »eine Ansammlung von flachsblonden Haaren und langen Zähnen«. Tatsächlich sind bald 60 Angehörige ausländischer Königshäuser in Cannes. 100 Jahre später notieren Klaus und Erika Mann: »Die Côte d'Azur ist die Gegend, wo Sie Grundstücke kaufen sollten, weil Sie gewiss nicht uneben spekulieren dabei« (veröffentlicht 1931).

1860 Eine politische Entscheidung

Nizza war nach der Französischen Revolution an Frankreich gefallen. Gardisten hatten die Stadt erobert, bevor der Wiener Kongress 1815 mit der Rückgabe an den König von Sardinien die alten Verhältnisse wieder herstellte. Aber nach der Volksabstimmung 1860 gehört es jetzt wieder zu Frankreich. Es

Baubeginn der Promenade des Anglais.

1388

1793

1822

Nach dem Tod Ludwig I. von Anjou verkauft dessen Witwe Nizza an die Grafschaft Savoyen.

Nizza wird nach Belagerung französisch.

heißt, mehr als 99 % der Stimmberechtigten hätten sich für ein französisches Nizza ausgesprochen. Die Wahrheit ist, so glauben Historiker, dass das Plebiszit inszeniert und der Urnengang manipuliert worden waren. Sie ordnen die Abtretung als Preis für die Verwirklichung von Garibaldis italienischem Einheitstraum an: Die Übergabe der Grafschaft Nizza sei der Dank Italiens für die französische Unterstützung im Kampf gegen Österreich gewesen.

1861 Monaco verkauft Menton

Auch die Bewohner von Roquebrune und Menton stimmen für die Zugehörigkeit zu Frankreich. Monaco, ohnehin knapp bei Kasse, verkauft beide Orte für 4 Mio. Francs. Bis 1146 war Menton im Besitz der Grafen von Ventimiglia, stand dann unter Herrschaft der Kommune von Genua, bis es 1346 zusammen mit Roquebrune an die Grimaldis von Monaco kam. 1848 erheben sich die Städte Menton und Roquebrune gegen die von Monaco eingeforderten Steuern, rufen eine unabhängige Republik aus und stellen sich unter den Schutz des Königs von Sardinien. Nachdem der italienische König Viktor Emanuel II. die Grafschaft Nizza zusammen mit Savoyen dem französischen Staat übereignet hatte, verzichtet 1861 auch der monegassische Fürst Charles III. in einem Vertrag mit Napoleon III. auf seiner Ansprüche auf Roquebrune und Menton.

1863 Gründung einer Spielbank

Die Geburtsstunde Monte Carlos wird mit jener der Spielbank gleichgesetzt, und im Prinzip ist das auch richtig. Offiziell gegründet wurde Monte Carlo aber 1866. François Blanc, der für den Aufschwung des Casinos sorgt, kommt von der Spielbank Bad Homburg und folgt damit einem Ruf ins Fürstentum. Um das schöne Casinogebäude herum, von dem Architekten der Pariser Oper Charles Garnier entworfen, werden Straßen und elegante Hotels gebaut.

1887 Die Riviera wird »Côte d'Azur«

Für eine Reisebeschreibung benutzt Stephen Liégeard den Titel »La Côte d'Azur« und schafft damit, was es noch

Lord Brougham muss auf der Reise nach Nizza in Cannes »notlanden«, weil in Nizza die Cholera herrscht. Beginn des Aufstiegs zum mondänen Seebad.

Der Fürst von Monaco verkauft Menton und Roquebrune an Frankreich. Zwei Jahre später wird Monte Carlo gegründet.

1861

1834

1860

Nach einer Volksabstimmung tritt König Viktor Emanuel II. von Piemont-Sardinien die Grafschaft Nizza mit den Seealpen an Frankreich ab.

1887

Die Marke »Côte d'Azur« entsteht.

nicht gibt: eine Marke, die bis heute nichts von ihrer Attraktivität verloren hat. Im Heimatmuseum in Nizza ist ein Exemplar seines Buches ausgestellt.

1922 Der »Train Bleu« kommt

Der legendäre Luxuszug »Train Bleu« fährt zum ersten Mal im Bahnhof von Cannes ein, das Örtchen ist damit zur Hauptstadt des Luxus geworden. Zur Freude der Engländer beginnt die Fahrt in Calais und führt nur Schlafwagen der ersten Klasse. Die höchste Auslastung hat der »Train Bleu« noch von November bis April, wenn die reisefreudigen Briten die unfreundliche Witterung der Insel gegen das angenehme Klima der Französischen Riviera eintauschen. Nach der Weltwirtschaftskrise und damit der Abwertung des britischen Pfunds geht die Zahl der Reisenden, vor allem aus Großbritannien, stark zurück. 1936, in Frankreich ist der zweiwöchige Urlaub eingeführt worden, muss der Zug um Abteile der zweiten und dritten Klasse ergänzt werden, da nun auch Franzosen in den Süden fahren wollen. Zu den bekann-testen Passagieren des Zuges gehörten Charlie Chaplin, die Modeschöpferin Coco Chanel, der britische Premierminister Winston Churchill und der Schriftsteller Somerset Maugham.

Schon 1870 gab es eine Eisenbahntrasse an der Küste, und den Engländern gefiel es gar nicht, dass sie durch die zum Meer verlaufenden Gärten des englischen Viertels verlegt worden war. Die einzige positive Auswirkung vermerkt Frederick Ponsonby, Privatsekretär von Queen Victoria: »In Cannes hielten wir gewöhnlich fünf Minuten, damit der Prinz von Wales oder der Herzog von Cambridge zur Begrüßung der Queen an den Zug kommen konnten.«

1946 Erste Filmfestspiele in Cannes

Die ersten Filmfestspiele in Cannes sollten schon 1939 stattfinden. Empört darüber, dass die faschistischen Regierungen beim Festival in Venedig Einfluss auf die Auswahl der Filme nehmen wollten, beschlossen Amerikaner und Briten Ende der 1930er-Jahre gemeinsam die Gründung eines Internationalen Filmfestivals in Frankreich. Sonne

1922

1939–1945

1946

Erste Filmfestspiele in Cannes.

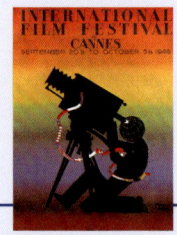

Der »Train Bleu« verbindet Calais mit Cannes.

Deutsche Truppen besetzen 1942 die Riviera. 1944 landen alliierte Verbände an der Côte des Maures, mit Unterstützung der Résistance nehmen sie Toulon, Marseille und Nizza ein.

und die wunderbare Lage gaben den Ausschlag, Cannes wurde Festivalstadt. Für den 1. bis 20. September waren die ersten Festspiele geplant. Louis Lumière, Erfinder des Kinos, sollte sie leiten. Am 1. September jedoch marschierten deutsche Truppen in Polen ein, der Zweite Weltkrieg begann, das Festival wurde abgesagt. Erst am 20. September 1946 wird im ehemaligen Casino von Cannes das Internationale Filmfestival eröffnet, weniger Wettbewerb als eine mondäne touristische Veranstaltung. Es mausert sich zum Treffpunkt der Fachleute des Films, heute steht klar die kommerzielle Seite im Vordergrund.

1955 Saint-Tropez wird Szene-Dorf

Man schreibt das Jahr 1953, als die Eltern von Patrice de Colmont ein Stückchen Land südlich von Saint-Tropez kaufen, an dem sie 1948, als Völkerkundler und Dokumentarfilmer unterwegs, wegen eines Mistrals gestrandet waren. Sie lieben es, weil es nichts gibt, keine Küstenstraße, keine Strandcafés, nur Strandhafer, Dünen, Bootsschuppen – das reine Paradies. Sie bauen Hütten, und wer am großen Holztisch unterm Sonnensegel vorbeikommt, darf sich auf ein Gespräch und ein Glas Wein freuen. Aber dann, 1955, erscheinen gleich fast 80 Menschen. Sie sind vom Film, zwei heißen Roger Vadim und Brigitte Bardot, drehen hier »Und ewig lockt das Weib« und wollen gern mit Maskenbildnern und Kameraleuten verpflegt werden. Ob das wohl ginge? Es geht, denn vorbereitet werden die Mahlzeiten im großen Ofen der Bäckerei in Saint-Tropez. Den Filmleuten gefällt's, den Colmonts auch. Sie melden einen Betrieb für Strandgastronomie an und nennen ihn nach dem Gründungsjahr »Club 55«. Längst ist der Club am Strand von Pampelonne das berühmteste Strandlokal der Welt. Immer voll, extrem teuer – und so locker wie damals.

2014 Die teuerste Wohnung der Welt

Monaco erlebt einen Boom bei Luxusimmobilien. In der Tour Odéon entsteht gerade das weltweit teuerste Penthouse. Eine Luxuswohnung kostet im Fürstentum gegenwärtig im Schnitt bereits 91 000 €/qm.

Saint-Tropez und der »Club 55« werden berühmt.

Die A 8 schließt die Region an das französische und italienische Autobahnnetz an. Anhaltender Bauboom, die Côte wird zum Massenreiseziel.

1980

1955

1962
Der Flughafen Nice-Côte d'Azur wird eröffnet.

2014
11 Mio. Touristen kommen an die Französische Riviera.

KULINARISCHES LEXIKON

A

à point – fast gar, »medium«
agneau – Lamm
ail – Knoblauch
amandes – Mandeln
anchois – Sardellen (Anchovis)
andouillette – Bratwurst aus Innereien

B

beignet – Krapfen
beurre – Butter
bien cuit – durchgebraten
bière – Bier
– pression – vom Fass
bœuf – Ochse, Rind
bouillabaisse – Fischsuppe
brioche – lockeres Hefegebäck

C

cabillaud – Kabeljau
café crème – Kaffee mit Milch
– liégeois – Eiskaffee
canard – Ente
charlotte – Biskuit in süßer Sauce
chèvre – Ziege, Ziegenkäse
chocolat chaud – Kakao
– liégeois – Eisschokolade
cidre – Apfelmost
colin – Seehecht
concombre – Salatgurke
confit – Ente, Gans, Schwein in
    eigenem Fett eingelegt
coq au vin – Hähnchen in Wein
coquillages – Schalentiere
côte d'agneau – Lammkotelett
courgettes – Zucchini
crème – Sahne
– chantilly – süße Schlagsahne
crêpe – dünner Pfannkuchen

crevettes – Garnelen
croque-madame – überbackener Toast
    mit Spiegelei
croque-monsieur – Toast mit
    Schinken und Käse überbacken
crudités – Rohkost als Vorspeise
crustacés – Krustentiere

D

daube – Gulasch
digestif – Verdauungsschnaps
dindon – Truthahn

E

eau – Wasser
– plate – ohne Kohlensäure
– gazeuse – mit Kohlensäure
écrevisses – Krebse
entrecôte – Lendenstück
entrée – Vorspeise
escalope – Schnitzel
escargots – Schnecken

F

foie gras – Gänseleberpastete
fraises – Erdbeeren
frit – gebacken
fromage blanc – Käse, Quark
fruits – Obst
– de mer – Meeresfrüchte
fumé – geräuchert

G

gâteau – Kuchen
gigot – Lammkeule
glace – Eis
grillade – gegrilltes Fleisch
grenadine à l'eau – Granatapfelsaft mit
    Wasser

H

haricots – Bohnen
herbes – Kräuter
hors-d'œuvre – kalte Vorspeise
huile – Öl
huîtres – Austern

I/J

infusion – Kräutertee
jus de fruits – Obstsaft
jambon – Schinken

L

lait – Milch
laitue – Kopfsalat
lentilles – Linsen
lièvre – Hase

M

mauresque – Pastis mit Mandelmilch
menthe à l'eau – Pfefferminzextrakt
    mit Wasser
miel – Honig
moules – Miesmuscheln
moutarde – Senf
mouton – Hammel

N

noisette – Haselnuss
noix – Walnuss

O

œuf – Ei
oie – Gans
oignon – Zwiebel

P

pain – Brot
panaché – Bier mit Limo (Radler)
pastis – Anisschnaps
pâtes – Teigwaren
pâtisserie – Gebäck
pieuvre – Krake

pigeon – Taube
pignons – Pinienkerne
piment doux – Paprika- oder
    Pfefferschote
pistou – Basilikumsuppe
plat du jour – Tagesgericht
poivre – Pfeffer
pommes – Äpfel
– de terre – Kartoffeln
porc – Schwein
potage – Suppe
poulet – Hähnchen

R

raisins – Weintrauben
rillettes – Schweineschmalz
rôti – Braten

S

saignant – »englisch« gebraten
sauté – geschmort
saucisse – Würstchen
saumon fumé – geräucherter Lachs
sel – Salz
service compris – mit Bedienung
sole – Seezunge
sucre – Zucker

T

tapenade – Olivenpaste
tarte – Torte
tisane – Kräutertee
tournedos – Rindsfilet
truffes – Trüffel
truite – Forelle

V

vin rouge – Rotwein
vin blanc sec – trockener Weißwein
vinaigre – Essig

Y

yaourt – Joghurt

SERVICE

Anreise und Ankunft

MIT DEM AUTO

Wer die Autobahn für den Weg in den Süden wählt, kann über Freiburg oder Saarbrücken, Mulhouse und Lyon über die A 7 (Aix-en-Provence) und die A 8 an die Côte d'Azur gelangen. Süddeutsche, Schweizer und Österreicher fahren über Genf und ab Lyon auf die Autobahn bzw. über Italien auf der A 8 nach Nizza. Die A 8 verläuft bis Fréjus so nah an der Küste, dass die Ferienorte alle gut erreichbar sind.

Wer einmal längs durch Frankreich fährt, muss mit gut 60 € Autobahngebühr rechnen. Bei der Autobahneinfahrt erhält man auf Knopfdruck ein Ticket, bei der Ausfahrt verraten Piktogramme, wo man per Kreditkarte bezahlen oder Geld in einen Trichter werfen muss. Urlauber können die Autobahnmaut auch elektronisch bezahlen. Man registriert sich dabei vorab bei Unternehmen wie Tolltickets oder BIP&Co, hinterlegt seine Bankdaten und erhält einen Chip für die Windschutzscheibe. An den Mautstationen können Autofahrer dann die Télépéage-Spuren nutzen. Langsamer und abwechslungsreicher ist die Anreise über Gap, Sisteron und Grasse auf der historischen Route Napoleon (D 6085).

MIT DER BAHN

Die meisten Städte an der Côte d'Azur sind mit der Eisenbahn erreichbar. Der Hochgeschwindigkeitszug TGV fährt von Paris in sieben Stunden nach Nizza. Plätze werden nur mit Reservierung verkauft, die Zugtüren schließen zwei Minuten vor der Abfahrt und lassen sich dann nicht öffnen. Die Fahrkarte muss vorher entwertet werden, alle Gepäckstücke sind mit Namen zu versehen. An der Küste selbst kann man sich gut mit dem Zug fortbewegen. Die Regionalbahn TER (Service Transport-Express Régional) verkehrt regelmäßig zwischen Fréjus und dem Grenzort Ventimiglia in Italien.

MIT DEM FLUGZEUG

Unterschiedliche Linien fliegen von vielen Flughäfen Mitteleuropas mehrmals in der Woche in 1,5 bis 2 Stunden nach Nizza, am billigsten am Wochenende, wenn die Flugzeuge nicht mit Geschäftsleuten ausgelastet sind.

Auf www.atmosfair.de und www.myclimate.org kann jeder Reisende durch eine Spende für Klimaschutzprojekte für die CO_2-Emissionen seines Fluges aufkommen.

Auskunft

Im traditionellen Tourismusgebiet an der Küste hat jeder Ort ein eigenes Office de Tourisme. In großen Ferienorten sind sie während der Hochsaison (Juli/Aug.) täglich geöffnet, in kleineren sonntags geschlossen, und man muss auch an Werktagen mit Mittagspausen rechnen. Man bekommt dort Stadtpläne, Wander- und Fahrradkarten und oft auch Eintrittskarten für Veranstaltungen. Fast immer liegt viel Gratis-Informationsmaterial über andere Küstenorte aus.

IN DEUTSCHLAND, ÖSTERREICH UND DER SCHWEIZ

Atout France – Französische Zentrale für Tourismus

Postfach 1001 28 | 6001 Frankfurt/Main | E-Mail: info@rendezvousenfrance.com, info.at@rendezvousenfrance.com, info.ch@rendezvousenfrance.com | www.rendezvousenfrance.com

Monaco-Informations-Centrum

Königsallee 27–33 | WZ Center | 40212 Düsseldorf | Tel. 0211/323 78 43 | E-Mail: monaco-duesseldorf@t-online.de

AN DER CÔTE D'AZUR

Comité Régional du Tourisme Riviera-Côte d'Azur   ⚑ F3

455, promenade des Anglais | CS 53126 | 06203 Nice Cedex 3 | Tel. 04 93 37 78 78 | www.cotedazur-tourisme.com

ADT Var Tourisme   ⚑ A5

1, bd. de Strasbourg | BP 5147 | 83093 Toulon Cedex | Tel. 04 94 18 59 60 | www.visitvar.fr

Office de tourisme de Monaco   ⚑ F2

2a, bd. des Moulins | Monte Carlo | 98030 Monaco Cedex | Tel. 00 377/92 16 61 16 | www.visitmonaco.com

---

Buchtipps

Best of Côte d'Azur (TRAVEL HOUSE MEDIA, 2013) Der Titel täuscht, alles auf Deutsch, kurz, knapp und doch sehr informativ.
Christine Cazon: Mörderische Côte d'Azur (Kiepenheuer & Witsch, 2014) Ein Krimi, der hinter die Kulissen der Filmfestspiele führt.

F. Scott Fitzgerald: Zärtlich ist die Nacht (Diogenes, 2007) Vom Leben und Leiden der Künstler und Exzentriker an der Côte der 1930er-Jahre.
Alexander Kluy: Jüdisches Marseille und die Provence (Mandelbaum, 2013) Lange bevor jüdische Dichter aus Deutschland an die Küste flohen, erfreute man sich dort einer bemerkenswerten Toleranz.
Fritz J. Raddatz: Nizza mon amour (Arche, 2010) Er nörgelt schon ein bisschen, beschreibt die Stadt und seine Ausflüge jedoch zum Nachspazieren liebevoll und schön.
Françoise Sagan: Bonjour Tristesse (Ullstein, 2005) Als das Werk der 18-Jährigen 1954 erschien, war die Geschichte von Liebe und Langeweile am Meer ein Skandal. Sie vermittelt heute noch eindringlich das Lebensgefühl an der Riviera.
Patrick Süskind: Das Parfüm (Diogenes, 2006). Seit Erscheinen 1985 ein Millionenerfolg. Der absolute Geruchssinn führt einen jungen Mann nach Grasse und wird ihm – und jungen Damen – zum Verhängnis. Man ahnt vor der Lektüre nicht, wie man Gerüche beschreiben kann.

Diebstahl

Mit den Touristen reisen die Diebe, und Diebstähle aus einsam geparkten Autos gehören leider zur Normalität. Deshalb nichts im Wagen sichtbar liegen lassen. Zugenommen haben Diebstähle aus unverriegelten Autos an roten Ampeln! Das Zentrale Polizeikommissariat in Nizza, 1, av. Maréchal-Foch, ist Tag und Nacht geöffnet (Tel. 04 92 17 22 22).

Diplomatische Vertretungen

Deutsches Konsulat F3

34, av. Henri Matisse | 06200 Nizza |
Tel. 04 93 83 55 25 | Mo–Fr 9–12 Uhr

Österreichisches Konsulat F3

8, av. de Verdun | 06000 Nizza |
Tel. 04 93 87 01 31 | Mo–Fr 10–12 Uhr

Schweizer Konsulat F3

Palais de l'Harmonie, 21 | rue Berlioz |
06000 Nizza | Tel. 06 37 16 21 85 |
Mo–Fr nach Anmeldung, E-Mail: nice@
honorarvertretung.ch

Feiertage

1. Januar Neujahr
Ostermontag
1. Mai Tag der Arbeit
8. Mai Armistice 1945 (Waffenstillstand Zweiter Weltkrieg)
Christi Himmelfahrt
Pfingstmontag
14. Juli Nationalfeiertag (Sturm auf
die Bastille 1789)
15. August Mariä Himmelfahrt
1. November Allerheiligen
11. November Armistice 1918
(Waffenstillstand Erster Weltkrieg)
25. Dezember Weihnachten

Außerdem in Monaco:

26./27. Januar Fest der Schutzpatronin des Fürstentums, Sainte-Dévote
19. November Nationalfeiertag
(Namenstag von Rainier III.)

FKK

»Naturiste« bedeutet, dass ohne Kleider gebadet wird. An der Côte d'Azur
ist das nur auf der Insel Levant vor Hyères der Fall. Oben ohne wird meist
nicht besonders gern gesehen.

Geld

In Frankreich ist es üblich, mit der Kreditkarte zu bezahlen. Ist das in einem
Restaurant nicht der Fall, gilt das als
Marotte. Kreditkarten sind CB, »cartes
bancaire«, EC-Karten (bei Fahrkarten-
Automaten z. B. Maestro) werden meist
ebenfalls akzeptiert. An Tankstellen in
der Mittagspause und in manchen kleinen Orten geht jedoch ohne Kreditkarte mit PIN-Nummer gar nichts. Aus
Geldautomaten (»distributeurs automa-
tiques«) kann man sich rund um die
Uhr mit Bargeld versorgen.

Landkarten

Die gelben Michelinkarten 340 und 341
im Maßstab 1:150 000 sind gute Reise-
begleiter. Für Wanderer gibt es vom
Conseil Général Alpes-Maritimes neun
Hefte (»Guides Randoxygène«) gratis.
Das Institut Géographique (IGN) gibt
Rad- und Wanderkarten heraus.

Links und Apps

LINKS

de.rendezvousenfrance.com
Offizielle Website für Tourismus in
Frankreich mit einer Fülle von Infos zu
allen erdenklichen Themen.
www.cotedazur-tourisme.com
Website des regionalen Tourismusbüros mit dem Angebot, Apps von Nice-
Matin unentgeltlich herunterzuladen.
Mit Adressen von Hotels, Restaurants,
zum Ausgehen, zur Sicherheit.
www.visitvar.fr
Die offizielle Website des regionalen
Tourismusverbandes des Départements
Var, auch auf Deutsch. Die Informationen sind allgemein gehalten, man kann
sich außerdem eine Reihe von Broschü-
ren herunterladen.

www.insidriviera.com
Interaktiver Reiseführer zu Städten, z. B. Monaco.
www.autoroutes.fr
Berechnet die Mautkosten für die Autobahnstrecken.
www.rczeitung.com
Digitalausgabe der deutschsprachigen Riviera Zeitung.
www.viamichelin.de
Routenplaner mit Hotel- und Restaurantführer.

APPS
Nice Aéroport
Informiert über Abflüge und Ankünfte (iPhone und Android, gratis).
Voyages-sncf.com
Gratis-App für die Eisenbahn (iPhone und Android).
SNCF TER
Gratis-App für Regionalzüge (iPhone und Android).
Lignes d'Azur
Für das Verkehrsnetz im Großraum Nizza (iPhone und Android, gratis).
Vélo Bleu
Verrät, wie viele Leihfahrräder wo in Nizza stehen (iPhone, gratis).
Monument Tracker
Sucht Sehenswertes in der Nachbarschaft (Android, gratis).
Musée National Marc Chagall
Erlaubt gratis einen Audio-Besuch im Museum und informiert über Öffnungszeiten usw. In vielen Museen werden nach dem Bezahlen des Tickets Apps zum besuchten Ort unentgeltlich angeboten (iPhone, gratis).
Metéo-France
Informiert neun Tage vorher über das Wetter, eine Stunde vorher über Regen (iPhone und Android, gratis).

Medizinische Versorgung

Die Vorlage einer Europäischen Krankenversicherungskarte (EHIC) reicht. Als zusätzlicher Versicherungsschutz empfiehlt sich eine Auslandskrankenversicherung, die Krankenrücktransporte mitversichert. Eine notfallmedizinische Betreuung für Ausländer bieten die Riviera Medical Services in Nizza an, Tel. 0493261270. Ärztlicher Bereitschaftsdienst und Notärzte in Nizza: Tel. 0493530303.

KRANKENHAUS
Universitätsklinik Nizza –
Hôpital Saint-Roch F 3
Nizza | 5, rue Pierre Dévoluy (Fußgängereingang) | Tel. 0492037777

Schnelle medizinische Hilfe für
Kinder F 3
Nizza | Krankenhaus Lenval | 57, av. de la Californie | Tel. 0492030303

APOTHEKEN
Erkennbar am grünen Kreuz, Nacht- und Wochenenddienste sind im Schaufenster angegeben. Nachtapotheken:
– Nizza | Pharmacie Masséna |
7, rue Masséna | Tel. 0493877894
– Nizza | Pharmacie Riviera | 66, av. Jean Médecin | Tel. 0493625444

Nebenkosten

1 Café au lait	3,00–7,00 €
1 Bier	4,00–6,00 €
1 Cola	3,00–5,00 €
1 Baguette	1,00 €
1 Schachtel Zigaretten	ab 6,00 €
1 Liter Benzin	1,85 €
Öffentl. Verkehrsmittel (Einzelfahrt)	ab 1,50 €
Mietwagen/Tag	ab 90,00 €

Notruf

Polizei, Feuerwehr, Rettungsdienst
Tel. 112

Post

Die Postämter haben, wie die Geschäfte, unterschiedliche Öffnungszeiten. Briefmarken (»timbre«) für Postkarten und Briefe bis 20 g innerhalb Europas kosten 0,70 €, man bekommt sie oft auch beim Kartenverkäufer oder im Tabakladen (Tabac – erkenntlich an der roten Zigarre neben der Tür). Monaco hat eigene Briefmarken, die Tarife sind identisch.

Reisedokumente

Personalausweis oder Reisepass müssen noch drei Monate gültig sein, Kinder brauchen einen eigenen Ausweis. Autofahrern wird die Grüne Versicherungskarte empfohlen. Das Auto muss ein Nationalitätenkennzeichen tragen.

Reiseknigge

Urlauber sollten wissen, dass Franzosen ziemlich förmlich sind, was das Verhalten in der Öffentlichkeit betrifft. Im Restaurant wartet man, bis einem ein Tisch zugewiesen wird. Natürlich kann man, wenn einem der nicht gefällt, um einen anderen bitten. Der Kellner wird mit Monsieur angesprochen, die Bestellung einer Käseplatte als Hauptgericht wird als ungehörig empfunden. Es ist üblich, dass einer die Rechnung für den Tisch bezahlt, dann teilt man die Summe durch die Zahl der Personen, ohne im Einzelnen aufzurechnen, wer was gegessen und getrunken hat. Wer einen Café bestellt, bekommt einen Espresso. Trinkgeld, höchstens 10 %, lässt man nach Rückgabe der Wechselsumme auf dem Tisch liegen.

Wer genau hinhört, stellt fest, dass in Frankreich gesiezt wird, auch unter jungen Leuten. Fremde, die geduzt werden, können pikiert reagieren.

In Badekleidung durch den Ort zu spazieren ist häufig explizit verboten. Wer sich darum nicht kümmert, darf damit rechnen, dass das als Ordnungswidrigkeit geahndet wird.

Wer mit dem Auto unterwegs ist, sollte nachfragen, ob ein Parkplatz zur Verfügung steht. Da Parkplätze rar sind, sind sie in manchen Hotels kostenpflichtig.

Überraschung für alle, die es gewohnt sind, dass wenige Franzosen und wenn, dann ungern, eine andere Sprache sprechen: An der Côte d'Azur kommt man mit Englisch sehr gut zurecht.

Reisewetter

Die Sommer an der Côte d'Azur sind nicht ganz so heiß und die Winter nicht ganz so kalt wie im Inland. Vor allem im Schutz der Seealpen beginnt der Frühling sehr früh, meist schon im Februar. Gelegentlich fällt im Winter auch Schnee, taut aber im Lauf des Tages, und am nächsten Tag kann man in der Sonne sitzen. Der eiskalte Mistral weht bis Saint-Tropez und oft auch noch ein Stückchen weiter. Ab Oktober muss man mit Herbstregen und damit kühlen Tagen rechnen. Und sonst ist es wie überall: Richtig Verlass auf diese Gewohnheiten gibt es nicht.

Riviera-Pass

Mit dem Pass werden 115 Vergünstigungen von Menton bis Saint-Raphaël angeboten, das betrifft Veranstaltungen, Museen und sportliche Aktivitäten. Für 1 Tag kostet er 26 €, für 2 Tage 38 €, für 3 Tage 56 €.

Telefon
VORWAHLEN

D, A, CII ▸ Frankreich 00 33
D, A, CH ▸ Monaco 0 03 37
Frankreich ▸ D 00 49
Frankreich ▸ A 00 43
Frankreich ▸ CH 00 41

In Frankreich wählt man die Nummer ohne die erste 0, also neunstellig. Mit einer Prepaidkarte eines französischen Anbieters (z. B. Orange) kann man günstiger telefonieren. Man bekommt sie in den Zeitungs- und Tabac-Läden. »Mobile« oder »portable« heißt das kleine tragbare Telefon auf Französisch.

Verkehr
AUTO

Auf französischen Autobahnen darf man bis 130 km/h fahren, bei Nässe 110 km/h, auf Schnellstraßen (zwei Spuren je Richtung) 110 km/h, bei Nässe 100, auf National- und Départementalstraßen 90 km/h, bei Nässe 80 und in geschlossenen Ortschaften, wenn nicht anders angegeben 50 km/h. Bußgelder und Strafen für zu schnelles Fahren

sind hoch: bis 20 km/h über der zugelassenen Geschwindigkeit 68 €, innerorts 135 €. Die 135 € verringern sich auf 90 €, wenn sie vor Ablauf von 15 Tagen bezahlt werden. Nach Ablauf von 45 Tagen werden aber schon 375 € fällig. Anschnallpflicht besteht auch auf Rücksitzen, die Promillegrenze liegt bei 0,5. Vom verpflichtenden Alkoholtestgerät spricht keiner mehr. In der blau am Straßenrand markierten »zone bleue« darf man mit Parkscheibe parken, ein gelber Streifen am Straßenrand bedeutet absolutes Halteverbot. Unbedingt auf das Parkverbot an Markttagen achten! Da viele Orte sehr klein sind, empfiehlt es sich, die Parkplätze am Ortsrand zu nutzen. Oft ist das Abstellen des Wagens nur mit Parkschein erlaubt. In den Bergen sind viele Orte überhaupt nicht mit dem Auto zugänglich. An heißen Tagen ist es auch ratsam, ein Parkhaus aufzusuchen. Die Preise entsprechen vergleichbaren Häusern in Deutschland.

FAHRRAD

An Bahnhöfen und in Badeorten werden Räder jeder Art vermietet, meist

Klima (Mittelwerte)

	Januar	Februar	März	April	Mai	Juni	Juli	August	September	Oktober	November	Dezember
Tages-temperatur	12	13	15	17	20	24	27	27	25	21	17	13
Nacht-temperatur	4	5	7	9	13	16	18	18	16	12	8	5
Sonnen-stunden	5	6	6	8	9	10	12	11	9	7	5	4
Regentage pro Monat	9	7	8	9	8	5	2	4	7	9	9	9
Wasser-temperatur	13	12	13	14	16	20	22	23	21	19	16	14

Mountainbikes, VTT (Vélo tout terrain). Die Preise liegen um 25 €/Tag. Gruppen (Familien) sollten über den Tarif verhandeln.

ÖFFENTLICHE VERKEHRSMITTEL

An der Küste kommt man mit Bus und Bahn sehr gut zurecht, Touren ins Hinterland erfordern dann jedoch gute Vorbereitung, da manche Busse nicht so oft, viele am Wochenende gar nicht fahren. Zu Sehenswürdigkeiten gibt es hin und wieder Gratis-Shuttlebusse, so von Vence nach Saint-Paul-de-Vence und von Cagnes zum Renoir-Museum. Sie sind allerdings auf die Sommermonate begrenzt. Da die Küste viel besucht wird, versuchen viele Orte, die Touristen im Sommer zur Benutzung von Bahn, Bus und Fahrrad zu verführen. Das führt zu guten und schnellen und sehr kostengünstigen Verbindungen. Schon im Mai verbringen Autofahrer viel Zeit im Stau.

TAXI

Die Taxifahrt vom Flughafen Nizza in die Stadt kostet etwa 30 €, von 19 bis 7 Uhr gilt ein teurerer Nachttarif. Für die Fahrt bis Cannes muss man mit 70, bis Monaco mit 75 € rechnen.

Zoll

Reisende aus Deutschland und Österreich dürfen Waren mit nach Hause nehmen, wenn sie für den privaten Gebrauch bestimmt sind. Zigaretten mitzunehmen lohnt sich nicht, da sie in Frankreich teurer sind. Es gibt aber Richtmengen, die nicht überschritten werden sollen, z. B. 90 l Wein. Weitere Informationen unter www.zoll.de und www.bmf.gv.at/zoll.

Waren im Wert von 300 SFr dürfen Schweizer mit nach Hause nehmen, wenn diese für den privaten Gebrauch bestimmt sind. Tabak und Alkohol fallen nicht unter diese Grenze, 2 l Wein bleiben abgabenfrei (www.zoll.ch).

Entfernungen (in km) zwischen wichtigen Orten

	Antibes	Brignoles	Cannes	Fréjus	Grasse	Hyères	Menton	Monaco	Nizza	St-Tropez
Antibes	–	108	11	48	13	125	46	31	15	82
Brignoles	108	–	96	65	106	50	150	140	125	83
Cannes	11	96	–	37	13	114	57	42	26	73
Fréjus	48	65	37	–	42	75	93	84	68	35
Grasse	13	106	13	42	–	117	58	46	27	84
Hyères	125	50	114	75	117	–	171	155	140	51
Menton	46	150	57	93	58	171	–	9	31	130
Monaco	31	140	42	84	46	155	9	–	16	116
Nizza	15	125	26	68	27	140	31	16	–	100
St-Tropez	82	83	73	35	84	51	130	116	100	–

IHRE MEINUNG IST UNS WICHTIG!

Wir möchten mit unseren Reiseführern für Sie und Ihre Reise noch besser werden. Nehmen Sie sich deshalb bitte kurz Zeit, uns einige Fragen zu beantworten. Als Dankeschön für Ihre Mühe verlosen wir traumhafte Preise unter allen Teilnehmern.

1. PREIS
Eine zweiwöchige Fernreise für zwei Personen

2. PREIS
Wochenend-Trip in eine europäische Hauptstadt

3. PREIS
Je einen von 100 Reiseführern Ihrer Wahl

Mitmachen auf
www.reisefuehrer-studie.de

Oder QR-Code mit Tablet/Smartphone scannen

MERIAN
Die Lust am Reisen

ORTS- UND SACHREGISTER

Wird ein Begriff mehrfach aufgeführt,
verweist die **fett** gedruckte Zahl auf die Hauptnennung.
Abkürzungen: Hotel [H] · Restaurant [R]

Abbaye du Thoronet 19
A Braijade Méridiounale
  [R, Menton] 132
Acchiardo [R, Nizza] 73
Acropolis [Nizza] 79
Allée des Lumières
  [Cannes] 92
Altstadt Le Suquet
  [Cannes] 90
Altstadt Monaco-Ville
  [Monaco] 120
Altstadt [Vence] 107
Altstadt von Nizza
  [MERIAN TopTen] 62
Amphitheater [Fréjus] 149
Ankunft 178
Anreise 178
Antibes 9, 86, **96**
Apotheken 181
Appart'Hôtel Odalys
  [H, Monaco] 124
Apps 181
Aqualand [Fréjus] 150
Auberge des Seigneurs
  [R, Vence] 109
Auskunft 178
Auto 178, 183
Au Vieux Gassin
  [R, Gassin] 142

Bahn 178
Baies des Fourmis 126
Bars 76, 125, 139
Basilique Saint-Michel-
  Archange [Menton]
  129
Basse Corniche [Ville-
  franche-sur-Mer, Le
  Cap Ferrat, Beaulieu-
  sur-Mer, Monaco] 127

Beaulieu-sur-Mer 126
Bello Visto [H, Gassin]
  141
Bevölkerung 168
Bibliotheque Louis Nucéra
  [Nizza] 64
Biot 99
Bischofspalais [Fréjus]
  149
Bormes-les-Mimosas 44,
  144
Breil-sur-Roya 162
Bücher 36
Buchtipps 179
Buddhistische Pagode
  Hong-Hien [Fréjus]
  149

Cadet Rousselle
  [R, Fréjus] 150
Café des Jardiniers
  [R, Rayol-Canadel-sur-
  Mer] 31
Café de Turin [R, Nizza]
  74
Cafés 99, 139
Cagnes-sur-Mer 44, **110**
Cannes 7, 9, 43, 44, 87, **89**
Cap d'Antibes 44
Cap du Dramont **15**, 148
Cap Ferrat [MERIAN
  TopTen] 7, **51**
Casanera [Saint-Tropez]
  32
Casino Monte Carlo
  [Monaco] 8, **121**
Castellar 132
Castelroc [R, Monaco]
  124
Castillon 132

Cathédrale Orthodoxe
  Russe Saint-Nicolas
  [Nizza] 64
Cavalaire-sur-Mer 164
Cave de la Tour [R, Nizza]
  76
Cave Romagnan [Nizza]
  13
Cave Wilson [R, Nizza]
  76
Chambres d'hôtes La
  Colline de Vence
  [H, Vence] 109
Chambres d'hôtes Leï
  Souco [H, Ramatuelle]
  142
Chante-Mer [R, Sainte-
  Maxime] 147
Chapelle de la Miséricorde
  [Nizza] 62
Chapelle du Rosaire oder
  Chapelle Matisse
  [Vence] 108
Chapelle Saint-Pierre
  [Villefranche-sur-Mer]
  83
Chartreuse de la Verne 15
Château Anglais [Nizza]
  66
Château de la Tour
  [Nizza] 66
Château de Villeneuve
  [Vence] 107
Château Eza [H, Èze] 128
Château Grimaldi
  [Cagnes-sur-Mer] 110
Château Miraval
  [R, Correns] 31
Château Musée [Vallauris-
  Golfe-Juan] 105

Chez Pipo [R, Nizza] 74
Cime de Rocca Sierra 159
Cimetière du Vieux Châ-
    teau [Menton] 130
Cimiez [Nizza] 64
Coaraze 158
Cocoon [R, Cannes] 94
Cogolin 140
Col Belle-Barbe 148
Col de Tende 163
Col de Vence 109
Colline du Château
    [Nizza] 12
Collobrières 144
Colombier [R, Antibes]
    28
Conservatoire botanique
    [Île de Porquerolles]
    161
Corniche d'Or [MERIAN
    TopTen] 8, 44, **148**
Corniches [Monaco] 126
Courségoules 109
Cours Saleya [Nizza] 62
Crémat 68

Dalmas-de-Tende 162
De la Fontaine [H, Nizza]
    73
Delikatessen 36, 77, 132
Diebstahl 179
Diplomatische Vertretun-
    gen 180
Domaine du Rayol [Rayol-
    Canadel-sur-Mer,
    MERIAN TopTen] 164
Domänen 35

Einkaufen 34
Einkaufsraßen 95
Einkaufszentren 78
Eiscafés 75
Elsa [R, Monaco] 32
Entfernungen 184
Essen und Trinken 26
Excelsior [H, Nizza] **18**,
    73
Èze [MERIAN TopTen] 8,
    127

Fahrrad 183
Fairmont [R, Monaco] **18**,
    125
Feiertage 180
Fenocchio [R, Nizza] 75
Feste 46
Festivalpalast [Cannes] 92
Fish & Chips [R, Cannes]
    18, 94
FKK 180
Fleur de Sel [R, Cagnes-
    sur-Mer] 111
Flugzeug 178
Fondation Emile-Hugues
    [Vence] 107
Fondation Maeght
    [Saint-Paul-de-Vence,
    MERIAN TopTen] 9,
    112
Fontvieille [Monaco] 120
Fort Brégançon [Bormes-
    les-Mimosas] **17**, 144,
    160
Fort Carré [Antibes] 97
Fort Royal [Sainte-
    Marguerite] 96
Fréjus 44, 143, **148**
Fremdenverkehrsämter
    178
Fürstenpalast [Monaco]
    120

Galerie Madoura [Vallau-
    ris-Golfe-Juan] 105
Galimard-Studio des Fra-
    grances [Grasse] 101
Gärten [Menton] 130
Gassin 141
Geld 180
Geografie 169
Geschenke 78
Geschichte 170
Golf 39
Gonfaron 144
Gorges du Loup 110
Gourdon 110
Grande Corniche
    [Le Turbie, Roque-
    brune] 127

Grasse **101**, 192
Gratta [R, Nizza] 13
Grimaud 146
Großer Preis von Monaco
    48
Grüner reisen 30

Hafen [Cannes] 92
Halbinsel von Saint-
    Tropez 140
Hippodrome [Cagnes-sur-
    Mer] 110
Hotel Arena [H, Fréjus]
    150
Hotel de Paris
    [H, Monaco] 121
Hôtel des Orangers
    [H, Cannes] 93
Hôtel du Cap-Eden-Roc
    [H, Antibes] 114
Hôtel les Messugues
    [H, Saint-Paul-de-
    Vence] 113
Hotel Martinez
    [H, Cannes] 90
Hôtel Mas Bellevue
    [H, Saint-Tropez]
    139
Hotel Royal Bon Repos
    [H, Sainte-Maxime]
    147
Hotels 24
Hotel Splendid
    [H, Cannes] 24
Hyères 143

Île de Porquerolles 160
Île d'Or 148
Îles de Lérins 8, 52, 96
Internationale Filmfest-
    spiele [Cannes] 7, **48**

Jan [R, Nizza] **19**, 74
Jardin Botanique Exoti-
    que de Val Rahmeh
    [Menton] 130
Jardin de Biovès [Menton]
    130
Jardin exotique [Èze] 128

Jardin Serre de la Madone [Menton] 131
Juan-les-Pins 44, **97**
Judenverfolgung 152

Kajak 40
Kanu 40
Karneval 48
Kathedrale [Fréjus] 149
Kathedrale [Monaco] 120
Kino 79
Klettern 40
Klima 183
Konsulate 180
Konzerte 79
Krankenhaus 181
Kulinarisches Lexikon 176
Kunsthandwerk 36

La Bastide aux Camélias [H, Èze] 128
La Bastide des Salins [H, Saint-Tropez] 138
La Caravane passe [R, Antibes] 99
La Chapelle Bleue [Coaraze] 158
La Colombe d'Or [R, Saint-Paul-de-Vence] 113
La Condamine [Monaco] 120
La Croisette [Cannes, MERIAN TopTen] 13, **90**, 95
La Darse [Villefranche-sur-Mer] 83
La Falabrak Fabrik [R, Nizza] 32
La Maison Abandonnée [Nizza] 68
La Maison des Papillons [Saint-Tropez] 137
La Maison du Frêne [H, Vence] 24
La Malmaison [Cannes] 92
L'Amandier [R, Mougins] 104

La Montgolfière [R, Monaco] 125
Landkarten 180
L'Âne Rouge [R, Nizza] 74
La Note Bleue [R, Monaco] 125
La Plage de l'Escalet [Ramatuelle] 143
La Plage de Pampelonne [Ramatuelle, MERIAN TopTen] 143
La Pomme de Pin [R, Saint-Tropez] 139
La Ponche [Saint-Tropez] 136
La Table Alziari [R, Nizza] 75
La Table du Chef [R, Cannes] 95
La Table du Mareyeur [R, Port Grimaud] 146
La Tarte Tropézienne [R, Saint-Tropez] 139
La Turbie 133
La Victoire [H, Vence] 109
La Villa Tosca [H, Cannes] 93
Le Bistro Canaille [R, Saint-Tropez] 139
Le Cadran solaire [R, Valbonne] **18**, 104
Le Café [R, Saint-Tropez] 139
Le Cagnard [H, Cagnes-sur-Mer] 111
Le Caveau 30 [R, Cannes] 94
Le Clos de l'Ours [H, Cotignac] 31
Le Comptoir de la Tourraque [R, Antibes] 98
Le Dramont 148
L'Église de L'Immaculée-Conception [Antibes] 98
Le Grand Hôtel [H, Bormes-les-Mimosas] 145

Le Groupe Épiscopal [Fréjus] 149
Le Jimmy'z [R, Monaco] 125
Le Lavandou 146
Le Mantel [R, Cannes] 95
Le Mas des Arts [H, Grasse] 102
Le Moulin de Mougins [R, Mougins] 29
Le Muy 144
Le Nid d'Aigle [R, Èze] 128
Le Pâtissier du Château [R, Grimaud] 146
Le Petit Palais [H, Nizza] 73
Le Relais [R, Nizza] 76
Les Caves du Roy [R, Saint-Tropez] 139
Les Deux Frères [R, Roquebrune-Cap-Martin] 133
Les Marinières [Ville-franche-sur-Mer] 83
Les Sablettes Beach [R, Menton] 132
Le Star [H, Nizza] 73
Le Suquet [Cannes] 90
Le Théâtre de la Photographie et de l'Image [Nizza] 72
Le Tilleul [R, Saint-Paul-de-Vence] 113
Le Vieux Couvent [R, Vence] 109
Le Vignoble de Bellet [Nizza] 68
L'Homme au Mouton [Vallauris-Golfe-Juan] 105
Links 180
Lou Cagnard [H, Saint-Tropez] 139
Lou Candeloun [R, Grasse] 102
Lou Pistou [R, Nizza] 75
Lucéram 159

Maison Caïs de Pierlas [Nizza] 62
Mandelieu-La Napoule 44
Marineland [Biot] 100
Märkte 35, 78, 95, 132
Mas Samarcande [H, Vallauris-Golfe-Juan] 106
Massif de l'Esterel 8, **148**
Massif des Maures 8, **143**
Medizinische Versorgung 181
Menton 7, 8, 13, 44, **129**, 162
Metropole [H, Monaco] 124
Miramar Plage [R, Cannes] 29
Mode 36, 78
Monaco 8, 45, **120**
Monaco-Ville 120
Monastère de Cimiez [Nizza] 80
Montagne du Baou 14
Mont Alban 82
Mont Baron [Nizza] 65
Mont Bégo 163
Monte Carlo [Monaco] 121
Mont Vinaigre 148
Mouans-Sartoux 14
Mougins 102
Moyenne Corniche [Èze] 127
Museaav [Nizza] 68
Musée Archéologique [Fréjus] 150
Musée d'Art classique [Mougins] 103
Musée d'Art Moderne et d'Art Contemporain [Nizza] 69
Musée de la Castre [Cannes] 90, **92**
Musée de la Céramique Kitsch [Vallauris-Golfe-Juan] **17**, 106
Musée de la Céramique [Vallauris-Golfe-Juan] 105

Musée de l'Annonciade [Saint-Tropez] 137
Musée de la Photographie André Villers [Mougins] 103
Musée de Paléontologie humaine de Terra Amata [Nizza] 72
Musée des Arts Asiatiques [Nizza] 68
Musée des Beaux Arts [Nizza] 70
Musée d'Histoire locale [Fréjus] 150
Musée d'Histoire maritime tropézienne [Saint-Tropez] **17**, 138
Musée d'Histoire Naturelle [Nizza] 70
Musée et Site Archéologique de Cimiez [Nizza] 72
Musée international d'Art naïf Anatole-Jakovsky [Nizza] 70
Musée international de la Parfumerie [Grasse] 102
Musée Jean Cocteau Collection Severin Wunderman [Menton] 131
Musée Magnelli [Vallauris-Golfe-Juan] 105
Musée Masséna [Nizza] 70
Musée Matisse [Nizza] 70
Musée national Fernand-Léger [Biot] 100
Musée national Marc Chagall [Nizza] 71
Musée national Picasso La Guerre et la Paix [Vallauris-Golfe-Juan] 105
Musée Océanographique [Monaco, MERIAN TopTen] 124

Musée Peynet et du Dessin humoristique [Antibes] 98
Musée Picasso [Antibes] 98
Musée Renoir [Cagnes-sur-Mer] 110

Napoleon [H, Menton] 131
Nebenkosten 181
Negresco [H, Nizza] 67
Nice-Saint-Isidore 68
Nizza 7, 13, 45, **62**
Notre-Dame-de-la-Nativité [Vence] 108
Notre-Dame-d'Espérance [Cannes] 90
Notre-Dame-de-Vie [Mougins] 103
Notruf 182
Nounou [R, Vallauris-Golfe-Juan] 106

Öffentliche Verkehrsmittel 184
Oper 80
Opéra Nice [Nizza] 80
Orion [H, Saint-Paul-de-Vence] 24

Palais de la Méditerranée [Nizza] 67
Palais de la Préfecture [Nizza] 62
Palais des Festivals et des Congrès [Cannes] 92
Palais Lascaris [Nizza] 63
Palais Regina [Nizza] 65
Pfeifenfabrik Courrieu [Cogolin] 141
Picasso, Pablo **84**, 98, 105
Pic du Cap Roux 148
Pilgerweg 19
Plage d'Argent [Île de Porquerolles] 160
Plage de la Courtade [Île de Porquerolles] 161

Plage de la Salis [Antibes] 99

Plage de l'Estagnol [Bormes-les-Mimosas] 145

Plage du Grand-Langoustier [Île de Porquerolles] 160

Plage du Larvotto [Monaco] 126

Plage du Midi [Cannes] 96

Plage Notre-Dame [Île de Porquerolles] 161

Plan Faë 159

Politik 169

Port Cros 160

Port de la Darse 83

Port Grimaud 146

Port Hercule [Monaco] 120

Port Lympia [Nizza] 67

Port Vauban [Antibes] 97

Post 182

Promenade des Anglais [Nizza] 66

Promenade du Paillon [Nizza] 67

Quartier du Port [Nizza] 67

Rabih Kayrouz [Saint-Tropez] 33

Rad fahren 40

Rallye Monte Carlo 48

Ramatuelle 142

Reisedokumente 182

Reiseknigge 182

Reisewetter 182

Reiten 41

Restaurants 28, 73, 94, 98, 124, 139

Riva [H, Menton] 131

Riviera-Pass 182

Rocca Sparvièra 159

Roquebrune-Cap-Martin 133

Sainte-Agnès 132, 133

Sainte-Agathe [Île de Porquerolles] 161

Sainte-Madeleine [Antibes] 100

Sainte-Marguerite 96

Sainte-Maxime 9, 45, 146

Sainte-Réparate [Nizza] 63

Saint-Jean-Cap-Ferrat 81

Saint-Paul-de-Vence 112

Saint-Raphaël 8, 43, 45, 150

Saint-Roman 68

Saint-Tropez [MERIAN TopTen] 7, 14, 43, 45, 135

Salles des Mariages [Menton] 131

Saorge 162

Saquier 68

Segeln 42

Sénéquier [R, Saint-Tropez] 136

Sentier Frédéric Nietzsche [Èze] 128

Skifahren 43

Sonnenuhren [Coaraze] 158

Sospel 132, 162

Sport 38

Stadion Louis II. [Monaco] 120

Stand-up-Paddeln 143

Strände 44, 96, 99, 126, 140, 143

Sube [R, Saint-Tropez] 140

Tauchen 43

Taxi 184

Telefon 183

Tende 133

Teppichmanufaktur [Cogolin] 141

Théâtre de Verdure [Nizza] 67

Théoule-sur-Mer 8, 45

Tourettes-sur-Loup 113

Train de Pigne 81

Trophée d'Auguste [Èze] 128

Übernachten 22

Vallauris-Golfe-Juan 86, 105

Vallée des Merveilles 133, 163

Vélo bleu [Nizza] 33

Vence 9, 106

Verkehr 183

Verrerie de Biot und l'Écomusée [Biot] 101

Verwaltung 169

Vieux Port [Cannes] 92

Vieux Port [Saint-Tropez] 137

Villa Ephrussi de Rothschild [Saint-Jean-Cap-Ferrat] 82

Villa Galloise [Vallauris-Golfe-Juan] 105

Villa Kérylos [Beaulieu-sur-Mer] 126

Villa la Tour [H, Nizza] 25

Villa Naïs [H, Bormes-les-Mimosas] 145

Villa Orlamonde [Nizza] 66

Villefranche-sur-Mer 7, 82

Viviers [R, Nizza] 75

Vorwahlen 183

Wachablösung [Monaco] 120

Wandern 44

Weinberge [Nizza] 68

Welcome [H, Villefranche-sur-Mer] 83

Windsor [H, Nizza] 73

Wirtschaft 169

Wohnen 78

Zitadelle [Villefranche-sur-Mer] 82

Zoll 184

Liebe Leserinnen und Leser,

vielen Dank, dass Sie sich für einen Titel aus unserer Reihe MERIAN *momente* entschieden haben. Wir wünschen Ihnen eine gute Reise. Wenn Sie uns nun von Ihren Lieblingstipps, besonderen Momenten und Entdeckungen berichten möchten, freuen wir uns. Oder haben Sie Wünsche, Anregungen und Korrekturen? Zögern Sie nicht, uns zu schreiben!

Alle Angaben in diesem Reiseführer sind gewissenhaft geprüft. Preise, Öffnungszeiten usw. können sich aber schnell ändern. Für eventuelle Fehler übernimmt der Verlag keine Haftung.

© 2015 TRAVEL HOUSE MEDIA
Gmbh, München
MERIAN ist eine eingetragene Marke der
GANSKE VERLAGSGRUPPE.

TRAVEL HOUSE MEDIA
Postfach 86 03 66
81630 München
merian-momente@travel-house-media.de
www.merian.de

Alle Rechte vorbehalten. Nachdruck, auch
auszugsweise, sowie die Verbreitung durch
Film, Funk, Fernsehen und Internet, durch
fotomechanische Wiedergabe, Tonträger und
Datenverarbeitungssysteme jeglicher Art nur
mit schriftlicher Genehmigung des Verlages.

**BEI INTERESSE AN MASSGESCHNEIDERTEN
MERIAN-PRODUKTEN:**
Tel. 0 89/4 50 00 99 12
veronica.reisenegger@travel-house-media.de

BEI INTERESSE AN ANZEIGEN:
KV Kommunalverlag GmbH & Co KG
Tel. 0 89/9 28 09 60
info@kommunal-verlag.de

1. Auflage

VERLAGSLEITUNG
Dr. Malva Kemnitz
REDAKTION
Juliane Helf
LEKTORAT
Ewald Tange, tangemedia, München
BILDREDAKTION
Dr. Nafsika Mylona
SCHLUSSREDAKTION
Ulla Thomsen
HERSTELLUNG
Bettina Häfele, Katrin Uplegger
SATZ/TECHNISCHE PRODUKTION
Ewald Tange, tangemedia, München
REIHENGESTALTUNG
Independent Medien Design, Horst Moser,
München (Innenteil), La Voilà, Marion
Blomeyer & Alexandra Rusitschka, München
und Leipzig (Coverkonzept)
KARTEN
Gecko-Publishing GmbH für MERIAN-
Kartographie
DRUCK UND BINDUNG
Firmengruppe APPL, aprinta druck, Wemding

Ein Unternehmen der
GANSKE VERLAGSGRUPPE

PEFC™

PEFC/04-32-0928

BILDNACHWEIS
Titelbild (Port Grimaud): laif: C. Moirenc/hemis.fr
all-five 142 | Andia.fr: Zintzmeyer/Alpaca 130 | Anzenberger: R. Manin 165 | AWL Images/Hemis 166/167 | Bild-
agentur Huber 112, 127, Kremer 26, S. Raccanello 134, 145, L. Vaccarella 66 | F. Bouton 25 | Bridgemanart 192o |
Corbis: W. Connett, R. Harding 34 | dpa Picture-Alliance: U. Gerig 111, R. Hackenberg 108, A. Hall 79, M. Lehtikuva 54,
S. Nogier 17 | Excelsior 18 | F1online 19, 37,100 | gemeinfrei 170l, 171, 173 | Getty Images: RDA, Collection: Hulton
Archive 174r | GlowImages 13r | hotelwindsornice.com 72 | INTERFOTO 60, imageBROKER: hkp 20/21 | laif: Archi-
vio GBB/CONTRASTO 172, C. Bitton/Le Figaro Magazine 29, 76, Chatin/Expansion/REA 121, Y. Dolean/hemis.fr 49,
M. Dozier/hemis.fr 22, L. Giraudou/hemis.fr 15, C. Heeb 168, M. Jarry, J. Tripelon/TOP 52, I. Kuerschner 41, Le Figaro
Magazine 71, C. Moirenc/hemis 4/5, 46, 53, 80, 88, 118, 129, 141, B. Orteo/hemis.fr 45, K. Raach 93, S. Sonnet/
hemis.fr 6, 148, 161, Sudres/hemis.fr 163, E. Valentin/HOA-QUI 159, 192 u | LOOK-foto 14, 107, T. Stankiewicz 65 |
mauritius images: age 156/157, Alamy 87, 123, 42, 92, 58/59, 69, 94, 99, P. Giovannini/imageBROKER 38, H. Higuchi 2 |
Photononstop: F. Renault 147 | Restaurant L'Amandier 104 | SeaTops 103 | shutterstock: Andy.M 83, foto76 36, gori910
75, JBDesign 13l, kostasgr 175, G. Liguori 51, 170r, Nikonaft 97 | SZ Photo: Rue des Archives 174l | ullstein bild: Scherl/
SZ Photo 152, K. Schöfmann/imageBROKER 114 | vario images: imageBROKER 138 | J. van der Westhuizen 16

Verblüffend, wie sich die Bilder ähneln: Gestern wie heute geht es in der Parfümhochburg **Grasse** (▶ S. 101) nicht ohne echte Rosen bei der Herstellung der Düfte. Oben werden die Blüten zerpflückt, unten aus Plastikkörben ins Fett geschüttet, das die Duftstoffe absorbiert und dann zur weiteren Verarbeitung mit Alkohol wieder ausgewaschen wird. Nur die fleißigen Pflückerinnen sitzen heute kaum noch mit riesigen Weidenkörben in Grasse – und die meisten Rosen kommen aus fernen Ländern.